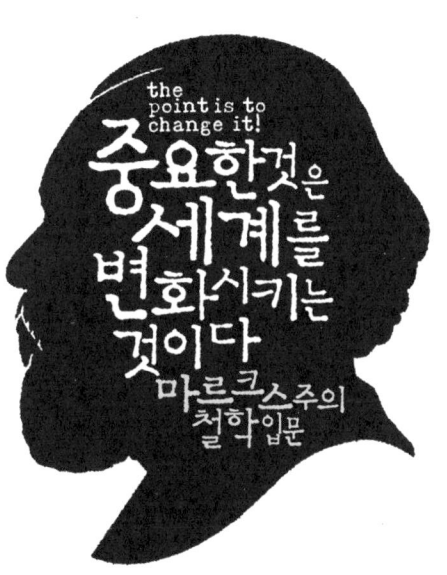

국립중앙도서관 출판시도서목록(CIP)

중요한 것은 세계를 변화시키는 것이다 : 마르크스주의 철학 입문 / 지은이: 존 몰리뉴 ; 옮긴이: 천형석. -- 서울 : 책갈피, 2013
   p. ;   cm

원표제: Point is to change it : an introduction to marxist philosophy
권말부록: 하트, 네그리, 스탠딩, 지젝: 노동계급이여, 안녕?
원저자명: John Molyneux
영어 원작을 한국어로 번역
ISBN 978-89-7966-101-9 03100 : ₩13000

마르크스[Marx, Karl Heinrich]
마르크스 주의[--主義]

165.55-KDC5
193-DDC21   CIP2013011485

중요한 것은 세계를 변화시키는 것이다
마르크스주의 철학 입문

존 몰리뉴 지음 | 천형석 옮김

책갈피

The Point is to Change it: An Introduction to Marxist Philosophy
John Molyneux
First published in 2012 by Bookmarks Publications
ⓒ Bookmarks Publications

Korean translation edition ⓒ 2013 by Chaekgalpi Publishing Co.
Bookmarks와 협약에 따라 이 책의 한국어 판권은 책갈피 출판사에 있습니다.

중요한 것은 세계를 변화시키는 것이다
마르크스주의 철학 입문

지은이_ 존 몰리뉴
옮긴이_ 천형석
펴낸곳_ 도서출판 책갈피

등록 | 1992년 2월 14일(제18-29호)
주소 | 서울 중구 필동2가 106-6 2층
전화 | 02)2265-6354
팩스 | 02)2265-6395
이메일 | bookmarx@naver.com
홈페이지 | http://chaekgalpi.com

첫 번째 찍은 날 2013년 7월 22일
두 번째 찍은 날 2017년 8월 31일

값 13,000원
ISBN 978-89-7966-101-9 03100

잘못된 책은 바꿔 드립니다.

차례

머리말 7

1장_ 왜 철학이 중요할까? 11
2장_ 마르크스 철학의 원천 15
3장_ 소외, 착취, 계급투쟁 19
4장_ 유물론 41
5장_ 변증법 49
6장_ 역사유물론 73
7장_ 자본주의의 모순 83
8장_ 인간 본성 96
9장_ 마르크스주의는 경제결정론인가? 108
10장_ 이데올로기와 진리 136
11장_ 종교, 도덕, 정의 150
12장_ 루카치, 그람시, 알튀세르 181
13장_ 실천철학 218
부록_ 하트, 네그리, 스탠딩, 지젝: 노동계급이여, 안녕? 227

후주_ 238
더 읽을거리_ 251

일러두기

1. 이 책은 John Molyneux, *The Point is to Change it: An Introduction to Marxist Philosophy* (Bookmarks, 2012)를 번역한 것이다.
2. 인명과 지명 등의 외래어는 되도록 외래어 표기법에 맞춰 표기했다.
3. 《 》부호는 책과 잡지를 나타내고, 〈 〉부호는 신문과 주간지, 영화를 나타낸다. 논문은 " "로 나타냈다.
4. 본문에서 [ ]는 옮긴이가 독자의 이해를 돕거나 문맥을 매끄럽게 하려고 덧붙인 것이고, 지은이가 덧붙인 것은 [— 몰리뉴] 식으로 지은이의 이름을 넣어 표기했다.
5. 본문의 각주는 대부분 지은이의 것이고, 옮긴이가 설명을 첨가해 덧붙인 것은 [— 옮긴이]라고 표기했다.
6. 원문에서 이탤릭체로 강조한 부분은 고딕체로 나타냈다.

머리말

알다시피 이 책의 제목은 마르크스에게서 빌려 온 것이다. 마르크스의 "포이어바흐에 관한 테제"에서 마지막 열한 번째 테제는 "철학자들은 세계를 이렇게 저렇게 해석해 왔다. 그러나 중요한 것은 세계를 변화시키는 것이다"인데 이 구절은 하이게이트 공동묘지에 있는 마르크스의 묘비에 새겨져 있으며 마땅히 그럴 만하다. 마르크스 철학과 마르크스라는 인간을 가장 잘 보여 주는 말이기 때문이다. 엥겔스는 마르크스 추도사에서 다음과 같이 말했다.

> 마르크스는 무엇보다 혁명가였습니다. 그의 평생 사명은 어떻게든 자본주의 사회와 자본주의 국가기구를 전복하고 현대 프롤레타리아를 해방하는 데 기여하는 것이었습니다. 마르크스는 프롤레타리아가 자기 계급의 고유한 처지와 요구를 스스로 인식하고 자기해방의 조건을 깨닫도록 이끈 선구자였습니다. 투쟁이 마르크스의 근본적 특징이었고 그는 열정적으로 투쟁했습니다.[1]

"중요한 것은 세계를 변화시키는 것이다"는 이 책의 목적과도 잘 맞는다. 이 책은 철학에 초점을 두면서도 주로 활동가들을 겨냥해 썼다는 점에서 여느 마르크스주의 입문서들과 다르기 때문이다.

지난 2~3년 사이에 완전히 새로운 활동가 세대가 세계 곳곳에서 등장했다. 튀니지와 이집트 혁명을 비롯한 '아랍의 봄'에서 스페인의 인디그나도스[분노한 사람들] 운동, 그리스의 긴축 반대 항쟁, 미국 등지에서 벌어진 '점거하라' 운동까지 세계 전역에서 크고 작은 수많은 투쟁이 벌어졌고 수많은 사람이 거리로 나섰다. 이 반란의 물결에 참여한 사람들 중 극소수라도 이 책을 읽고 마르크스주의를 분명히 이해할 수 있다면 이 책의 주요 목적은 이룬 셈이다.

이 목적은 이 책의 서술에도 몇 가지 영향을 미쳤다. 첫째는 용어 선택이다. 여느 철학 책들과 달리 나는 되도록 쉬운 용어를 쓰고자 했다. 물론 마르크스주의 철학을 다루는 책이라면 일상생활에서 거의 쓰지 않는 '변증법'이나 '경제결정론' 같은 용어를 피할 도리가 없다. 그러나 이런 용어를 쓸 때는 반드시 설명을 덧붙였다. 내가 마르크스주의 철학을 지나치게 단순화하지 않았기를 바라지만, 무엇보다 이 주제에 낯선 독자들이 쉽게 이해할 수 있게 하는 것이 나의 최우선 과제였다.

둘째는 집중점이다. 나는 학술적 마르크스주의의 수많은 철학 논쟁이 아니라, 마르크스주의 철학의 다양한 측면이 사회변혁 운동과 어떤 관련이 있는지에 집중했다. 루카치·그람시·알튀세르를 다룬 장도 있지만(이 장은 불가피하게 다른 장들보다 어렵다), 주로 마르크스와 엥겔스의 철학에 집중했고 레닌과 트로츠키도 여러 차례 거론했지만 사르트르·아도르노·바디우 같은 대륙 철학의 '스타'들은 다루지 않았다.

셋째는 책의 구성이다. 나는 소외·착취·계급투쟁을 먼저 다루고 나서 더 '철학적'인 주제들로 넘어갔다. 많은 사람들이 잘못 알고 있거나 오해하고 있는 이 개념들을 제대로 이해해야 마르크스주의 철학 전체를 이해할 수 있다고 생각하기 때문이다. 또, 일상생활이나 운동에서 자주 부딪히는 인간 본성, 종교, 도덕 같은 문제들을 다루는 데도 많은 지면을 할애했다. 대체로 책의 앞부분에서는 되도록 간명한 주장이 나오다가 뒤로 갈수록 점차 복잡한 주장과 함께 인용과 주도 늘어난다. 때때로 앞서 다룬 주제, 이를테면 경제결정론을 뒤에서 더 자세히 다루는데, 이것은 독자들이 최대한 쉽게 이해할 수 있게 하려고 그랬다.

마지막으로 한마디만 더 하겠다. 마르크스나 마르크스주의 철학을 이야기하면 많은 사람들(어쩌면 대다수 사람들)은 여전히 스탈린과 브레즈네프 치하의 소련이나 동유럽·중국·쿠바·북한 등의 이른바 '공산주의' 체제를 떠올린다. 흔히 이 국가들을 "마르크스주의 정권", "마르크스주의를 근본 이념으로 삼은" 국가, "현실 사회주의" 국가라고 생각해서 마르크스주의와 사회주의를 모두 불신한다. 이 국가들은 첫째, 비민주적 독재국가였고 둘째, 자국 국민들에게 대체로 거부당했기 때문이다. 나 역시 이 국가들이 마르크스주의의 표본이라면 마르크스주의의 핵심 주장 대다수가 틀렸다고 말할 수밖에 없다. 이를테면 "노동계급의 해방은 노동계급 스스로 쟁취해야 한다"는 주장도 틀린 것이 되고 사회주의 사회에서는 국가가 사멸하기 시작한다든가 인종차별이나 여성차별이 극복된다든가 하는 주장도 더는 사실이 아니게 된다.

내 견해로는 이 체제들 가운데 어느 것도 (러시아 혁명 초기의 몇 년을 제외하면) 결코 마르크스주의적이거나 사회주의적이지 않았다. 오히려 나는 이 체제들을, 국가가 경쟁적 자본축적에 관여하며 노동계급을 착취하는 관료적 국가자본주의의 다양한 변종들로 본다(소련을 이렇게 분석하는 이론은 토니 클리프의 《소련 국가자본주의》*에 가장 잘 나와 있다). 이 문제는 이 책의 주제와도 깊은 관련이 있다. 내가 생각하는 마르크스주의 철학은 스탈린주의 소련에서 득세한 '공식' 마르크스주의와 아주 다르기 때문이다. 이를테면, 소련 마르크스주의는 소외 개념을 마르크스가 청년기에 일탈한 것으로 여기지만 나는 소외가 마르크스주의 전체의 핵심이라고 생각한다. 마찬가지로 소련 마르크스주의는 역사유물론을 나보다 훨씬 더 결정론적으로 해석한다.

조셉 추나라와 폴 블랙레지에게 감사한다. 두 사람은 초고를 읽고 유익한 조언을 해 줬다. 그랜트 홀스워스에게도 감사한다. 그는 기술적으로 도와줬을 뿐 아니라 변증법에 관해 나와 많은 토론도 했는데, 비록 견해는 달랐지만 이 토론들은 나에게 큰 도움이 됐다. 그리고 특히 수고와 지원을 아끼지 않은 북막스Bookmarks 출판사의 샐리 캠벨에게도 감사한다.

마지막으로 이 책을 두 사람에게 바치고 싶다. 한 사람은 메리 스미스인데 나와 메리를 아는 사람이라면 그 이유를 짐작할 것이다. 또 한 사람은 작고한 마르크스주의 저술가이자 활동가 크리스 하먼이다. 하먼을 아는 사람이라면 그 이유 또한 짐작하는 대로다.

2012년 5월
존 몰리뉴

---

* 국역: 《소련은 과연 사회주의였는가》, 책갈피, 2011.

1장_ 왜 철학이 중요할까?

집회와 시위, 파업이나 혁명적 봉기에 참여하는 데 반드시 철학을 잘 알아야 하는 것은 아니다. 좋은 직장을 구할 때도 마찬가지다. 노동자들의 다수가 마르크스와 헤겔을 이해할 때까지 기다려야 한다면 혁명은 고사하고 집회와 시위, 파업조차 결코 일어나지 않을 것이다.

그러나 더 나은 세계를 위한 투쟁에는 이렇게 직접 대결하는 순간들만 있는 것은 아니다. '절정의 순간들' 사이에 그리고 절정기 동안에도 일상적 사상투쟁, 즉 지배자들이 퍼뜨리는 세계관에 맞서 이데올로기 투쟁이 벌어진다. 또, 노조나 운동, 정당을 건설하고 유지하는 일상적 조직 활동도 있다.

언론(과 직장과 학교 등)에서 날마다 접하는 지배 이데올로기에 대항할 일관된 대안 세계관이 없다면 다양한 정치 활동을 얼마간이라도 지속하기는 무척 어렵다. 이 대안 세계관에서 중요한 구실을 하는 것이 바로 철학*의 문제들이다.

친구나 직장 동료와 이야기하다 보면 흔히 이런 반박을 듣는다. "그런데 네가 잊은 게 하나 있어. 인간 본성은 바뀌지 않아." "그렇지만 부자가 있으면 가난한 사람도 있는 법이지. 지금까지 그랬고 앞으로도 그럴 걸!" 운동에 참여한 사람들끼리 토론하다 보면 다음과 같이 말하는 사람도 있다. "진짜 문제는 보수당입니다. 우리 모두 단결해서 보수당을 몰아내고 노동당 정부를 세웁시다. 그러면 세상이 좋아질 겁니다." 대학교 사회학 강의에서는 교수가 다음과 같이 말한다. "마르크스는 공산주의의 도래가 필연적이라고 생각했습니다. 그러나 사회과학을 공부한다면 그런 독단적 견해는 거부해야 합니다." 또는 "마르크스주의는 모든 것을 경제와 계급으로 환원합니다. 그러나 현대 사회학은 마르크스주의보다 더 복잡하고 정교합니다." 이런 주장들은 얼핏 그럴듯하게 들린다(즉, '상식'에 부합하는 것처럼 들린다). 왜냐하면 이런 주장의 바탕에는 우리 지배자들, 자본가계급과 그들의 철학 이데올로그들이 수백 년 동안 체계적으로 발전시키고, 말하자면 완벽하게 다듬어서, 무수한 경로로 사회 곳곳에 퍼뜨린 세계관, 즉 철학이 있기 때문이다. 그런 주장을 반박하려면 우리 편에도 마찬가지로 발전되고 일관된 철학이 필요하다. 다행히 그런 철학이 있다. 마르크스주의가 그것이다.

일상의 토론과 조직의 수준을 넘어서면 투쟁의 지도라는 문제가 있다. 즉, 신문·잡지·책의 발간에 참여하는 문제, 시위와 파업을 벌일지 말지

---

* 여기서 철학의 정확한 의미를 파고들면, 어렵고 복잡한 이야기를 한참 늘어놔야 할 것이다. 이 책에서 말하는 철학은 대체로 인간에 대한 그리고 인간과 사회·자연의 관계에 대한 '일반적' 또는 '추상적' 사고를 가리킨다.

결정하는 문제, 운동과 정당의 전략·전술 문제 등등이 그것이다. 활동가가 운동을 지휘하고 지도하는 데 더 깊이 관여할수록(특히 투쟁의 중요한 분수령에서), 그 활동가의 세계관이 얼마나 일관되고 폭과 깊이가 어느 정도인지가 시험을 겪게 되고, 따라서 철학 문제가 더 중요해진다.

철학의 중요성을 보여 주는 매우 흔한 구체적 사례를 하나 들겠다. 가장 흔한 철학 형태, 특히 보통 사람 대다수에게 익숙한 철학 형태는 종교다. 모든 종교의 교리에는 중요한 철학적 문제들에 대한 견해가 담겨 있다. 예를 들어, 인간 존재의 본질과 의미 그리고 인간 본성의 특징(학술적 철학 용어로는 '존재론', 즉 '존재를 연구하는 학문'), 지식의 기원과 진리의 기준('인식론'), 도덕('윤리학')에 대한 견해 등이 그것이다. 더욱이, 특히 '테러와의 전쟁' 때문에 종교 문제가 정치 논쟁의 핵심 주제로 떠올랐다.

급진적 활동가라면 이런 문제와 논쟁에서 주장하고 반박할 수 있어야 하며 그러려면 철학 지식이 어느 정도 필요하다. 더 나아가 종교와 종교 공동체를 사회·정치 세력으로서 분석하고 다룰 줄도 알아야 한다. 그러려면 종교의 본질과 발전에 대한 **이론적** 이해가 필요하다(종교에 대한 마르크스주의 견해는 뒤에서 다루겠다).

또 다른 예로 시위·점거·파업을 벌일지 말지 고민 중인 개인이나 조직이 직면하는 문제를 보자. 이것은 객관적 상황과 주관적 주도력의 구실 사이에서 균형 잡힌 판단을 내려야 하는 문제다. 집회·점거·파업을 객관적 상황과 무관하게 아무 때나 벌일 수 있다고 생각하는 사회운동 활동가나 노동조합 활동가가 있다면 머지않아 쓴맛을 보게 될 것이다. 한편 운동의 일부 사람들(특히 특정 부류의 노동조합 간부들)은 항상 투쟁에 회의적이다. 모든 기층 운동에 맹아적으로 존재하는 이 문제는 총파업 상황에서는 엄청나게 중대한 문제가 되고 혁명의 순간에는 말 그대로 죽느냐 사느냐 하는 문제가 될 수 있다. 실천적 경험을 통해 이런 문제에 대처하는 방법을 어느 정도 배울 수 있지만 마르크스주의 철학을 알고 있으면 훨씬 도움이 된다. 마르크스주의 철학이 주로 고민하는 문제가 바로 다음과 같은 것이기 때문이다. 인간이 "역사를 만든다. 그러나 자신이 원하는 대로 만드는 것은 아니다. 인간은 스스로 선택한 상황에서 역사를 만드는 것이 아니다."[1]

간단히 말해 철학, 특히 마르크스주의 철학이 중요한 이유는 세계를 변화시키는 투쟁에서 필수적 구실을 하기 때문이다.

2장_ 마르크스 철학의 원천

마르크스가 친구인 프리드리히 엥겔스의 도움을 받아 자기 철학의 기틀을 확립한 때는 매우 젊은 20대 중반 시절, 즉 1843~46년의 아주 짧은 기간이었다. 그것은 진정 놀라운 성과였다. 어떻게 그럴 수 있었을까?

물론, 마르크스 당대와 그 이전의 위대한 철학자들과 사상가들의 업적에 힘입은 바가 적지 않았다. 가장 두드러진 것은 독일 고전 철학의 전통(특히 G W F 헤겔과 그 비판자인 루트비히 포이어바흐*), 프랑스 대혁명에서 비롯한 프랑스 정치사상의 전통(특히 이른바 공상적 사회주의자인 푸리에와 생시몽), 영국에서 발전한 애덤 스미스와 데이비드 리카도의

---

* 게오르크 빌헬름 프리드리히 헤겔(1770~1831)은 프랑스 대혁명의 영향을 받아 역사 전체를 이념의 변증법적 전개로 보는 철학 체계를 발전시켰다. 헤겔 다음 세대의 독일 철학자인 루트비히 포이어바흐(1804~72)는 종교와 헤겔 철학을 유물론적으로 비판했다.

고전 정치경제학이었다. 마르크스는 이 전통들을 받아들이고 종합했다.

마르크스는 이런 전통들의 영향을 받았음을 공공연히 인정하고 찬사를 보냈지만, 그들의 사상을 그저 계승하기만 한 것은 아니었다. 이 사상들을 단순히 한데 결합한 것만도 아니었다. 마르크스는 이 사상들에 대한 심오한 비판과 변형을 바탕으로 새로운 종합을 이룩했다. 그래서 스미스와 리카도한테서는 노동가치설, 즉 상품의 가치는 그 상품을 생산하는 데 드는 노동의 양에 따라 결정된다는 학설을 받아들였다. 그러나 스미스와 리카도는 노동가치설을 '비생산적' 토지 귀족에 대항해 '생산적' 산업자본가들을 지원하는 데 이용했지만, 마르크스는 노동가치설을 노동력이라는 상품에 적용해 노동계급에 대한 착취가 자본주의 생산에 필수적이라는 사실을 밝혀냈다. 또, 공상적 사회주의자들은 사회주의라는 고귀한 합리적 이상을 지배계급이 받아들이도록 설득하려 애썼지만, 마르크스는 사회주의를 노동계급이 권력투쟁으로 반드시 쟁취해야 하는 것이라고 생각했다. 마지막으로 이 책의 주제가 철학이므로 가장 중요한 부분인데, 마르크스는 헤겔의 변증법을 받아들였지만 포이어바흐의 영향을 받아 변증법에 유물론적 기초를 놓았다. 그와 동시에 포이어바흐의 상당히 수동적인 유물론을 인간 행동의 철학으로 바꿔 놓았다('유물론'과 '변증법'이라는 용어는 각각 4장과 5장에서 설명한다).

마르크스가 이런 이론적 혁명을 이룰 수 있었던 것은 그의 특출한 지성 덕분만은 아니었다. 그가 철학과 사회 이론의 모든 문제를 새로운 관점에서 살펴볼 수 있었기 때문이기도 한데, 그것은 바로 **노동계급의 관점**이었다.

마르크스는 1843~44년에 노동계급의 관점을 받아들였다. 그러나 단지 노동자들의 곤경을 안타까워하는 데 그치지 않았다(물론 마르크스는 자신의 저작 곳곳에서 노동자들이 부르주아지에게 당하는 고통에 가슴 아파하고 분노한다). 마르크스는 노동계급의 관점을 받아들이면서 노동계급의 힘, 즉 자본주의를 전복할 수 있는 혁명적 잠재력을 깨닫게 됐다.[1] 그래서 노동계급을 혁명의 행동대, 보병으로만 보지 않고 혁명의 주체, 혁명을 이끄는 핵심으로도 봤다. 다시 말해, 노동계급의 해방은 노동계급 자신의 행동이라고 본 것이다. 또 마르크스는 노동계급이 스스로 해방하는 과정에서 인류 전체의 해방으로 가는 문도 열어 놓을 것이라고 생각했다.

지금까지 일어난 역사적 운동은 모두 소수의 운동이었거나 소수의 이익을 위한 운동이었다. 프롤레타리아 운동은 압도 다수의 이익을 위한 압도 다수의 자의식적·자주적 운동이다. 현 사회의 최하층을 이루는 프롤레타리아는 공식 사회의 상층 구조 전체를 허공으로 날려 버리지 않고는 꿈쩍할 수도, 허리를 펼 수도 없다.[2]

또 철학자이자 이론가로서 마르크스는 노동계급의 사회적 지위와 생활조건, 노동계급의 이해관계와 투쟁을 자신의 정치 강령과 자본주의·역사·철학 분석의 출발점으로도 삼아야 했다. 바로 이것이 마르크스의 업적이고, 이 때문에 마르크스는 자신과 엥겔스를 가리켜 "프롤레타리아의 이론가들"이라고 여러 차례 말했다.[3]

그러나 마르크스가 중간계급 출신 배경과 결별하고 노동계급 편에 서서 이런 일들을 해낼 수 있었던 것은 노동계급 운동이 이미 역사의 무대에 등장하기 시작했기 때문이다. 마르크스 개인에게는 세 가지 경험이 결정적이었다. 첫째는 1843년 후반 파리에서 공산주의 노동자 서클들과 교류한 경험이었다. 둘째는 엥겔스가 끼친 영향인데, 엥겔스는 맨체스터에 있는 아버지 회사에서 일하는 동안 세계 최초의 독립적 노동자 대중운동인 차티스트운동에 참여하면서 마르크스에게 자신의 경험을 전했다. 셋째는 1844년 6월 극심한 가난을 견디다 못해 들고일어난 슐레지엔 직공들의 반란인데, 이 사건은 마르크스에게 깊은 영감을 줬다.

따라서 마르크스주의가 1840년대에 유럽 북서부에서 발전한 것은 우연이 아니다. 바로 그때, 그곳에서 산업혁명이 일어나고 있었고 현대 노동계급이 잠재력을 드러내기 시작했던 것이다. 마르크스주의는 노동계급 투쟁의 이론적 일반화였다.

3장_ 소외, 착취, 계급투쟁

이 장의 제목은 마르크스의 철학보다는 사회·경제 사상에서 주로 다루는 개념들이지만, 사실 마르크스주의는 통합된 전체다. 나는 이 개념들이 마르크스주의 전체에서 매우 중요하다고 생각하므로 여기서 짧게나마 다루고 난 다음에 유물론과 변증법 같은 더 추상적 철학 이론으로 넘어가겠다.

소외

"인간은 자유롭게 태어났지만 어디서나 사슬에 묶여 있다." 이것은 계몽주의 철학자 장자크 루소의 말이다. 위대한 급진파 시인 윌리엄 블레이크도 1790년대의 런던을 묘사한 시 "런던"에서 다음과 같이 읊었다.

나는 방황하노라, 특허받은* 거리를
가까이 특허받은 템스 강이 흐르는 곳.
마주치는 얼굴마다 보이는
병약함의 흔적, 비탄의 흔적.
모든 사람의 절규에서
모든 아기의 겁에 질린 울음에서
모든 목소리에서, 모든 금지에서
마음에 족쇄 채우는 소리를 듣노라.[1]

당시 헤겔이나 키르케고르 같은 철학자들도 비슷한 징후를 보고 '소외'라는 용어를 써서 인간의 조건을 묘사했다. 그들이 말한 소외는 사람들이 "정신적으로 방황한다"거나 "본래의 자신으로부터 멀어졌다"거나 "삶의 의미를 상실"해서 고통받는다는 뜻이었다. 오늘날에도 '소외'는 흔히 이런 의미로 쓰인다.

마르크스도 똑같은 징후를 보고 '소외'라는 용어를 사용했는데, 특히 그의 초기 저작 《1844년 경제학·철학 수고》에서 그랬다. 그렇지만 마르크스는 더 정확하게, 더 현실적으로 소외를 분석했다. 사람들이 실제로 생활하는 물질적 현실에서 소외의 기원을 찾으면서도 소외의 심각성과 보편적 적용 가능성을 놓치지 않았기 때문이다.

---

* chartered, 영국 동인도회사가 왕실의 특허를 받아 식민지에서 무역 독점, 토지 소유, 군대 보유 등의 특권을 누리며 착취와 억압을 일삼는 것에 빗대 런던이 정치적·경제적 지배와 소유의 대상으로 전락했다고 비난하는 표현. 블레이크의 친구 톰 페인은 이런 특허 체제를 계급 억압의 한 형태라고 비판한 바 있다 — 옮긴이.

마르크스가 보기에 소외의 원인은 사람들이 자신의 노동 생산물이나 노동 자체와 맺는 관계에 있었다.

노동자가 자신의 노동 생산물에서 소외된다는 것, 다시 말해 자신이 생산한 생산물과 분리돼 그 생산물을 전혀 통제할 수 없다는 것은 단순하고 명백하며 어디서든 볼 수 있는 사실이다(너무 명백하고 당연해서 대개는 언급조차 되지 않는다). 그래서 포드나 현대자동차 노동자들이 차를 만들면 그 차의 소유자는 회사이지 노동자가 아니고, 광산이나 방직공장에서 노동자들이 석탄을 캐거나 옷감을 만들면 광산주나 공장 소유자가 석탄이나 옷감을 차지한다는 것은 마치 자연법칙처럼 받아들여진다. 그러나 마르크스는 이런 사실을 주목하고 의심했으며 그 원인과 결과를 파헤치고 분석해서 다음과 같이 주장했다. "이 사실이 뜻하는 바는 노동이 생산한 대상, 즉 노동 생산물은 이제 낯선 것으로서, 생산자로부터 자립적인 힘으로서 노동에 대립한다는 것이다."[2]

노동하는 사람이 자기 노동의 생산물에 지배당한다. 그리고 "노동자가 더 많이 노동할수록 노동자가 만들어 낸 대상들의 세계가 그를 압도하며 더 강력해지고 노동자 자신은, 즉 그의 내면 세계는 더 황폐해지며 노동자 자신의 소유도 더욱 줄어든다."[3]

그 결과는 다음과 같다.

노동은 부자에게는 경이로운 것을 만들어 주지만 노동자에게는 궁핍을 가져다준다. 노동은 궁전을 만들어 내지만 노동자는 오두막에 산다. 노동은 아름다움을 만들어 내지만 노동자를 불구로 만든다.[4]

이 글을 쓰는 2012년에 여기에 덧붙인다면, 소외된 노동으로 말미암아 인류를 멸종시킬 수 있는 핵폭탄이 출현했을 뿐 아니라 산업의 탄소 배출로 인한 재앙적 기후변화 가능성도 생겨났다.

마르크스의 소외 분석은 여기서 더 나아간다. 그는 노동자가 자신의 노동 생산물에서 소외된다면 그것은 오로지 노동자가 "생산과정에서, 바로 생산 활동 자체에서도" 소외되기 때문이라고 말한다.

결국 생산물은 생산 활동의 집약일 뿐이다. 따라서 노동 생산물이 소외라면 생산 자체는 능동적 소외, 활동의 소외, 소외 활동일 수밖에 없다. 노동 대상의 소외는 노동 활동 자체에 존재하는 소외가 집약된 것일 뿐이다.[5]

그러나 특히 강단 사회학자들은 마르크스의 이런 주장을 산업자본주의에서 노동이 대체로 더럽고 단조롭고 지루하고 힘들고 위험하다는 사실을 지적한 것쯤으로, 기껏해야 많은 노동자들이 지루하고 단조로운 노동에 분개한다는 사실을 강조한 것 정도로 깎아내린다. 다시 말해 소외된 노동이라는 개념을 물질적 노동조건이나 노동자가 느끼는 주관적 감정으로 환원하는 것이다. 소외를 이렇게 이해하면, 노동을 좀 더 다채롭고 흥미롭게 만들거나 공장 벽에 새로 페인트를 칠하거나 탄노이 스피커로 공장 안에 음악이 울려 퍼지게 해서 소외를 막을 수 있다거나 적어도 상당히 완화할 수 있다고 생각하게 된다. 그러나 마르크스의 소외 개념은 그보다 훨씬 더 심오하다. 마르크스에게 가장 중요한 것은 노동자와 노동의 사회적 관계다. 즉, 노동자는 자신의 노동능력을 다른 사람(사용자/자본가)에게 팔아야 하고 그 과정에서 노동의 목적과 방법에 대한 통제력을 잃는다는 사실이다. [그런] 노동은 노동자 자신이 아니라 다른 사람을 위한 것이고, 그것은 개인이든 집단이든 마찬가지다.

노동의 소외란 무엇인가? 첫째, 노동이 노동자에게 외부적이라는 것이다. 즉, 노동은 노동자의 내적 본질에 속하지 않는다. … 노동자의 노동은 자발적 노동이 아니라 강요된 노동, 즉 **강제 노동**이다. 이런 노동은 [노동자의] 필요를 충족시키는 과정이 아니라, 다른 필요를 충족시키는 수단일 뿐이다. … 노동이 노동자에게 외부적이라는 것은 다음과 같은 사실에서 드러난다. 즉, 노동은 노동자 자신이 아니라 다른 사람을 위한 노동이며 노동과정에서 노동자는 자신이 아니라 다른 사람에게 속한다.[6]

따라서 임금노동 **자체**가 소외된 노동이며 소외된 노동을 폐지하려면 임금노동, 즉 자본주의를 폐지해야 한다.

그러나 마르크스가 소외의 근원을 노동자와 노동의 관계로 봤다고 해서 소외가 작업장에만 적용되는 협소한 경제 개념인 것은 아니다. 오히려 마르크스는 노동이 인간 존재의 모든 측면에 근본적인 것이라고 봤다. 먼저 인간은 노동을 통해 동물과 자신을 구별하고 비로소 인간답게 된다. 다음으로 인간은 노동을 통해 주위 환경뿐 아니라 인간 자신도 만들어 나간다. 노동이 역사와 사회의 바탕을 이룬다.

인간은 의식, 종교 등에 의해 동물과 구별될 수 있다. 인간은 생활 수단을 생산하기 시작하면서 동물과 자신을 구분하기 시작하는데, 이런 생활 수단의 생산은 처음에는 인간의 신체 조직에 의해 제약을 받는다. 생활 수단을 생산하면서 인간은 물질생활 자체를 간접적으로 생산한다. … 이런 생산양식을 개인들의 신체적 생존을 위한 것으로만 이해해서는 안 된다. 오히려 이런 생산양식은 개인들의 일정한 활동 방식이며 그들의 생활을 표현하는 일정한 방식이며 일정한 생활양식이다. 개인들은 자신들의 생활을 표현하는 방식대로 존재한다. 따라서 그들이 누구인지는 그들의 생산, 즉 그들이 **무엇**을 생산하고 **어떻게** 생산하는지와 일치한다.[7]

노동이 이렇게 근본적 구실을 하기 때문에 노동의 소외는 인간의 사회관계 전체를 일그러뜨린다. 마르크스는 그 결과를 다음과 같이 분석한다.

소외된 노동은 (1) 자연을 인간으로부터 소외시키고 (2) 인간을 인간 자신, 인간 고유의 능동적 기능, 인간의 생명 활동에서 소외시켜서 인간을 유類*로부터 소외시킨다. … (3) … 소외된 노동은 인간을 자신의 신체, 외부의 자연, 인간의 정신생활, 인간다운 생활로부터 소외시킨다. (4) 인간이 자신의 노동 생산물, 자신의 생명 활동, 자신의 유적 존재로부터 소외된다는 사실의 직접적 결과는 인간과 인간이 서로 소외된다는 것이다.[8]

이런 다양한 소외 사례들은 현대 세계 어디서나 볼 수 있다. 자연의 소외는 기후변화뿐 아니라 자본주의 산업이 환경을 오염시키고 파괴하는 수많은 사례에서도 드러난다.[9] 신체의 소외는 만성 비만이나 식욕 부

---

* (독일어) Gattung (영어) species 인간이라는 종種, 즉 인류를 말한다 — 옮긴이.

진 현상, 언론에 끊임없이 나오는 성(性)의 상품화와 왜곡 따위에서 생생하게 볼 수 있다. 인간 사이의 소외는 인종차별, 외국인 혐오, 희생양 만들기가 널리 퍼져 있는 데서 볼 수 있는데 이런 것들은 우리 지배자들이 부추길 뿐 아니라 일부 노동자들도 받아들여 내면화한다.

마르크스는 또한 소외를 계급 문제와 연관 짓는다. "노동 생산물이 노동자의 것이 아니라면 … 그 이유는 오로지 그 생산물이 **노동자가 아닌 타인**의 것이 되기 때문이다."[10] 이 '타인'은 "노동하지 않고 노동과정 외부에 있는" 자본가다.[11]

마르크스는 자본가와 노동자는 소외라는 동전의 양면이지만 둘 사이에 크나큰 차이가 있다고 주장한다.

> 인간의 자기소외는 유산계급과 프롤레타리아에게서 똑같이 나타난다. 그러나 유산계급은 이 자기소외에서 편안함과 자기 확신, 자신의 힘을 느낀다. 이 계급은 이 속에서 겉보기에 인간다운 생활을 누린다. 프롤레타리아는 이 자기소외에서 패배감을 느낀다. 이 계급은 소외에서 자신의 무력함과 비인간적 처지의 현실을 본다. … 따라서 이런 대립에서 사유재산 소유자는 **소외를 유지하려는** 측이 되고 프롤레타리아는 **폐지하려는** 측이 된다.[12]

그러므로 소외된 노동은 소외된 사회, 소외된 세계를 만들어 낸다. 통제 불능의 세계, 빈부 격차가 극심한 세계, 인간이 자기 노동의 결과와 생산물 때문에 위험해지는 세계 말이다. 이 세계에서는 개인들이 서로 소외되고 계급과 국가, 인종차별, 여성차별, 종교 갈등으로 서로 분열된다. 음식물부터 성, 예술, 건강, 교육까지 모든 것이 상품이 되지만 수많은 사람들은 이런 상품을 살 수 없다.

한마디로 소외된 노동은 지금 우리가 사는 세계를 만들어 냈다. 인류가 살아남아 자유롭고 인간다운 삶을 누리려면 반드시 변화시켜야 할 세계를 말이다.

착취

일부 마르크스주의 비평가들(대표적 인물은 프랑스 철학자 루이 알튀세르인데, 12장에서 다룰 것이다)은 소외 개념이 마르크스의 초기 저작에만 나올 뿐이고 마르크스는 곧바로 소외 개념을 버리고 착취 개념으로 나아갔다고 주장했다. 이것은 사실이 아니다. 소외와 소외된 노동이라는 주제는 마르크스의 가장 중요하고 성숙한 저작인 《자본론》을 포함해 그의 저작 전체에서 볼 수 있다. 그런데 마르크스가 소외 이론과 함께 착취 이론도 발전시켜야 했다는 점은 사실이다. 왜냐하면 소외가 자본주의의 병폐에 대한 심오하고 일반적인 진단이기는 해도 자본주의 경제의 작용이나 계급투쟁의 본질과 동역학을 분석하려면 더 정확하고 계측 가능한 개념이 필요했기 때문이다.

(주로 지배계급의 영향을 받는) 일상 언어에서 착취는 모호한 도덕적 용어다. 악덕 기업주, 이를테면 법정 최저임금 이하로 월급을 주는 사용자의 유별나게 나쁜 짓을 비난할 때 쓰인다. 그러나 마르크스가 말하는 착취는 엄밀한 과학적 개념(한 집단, 즉 착취계급이 다른 집단, 즉 피착취계급의 노동에서 부를 체계적으로 뽑아내는 것)이며 예외적 현상이

아니라 역사상 모든 계급사회의 고유한 법칙이다.

자본주의 전의 계급사회(고대 노예제, 봉건제, 인도·중국 등의 전제국가)에서는 노예·농노·농민에 대한 착취가 아주 공공연했고 대개 직접적 물리력에 의존했다. 예를 들어, 중세 유럽의 농노는 가령 일주일에 이틀씩 영주의 영지에서 무보수로 일하든지 수확의 일부를 대가 없이 영주에게 바쳐야 했다. 농노가 이에 복종하지 않으면 영주의 병사들이 금세 들이닥쳤다.

그러나 자본주의 사회에서는 그런 착취가 없어진 것처럼 보인다(물론 이것은 자본가의 관점이다). 자본가들은 노동자와 사용자의 관계를 쌍방이 자유롭고 공정하게 노동과 임금을 교환하는 것이라고 말한다. 자본가들은 심지어 자신들이 '일자리를 창출'하고 '일거리를 제공'하므로 노동자와 사회 전체가 자신들에게 감사해야 한다고 여긴다. 또 분수도 모르고 불평하거나 임금 인상을 요구하는 노동자에게는 "당신더러 여기서 일하라고 강요한 사람은 아무도 없어. 가서 다른 일이나 알아봐" 하고 말한다.

마르크스주의는 이런 관점을 철저히 배격한다. 자본가는 일자리나 일거리를 창출하지 않는다. 일거리는 자본주의 전에도 있었고 후에도 있을 것이다. 일자리는 누군가 수행해야 할 업무이며 인간의 필요에서 비롯한다. 오늘날 세계 인구는 70억 명으로 이들에게는 의식주와 교육, 의료, 오락, 교통 등이 필요하다. 따라서 이 70억 명이 할 수 있는 일은 엄청나게 많다. 자본가들이 실제로 하는 일은 생산수단을 소유하고 통제해서 인류 대다수가 자본가들 자신을 위해서만 노동하게 만드는 것이다. 당연히 자본가의 고용은 자선사업이 아니라 이윤 창출, 즉 자본의 가치를 증식하기 위해서다. 노동자가 고용 계약을 맺는 것은 '자유의지'가 아니라 그러지 않으면 먹고살 수 없기 때문이다.

특히 마르크스는 임금과 노동의 교환관계 속에 농노의 무보수 노동만큼 명백한 무보수 노동이 은폐돼 있음을 밝혀냈다. 이 설명의 출발점은 자본주의 사회에서는 노동자의 노동력(일할 수 있는 능력)이 다른 모든 상품과 마찬가지로 상품으로 사고팔린다는 사실이다. 마르크스는 상품의 가치(가치는 가격과 똑같은 것은 아니지만 가격은 가치를 기준으로 오르내린다)가 그 상품을 생산하는 데 드는 사회적 필요노동시간에 따라 결정된다고 말한다. 빵 한 덩이가 1파운드에 팔리고 셔츠 한 벌이 20파운드, 자동차 한 대가 1만 파운드에 팔리는 것은 결국 빵 한 덩이를 만드는 데 드는 노동시간에 견줘 셔츠는 20배, 자동차는 1만 배의 시간이 들기 때문이다.*

이것을 노동력에 적용해 보자. 그러면 노동력의 가치(노동자가 받는 임금)는 노동력을 생산하는 데, 즉 노동자가 일할 수 있도록 먹고 입고 훈련하는 데 드는 사회적 필요노동시간에 따라 결정된다.

---

* 다음과 같은 두 가지 핵심 주장이 노동가치론의 올바름을 보여 준다. 첫째, 상품은 수도 많고 속성(무게, 크기, 모양, 색, 냄새, 맛, 내구성 등)도 다양하고 쓰임새도 천차만별이다. 그러나 모든 상품에는 공통된 속성이 하나 있는데, 오로지 그것만이 상품의 상대적 가치를 측정하는, 즉 상품의 교환 비율을 결정하는 잣대 구실을 할 수 있다. 그것은 바로 상품이 일정량의 필요노동시간을 담고 있다는 사실이다. 둘째, 이 가치법칙에서 벗어날 수 없는 것은 자본주의 경쟁 때문이다. 어떤 자본가가 자신의 생산물을 계속 가치(상품의 생산비) 이하로 판매한다면 손해를 보다가 결국 파산할 것이다. 또 어떤 자본가가 자신의 생산물을 계속 가치 이상으로 판매한다면 머지않아 그보다 더 싸게 판매하는 자본가들이 나타날 것이고 그러면 그 자본가는 파산할 것이다. 따라서 결국 경쟁 때문에 자본가들은 가치(노동시간으로 측정된)를 기준으로 오르내리는 가격대로 상품을 판매할 수밖에 없다.

그러나 인간의 노동력은 한 가지 매우 중요한 점에서 여느 상품과 다르다. 노동력은 살아 있는 인간과 분리될 수 없고 [가치를] 창조한다는 것이다. 인간의 노동력은 노동력 자체를 재생산하는 비용보다 더 많은 가치를 창출할 수 있다. 이 차이(마르크스가 '잉여가치'라고 부른)는 자본가가 차지하는데, 그것이 바로 자본가가 얻는 이윤의 원천이다. 무슨 말인고 하니, 하루 8시간씩 주 40시간 노동하고 일당 80파운드, 주급 400파운드를 받는 노동자가 있다고 치자. 그가 자신의 임금에 해당하는 재화나 서비스를 생산하는 데 예컨대 하루 5시간, 주 25시간 걸린다면 그 노동자는 하루 3시간, 주 15시간의 무보수 노동을 하는 셈이다.

이것이 사실이 아니라면, 즉 자본가가 노동자의 노동에서 잉여가치를 뽑아내 이윤을 얻는 게 아니라면 자본가가 노동자를 고용할 이유가 전혀 없다. 자본가가 자신이 고용한 노동자의 노동에서 이윤을 얻지 못하게 되면 그는 즉시 노동자를 '자유롭게 놔준다', 즉 해고한다.

마르크스의 잉여가치론은 더할 나위 없이 중요하다. 잉여가치론은 임금노동을 보는 자본가의 관점이 근본적으로 이데올로기이며 제 잇속만 차리는 것임을 들춰내지만, 단지 여기서 그치지 않는다. 잉여가치론 덕분에 착취율(잉여가치율)을 계산해 수학적으로 표현할 수 있고, 이것은 이윤율, 즉 자본가가 임금·원료·고정자본에 들인 총지출 대비 잉여가치의 비율도 마찬가지다. 이를 마르크스의 공식으로 나타내면 $R = S/(C+V)$다.(R은 이윤율. S는 잉여가치. C는 불변자본, 즉 기계·건물·원료 등. V는 가변자본, 즉 임금.)

이윤율은 자본가의 투자 수준, 고용 수준, 성장률 등 자본주의 경제의 전반적 건전성이나 불건전성을 결정하는 근본적 요인이다. 마르크스가

《자본론》 3권에서 설명한 이윤율 저하 경향의 법칙은 자본주의를 끊임없이 경제 위기에 빠뜨리는 주요 모순이다(이것은 7장에서 설명하겠다). 따라서 잉여가치론은 자본주의 생산을 비판적으로 분석한 마르크스 이론 전체의 주춧돌이다.

그러나 잉여가치론은 또 다른 구실도 한다. 잉여가치론은 자본주의 생산의 핵심, 따라서 자본주의 사회의 핵심에는 결코 화해할 수 없는 직접적 이해관계 대립이 존재한다는 사실을 보여 준다. 노동시간이 길수록 무보수 노동도 많아지고 자본가의 잉여가치도 늘어난다. 노동시간이 짧을수록 무보수 노동도 줄어든다. 임금이 낮을수록 이윤은 늘어나고 임금이 높을수록 이윤은 줄어든다. 마르크스는 다음과 같이 말했다.

> [이윤과 임금은 — 몰리뉴] 서로 반비례한다. 자본의 몫인 이윤이 늘어나는 만큼 노동자의 몫인 임금은 줄어들고 그 역도 마찬가지다. 이윤은 임금이 줄어드는 만큼 늘고 임금이 늘어나는 만큼 줄어든다. … 자본의 이해관계와 임금노동의 이해관계는 정반대다.[13]

따라서 마르크스의 착취론(잉여가치론)은 곧바로 계급과 계급투쟁에 관한 이론으로 이어진다.

계급투쟁

계급은 십중팔구 마르크스나 마르크스주의와 가장 밀접한 개념일 것이다. 그러나 가장 흔히 오해하는 개념이기도 하다. 언론이든 일상생활에서든 학계에서든 모든 곳에서 계급 개념을 두고 혼란이 난무한다.

가장 흔한 혼란 하나는 계급을 주로 사람들의 사회적 출신 배경, 혈통이나 가문, 세습적 특권이나 불우한 환경의 문제로 보는 견해다. 이 관점은 기본적으로 부르주아지가 봉건제를 상대로 벌인 투쟁의 유물인데, 당시 부르주아지는 봉건귀족의 세습적 특권과 권력에 맞서 (법률적 권리와 기회의) '평등'을 옹호했다. 바로 이 견해가 현대 사회에서는 계급이 사라지고 있다거나 갈수록 덜 중요해지고 있다는(또는 미국은 봉건제도 귀족도 없었으므로 계급 없는 사회라는) 완전히 잘못된 생각의 출발점이다. 물론 현대 자본주의 사회에서도 세습받은 특권과 부가 여전히 중요한 구실을 하는 것은 사실이다(영국 지배계급 내에서 이튼칼리지 출신들이 하는 구실만 봐도 알 수 있다). 그러나 이것은 마르크스주의 이론에서든 실제 사회생활에서든 문제의 핵심은 아니다. 결정적인 것은 사회적 출신 배경이 아니라 당장의 사회적 지위다. 노동계급 가정 출신이 관리자나 기업주가 되면 관리자나 기업주답게 행동하지 노동자답게 행동하지 않는다. 흑인 아이가 자라나 미국 대통령이 되면 미국 제국주의의 정치적 대표로서 행동하지 흑인의 대표로서 행동하지 않는다.

또 다른 흔한 혼란은 계급을 주로 소득이나 라이프스타일의 문제로 보는 견해다. 물론 계급에 따라 소득과 라이프스타일이 크게 달라진다. 그러나 소득이나 라이프스타일로 계급을 규정할 수는 없다. 부와 라이프스타일의 불평등은, 그 격차가 아무리 크더라도, 최상층에도 최하층에도 모두 존재하기 때문에 계급 구조를 일관되게 분석할 수 없다. 소득이나 라이프스타일을 기준으로 보면 계급이 5개, 10개, 15개도 있을 수 있고 아예 없을 수도 있어서, 귀에 걸면 귀걸이 코에 걸면 코걸이 식이 된다. 더욱이 소득은 같지만 계급은 다른 개인들이 있을 수 있고(이를테면 숙련 육체 노동자와 구멍가게 주인), 계급이 같아도 라이프스타일은 판이할 수도 있다.

계급을 다루는 학문인 사회학에서는 계급을 대개 생활기회(재화와 서비스를 누릴 기회, 교육받을 기회, 좋은 직업을 얻을 기회, 건강하게 오래 살 기회 등)의 차이로 정의하며, 마르크스주의 계급론을 대체로 다음과 같이 평가한다.

마르크스는 "생산수단에 대한 관계"에 따라 계급을 정의하는데, 이에 따르면 사회는 두 계급, 즉 재산을 소유한 자본가계급(부르주아지)과 재산이 없는 노동계급(프롤레타리아)으로 이뤄진다. 그러나 이런 사회 모델은 과거에는 일말의 진실이 있었겠지만 현대에는 너무 단순하다. 현대 사회를 분석하려면 더 복잡한 모델이 필요한데, 막스 베버와 후대의 베버주의자들이 그런 모델을 제시한다. 베버는 계급을 재산의 소유 여부만이 아니라 노동시장에서 차지하는 위치와도 관련지어 파악해야 한다고 본다. 자본가와 (육체) 노동자 사이에는 정신 능력과 고학력을 바탕으로 직업을 얻는 중간계급이 있다. 자본주의가 기술적으로 더 정교해지면 이 중간계급은 늘어나고 노동계급은 줄어든다. 계급 양극화는 일어나지 않는다. 더욱이 사회에는 계급 말고도 '지위'에 따른 분열이 많이 있는데(현대 베버주의자들은 특히 여성차별과 인종차별을 꼽을 것이다) 이런 분열은 계급을 초월하며 사람들의 정체성 형성에서 흔히 계급보다 더 중요하다. 마르크스와 마르크스주의는 이런 측면을 무시했다.

이런 주장은 많은 점에서 마르크스의 계급론을 잘못 설명한 것이다.

마르크스는 단순한 두 계급 모델을 제시하지 않았고 사회의 중간층, 즉 중간계급의 존재를 익히 알고 있었다. 또 여성차별과 인종차별 문제에도 베버보다 훨씬 더 많은 주의를 기울였다. 그러나 이것은 중요하지 않다. 진짜 중요한 사실은 마르크스 계급론의 핵심이 불평등한 생활기회(그 자체로 중요하기는 하다)가 아니라 앞에서 다룬 잉여가치 뽑아내기, 즉 착취라는 것이다. 바로 이 착취라는 일상적 진실, 즉 자본주의 사회관계에 내재한 이해관계 충돌 때문에 자본가와 노동자는 서로 적대계급이 된다.

자본가가 (자본가로서) 생존하려면 이윤을 내야 하는데, 이윤은 임금노동에서 뽑아낸 잉여가치에서 나온다. 노동자의 생존은 자본가에게 노동력을 판매하고 얻는 임금에 달려 있다. 이런 관계 때문에 자본가와 노동자는 끊임없이 반복되는 투쟁에서 벗어날 수 없다. 자본가가 자본을 상속받았든 자수성가해서 모았든, 사립학교를 다녔든 공영주택에서 태어났든, 또 노동자가 임금이 높든 낮든, 직장이 사무실이든 학교든 공장이든, 주로 정신노동을 하든 육체노동을 하든 자본가와 노동자의 근본적 이해관계 대립은 달라지지 않는다.

생산에서 비롯한 이 이해관계 대립은, 이 대립과 밀접한 소외와 마찬가지로, 자본주의 생산을 토대로 한 사회 전체로 확장된다. 즉, 세금, 의료, 범죄와 형벌, 외교정책, 군비 지출, 전쟁, 환경보호 같은 국가 정책과 공공 정책의 모든 쟁점에서 이해관계 대립, 계급 대립이 나타난다.

베버도 후대 사회학자들도, 기자들도, 평론가들도 이 점을 전혀 이해하지 못하기 때문에 이들의 마르크스 비판은 결국 공허한 비판이 되고 만다.

이들이 그토록 중시하는 이런저런 중간계급은 분명히 존재하지만, 중간계급이라는 위치를 결정하는 것은 '지위'도 아니고 라이프스타일도 아니다(둘 다 중간계급이라는 위치의 결과이지 원인이 아니다). 중간계급의 위치는 착취 과정과 계급 대립에서 그들이 하는 구실에 따라 결정된다.

부르주아지(자본가계급)와 프롤레타리아(노동계급) 사이에는 상당히 규모가 큰 사회집단이 둘 있다. 첫째는 소기업주들, 즉 프티부르주아지인데 대표적인 것은 소상인들이다. 이 계층은 대기업에 시달릴 뿐 아니라 어느 정도는 (금융자본과 은행을 통해) 착취당하기도 한다. 그러나 이들은 (이 사실이 매우 중요한데) 임금노동을 소규모로 착취하는 계층이다. 둘째 집단은 관리자들이다. 이들은 봉급을 받는 피고용인이지만, 노동자들로부터 잉여가치를 뽑아내는 과정을 감독하는 일을 한다. 예를 들어, 슈퍼마켓 관리자는 봉급을 받기는 하지만 그 대가로 매대에 상품을 진열하거나 고객에게 서비스를 제공하는 것이 아니라 노동자들이 상품 진열이나 고객 서비스를 '효율적으로'(즉, 사용자의 이윤을 극대화하는 방식으로) 하도록 감독한다. 관리자들은 봉급 수준도 대체로 노동자보다 상당히 높다. 그래야 관리자가 확실하게 충성할 테니까 말이다.

이 '중간계급'은 실제로는 독자적 계급이 아니라 노동계급과 자본가계급 사이에 낀 여러 계층들의 서열이며, 그들의 사회적 구실은 자본가계급의 요소들과 노동계급의 요소들을 결합한다(결합의 규모나 수준은 제각각이지만). 중간계급의 상층(기업의 고위 간부, 고위 공무원, 경찰 우두머리가 이에 속한다)은 지배계급과 겹치고 하층(자영업을 하는 배관공·페인트공·도배공이나 하급 관리자)은 프롤레타리아와 겹친다. 자본가계급과 노동계급의 투쟁이 벌어지면 중간계급은 양대 계급이 끌어당기는 힘에 따라 오락가락한다.

마르크스주의와 베버식 또는 '상식적' 관점은 계급을 서로 다르게 이해하기 때문에 현대 자본주의의 계급 구조를 판이하게 설명한다. 마르크스는 다음과 같이 강조했다. "부르주아지, 즉 자본이 성장하는 만큼 프롤레타리아, 즉 현대 노동계급도 성장한다." 그리고 "프롤레타리아 운동은 … 압도 다수의 이익을 위한 압도 다수의 운동이다."[14]

반면에 베버식 또는 상식적 관점은 자본주의가 발전하면 프롤레타리아가 인구에서 차지하는 비중이 낮아진다고 주장한다. 이 문제는 프롤레타리아의 수를 세어 보는 것으로는 해결할 수 없다. 프롤레타리아가 누구인지를 두고 생각이 서로 다르기 때문이다. 베버주의자는 오로지 '산업' 노동자와 '육체' 노동자만이 프롤레타리아라고 생각한다.(이 용어 자체도 문제가 된다. 프로그래머는 손으로 일하지 않는다는 말인가? 전기 기사는 두뇌를 사용하지 않는다는 말인가?) 분명히 선진 자본주의 나라들에서 산업 노동자와 육체 노동자는 수가 줄고 있지만, 흔히 중간계급으로 여기는 '사무직'이나 '비육체' 피고용인은 수가 늘고 있다.

그러나 마르크스주의 관점으로 보면 사무직 피고용인(교사, 사회복지사, 공무원, 비서, 점원, 간호사 등)은 전부는 아니지만 대부분 노동력을 판매해 살아가며 자본가에게 착취당한다.

공공 부문의 교사나 의료 노동자 같은 일부 사무직 노동자들이 착취당한다는 사실은 사기업에서 상품을 생산하는 노동자들이 착취당하는 것만큼 가시적이지는 않다. 그러나 교사와 의료 노동자가 실제로 하는 일은 자본주의 체제를 위해 노동력이라는 상품을 생산하거나 재생산하는 것이다. 그리고 여느 노동자와 마찬가지로 자신이 생산하는 가치보다 적은 임금을 받는다. 따라서 이들은 노동계급의 일부이며 실제로도 그렇게 행동한다. 영국에서는 최근 연금 축소에 항의하는 투쟁에서 공무원노조[PCS]와 교원노조[NUT]가 선두에 섰다. 여전히 진행 중인 이집트 혁명에서도 교사와 세무 공무원 노동자들이 중요한 구실을 했다. 이렇게 보면 노동계급은 선진국에서 여전히 인구의 대다수(약 70퍼센트 남짓)를 차지하며 세계 전체로는 가장 규모가 큰 계급이 되고 있음을 분명히 알 수 있다.

흥미롭게도, 부르주아적 계급관은 대개 노동계급과 중간계급을 직업으로 구분하지만(예를 들어 광원과 교사), 마르크스주의의 구분선은 직업 내부에 있다. 따라서 교사는 대부분 노동자이지만 교장은 관리자이며, 사회복지사는 대부분 노동자이지만 (영국에서는) 팀장급 이상은 중간계급이 되고 있다. 하급 공무원은 노동계급이지만 최상층 공무원은 사실상 지배계급의 일부다. 또 하나 흥미로운 점은 학계의 사회학자들은 대부분 이런 차이를 무시하거나 간과하지만 실제로 이런 직업에 종사하는 노동자들, 특히 노동조합원들은 이런 차이를 잘 알고 있다는 것이다.

그러나 마르크스의 계급론에서 가장 중요한 점은 마르크스가 노동계급의 혁명적 구실을 규명했다는 사실이다. 마르크스는 세 가지 요인에 주목했다. 첫째는 노동계급과 자본가계급의 이해관계 대립이고(앞서 말했다), 둘째는 노동계급의 힘이며, 셋째는 계급 없는 사회를 건설할 수 있는 노동계급의 능력이다. 노동계급의 힘은 노동계급의 노동이 사회의 부와 이윤을 대부분 창출한다는 사실, 교통·에너지·통신·국가 운영이 모두 노동계급의 노동에 의지한다는 사실, 노동계급이 작업장과 도시에 대규모로 집중돼 있다는 사실에서 비롯한다. 이런 힘 덕분에 노동계급은 부르주아지와 부르주아 국가를 물리칠 수 있다. 계급 없는 사회를 건설할 수 있는 노동계급의 능력은 노동계급 투쟁이 집단적일 수밖에 없다

(개별 작업장의 소규모 투쟁부터 총파업과 무장봉기에 이르기까지)는 사실, 노동계급은 생산수단을 집단적으로만 소유할 수 있다는 사실, 자본주의 이전 사회의 계급들과 달리 노동계급은 생산하는 계급이면서 동시에 지배하는 계급이 될 수 있고 따라서 계급 분열의 토대 자체를 허물 잠재력이 있다는 사실에서 비롯한다.

노동계급의 혁명적 구실은 마르크스주의 정치와 철학 모두에서 핵심 원리다.* 마르크스주의 정치에서 핵심인 이유는 마르크스주의의 목표가 바로 세계를 변화시키는 것이고 만약 노동계급에게 혁명적 잠재력이 없다면 자본주의 전복과 사회주의 실현은 불가능해지기 때문이다(물론 그러지 않고 사회주의를 위로부터 의회의 개혁 조처를 통해 도입하거나 쿠데타나 음모로 강요할 수도 있겠지만 그게 가능하다면 마르크스주의는 근본적으로 논박당하고 쓸모없는 것이 되고 만다). 마르크스주의 철학에서 핵심인 이유는 노동계급 투쟁을 물질적 토대로 해서 마르크스주의가 생겨났으며 '노동계급의 관점' 덕분에 마르크스가 노동가치론과 역사유물론 등 자신의 주요 이론을 발전시킬 수 있었기 때문이다. 이 점은 이 책의 다른 부분에서 다시 자세히 다룰 것이다.**

그러나 노동계급의 혁명적 구실은 마르크스의 주장 가운데 가장 많은 비판과 반대에 부딪히기도 했다. 친자본주의 사회학자, 베버주의자, 자유

---

* "마르크스의 학설에서 가장 중요한 것은 프롤레타리아의 역사적 사명이 사회주의 사회의 건설임을 밝힌 것이다"(V I Lenin, *Collected Works*, Vol 18, Moscow, 1975, p582).

** 프롤레타리아라는 사회적 존재와 마르크스주의 이론의 발전 사이의 관계는 J Molyneux, *What is the Real Marxist Tradition?*, London, 1985[국역:《고전 마르크스주의 전통은 무엇인가?》, 책갈피, 2005]에서도 다룬다.

주의자, 사회민주주의자만이 아니라 급진 지식인, '강단' 마르크스주의자 등도 이 주장을 비판하고 거부했다. 1950~80년대에 프롤레타리아의 혁명적 구실을 부정한 사람들은 좌파 사회학자인 찰스 라이트 밀스, 존 렉스, 랄프 다렌도르프, 톰 보토모어, 앤서니 기든스, 프랑크푸르트학파 철학자인 테오도어 아도르노, 헤르베르트 마르쿠제, 위르겐 하버마스, 제3세계 해방 이론가인 프란츠 파농과 레지 드브레, 미국 마르크스주의 경제학자인 폴 배런과 폴 스위지, 프랑스 철학자 앙드레 고르(1980년에 이런 견해의 고전적 저작인 《프롤레타리아여 안녕》을 썼다), 공산주의자 역사가인 에릭 홉스봄 등 다양했다. 정말이지 이 문제를 두고 지식인들이 합의라도 한 것처럼 보이던 시기였다. 중요한 예외는 1960년대와 1970년대 초 제법 세력이 있었던 마오쩌둥주의 좌파들(그러나 '프롤레타리아'에 대한 이들의 신념은 실질적이라기보다는 추상적 미사여구 수준이었고, 마오쩌둥주의의 핵심 사상은 당이나 '지도부'가 프롤레타리아를 대리해서 행동한다는 것이었다)과 혁명적 노동계급 정당을 건설하려 한 다양한 종류의 트로츠키주의자들이었다.

그렇지만 이 시기에도 중요한 노동계급 투쟁이 계속 일어났다. 특히 1970년대 초 영국에서 그리고 1969년 이탈리아의 '뜨거운 가을'에 대규모 산업 투쟁이 벌어졌고, 1968년 5월 프랑스 총파업, 1972~73년의 칠레, 1974년 포르투갈 혁명, 1979년 이란 혁명, 1980~81년 폴란드에서는 노동계급 투쟁이 거의 혁명적 수준에 도달하기도 했다.[15]

1999년 시애틀 시위 이후 성장한 국제 반자본주의 운동에서 새로운 급진 이론가들과 철학자들이 등장했다. 일부는 '스타 지식인' 반열에 오르면서 그 저작들이 베스트셀러가 됐다. 마이클 하트와 안토니오 네그리, 나오미 클라인, 존 홀러웨이, 데이비드 하비, 슬라보이 지젝, 알랭 바디우, 테리 이글턴 등이 그랬다. 이 이론가들도 대부분(이글턴을 제외하고) 노동계급 중심성을 부인한다. 특히 하트와 네그리는 널리 영향을 미친 책 《제국》과 《다중》에서 오늘날 혁명의 주체는 노동계급이 아니라 '다중'이라고 주장한다. 이런 견해가 최근의 인디그나도스 운동과 '점거하라' 운동에서 반향을 불러일으켰다는 것은 분명하다. 이 문제, 그리고 노동계급 개념을 비판하는 몇몇 견해를 이 책 말미의 부록에서 다룰 것이다.

여기서는 두 가지만 강조하겠다. 첫째, 현대 노동계급, 즉 노동력을 판매해야만 살아갈 수 있는 사람들은 오늘날 사라지기는커녕 그 어느 때보다 수가 많다. 2002년 크리스 하먼은 디온 필머가 작성한 1995년 세계은행 보고서 "세계 노동자 추계"를 바탕으로 면밀히 분석한 뒤 다음과 같이 결론 내렸다. "전 세계 노동계급은 15억~20억 명에 달한다." 이어서 다음과 같이 덧붙였다. "노동계급에게 '안녕'이라고 말하는 사람들은 현실 세계에 살고 있지 않은 셈이다."[16] 그 후로도 국제 노동계급 규모는 크게 늘어났는데 특히 중국과 인도의 대규모 경제성장 때문이었다. 리민치는 다음과 같이 썼다.

중국의 총고용에서 비농업 고용이 차지하는 비중은 1980년 31퍼센트에서 2000년 50퍼센트로 늘어났고 2008년에는 60퍼센트에 이르렀다. 2002년 중국 사회과학원 보고서를 보면, 비농업 노동인구의 80퍼센트 가량이 공업 노동자, 서비스 노동자, 사무직 노동자, 실업자 같은 프롤레타리아화한 임금노동자였다. 비농업 노동자의 압도 다수는 노동력을 판매해야만 생계를 꾸릴 수 있는 임금노동자다. 따라서 비농업 고용의 급속한 증가는 중국에서 프롤레타리아화한 노동계급이 대규모로 형성되고 있음을 보여 준다.[17]

도시화는 프롤레타리아화와 같은 의미는 아니지만 둘 사이의 관계는 밀접하다. 세계 인구 중 도시 거주 비중이 1970년 37퍼센트에서 2010년 50퍼센트를 넘어섰다는 사실로도 노동계급이 크게 늘어났음을 알 수 있다. 이를 부인하려면 노동계급은 오로지 전통적 산업 노동계급뿐이라고 주장하는 수밖에 없다(이런 견해는 앞에서 반박했다).

둘째, 특히 지난 2년 동안 많은 나라에서 노동계급의 강력한 전투성이 드러나고 있다. 2010~11년 튀니지 혁명에서는 노동계급과 튀니지 노총이 독재자 벤 알리를 축출하는 데 주도적 구실을 했다. 이집트에서도 대규모 거리 시위(노동자가 대거 참여한)와 노동자 파업이 결합된 덕분에 무바라크를 몰아낼 수 있었다. 그리스와 스페인에서는 총파업과 대규모 거리 투쟁이 여러 차례 벌어졌다. 중국에서는 파업과 노동계급 항의의 물결이 크게 일었으며 심지어 영국에서도 2011년 3월 50만 명이 넘는 노동조합원들이 대규모 시위를 벌였고 11월 30일에는 200만 명 이상이 참가한 대중 파업이 벌어졌다.

다시 말해, 노동계급이 사회주의 변혁의 주체라는 마르크스의 주장을 폐기할 이유는 전혀 없다.

4장_ 유물론

'변증법적 유물론'은 흔히 마르크스 철학 전체를 일컫는 말이다. 이 용어의 타당성을 두고 지금까지 논란이 있는 것은 마르크스 스스로 사용한 적이 없는 데다 스탈린주의자들이 즐겨 사용했기(매우 교조적·기계적으로) 때문이다. 그러나 내가 보기에 '변증법적 유물론'이라는 용어는 합리적인 듯하고, 적어도 한 가지는 명백하다. 즉, 마르크스의 철학은 유물론적이고 변증법적이다. 마르크스주의 철학을 소개한다는 이 책의 취지에 맞게 두 용어를 차례로 다루겠다.

일상생활에서 '유물론자'라는 말은 탐욕스럽거나 물욕이 강한 사람을 뜻한다. 반면에 '관념론자'는 이상주의자를 일컫는다. 이런 의미에서 보면, 지독한 가난 속에 인생 대부분을 보낸 마르크스야말로 '유물론자'가 아니라 '관념론자'다. 그러나 이 두 단어의 철학적 의미는 사뭇 다르다. 철학에서 유물론과 관념론은 정신과 물질, 관념과 물질적 조건의 관계를 보는 관점의 차이다. 정신과 물질 가운데 어느 것이 인간의 역사를 형성하는 데서 선차적인가? 플라톤에서 헤겔에 이르는 관념론 철학자들은 정신과 관념이 선차적이라고 본다. 데모크리토스에서 루트비히 포이어바흐에 이르는 유물론 철학자들은 물질이 선차적이라고 본다. 마르크스와 마르크스주의 철학은 확고한 유물론 진영에 서 있다.

유물론 철학의 필수 요소는 다음의 명제들이다.

- 물질세계는 존재한다.
- 물질세계는 인간의 의식과 무관하게 존재한다.
- 세계를 실제로(총체적·절대적으로는 아니더라도) 인식하는 것은 가능하다.
- 인간은 자연의 일부다(비록 독특한 일부지만).
- 물질세계가 인간의 사유에서 나오는 것이 아니라 인간의 사유가 물질세계에서 나온다.

물론 처음 세 명제는 일종의 상식이다. 그런데 이 명제들이 상식인 이유는 사람들이 일상에서 무수히 실천하며 날마다 확인하기 때문이다. 사실 유물론의 전제들을 인정하지 않으면 일상생활이 불가능하다. 저명한 관념론 철학자는 세계가 존재하지 않거나 존재하더라도 인간의 인식 범위 밖에 존재한다고 상상할 수 있겠지만 유물론의 전제를 인정하지 않으면 아침을 먹을 수도, 버스를 탈 수도, 다리를 건널 수도 없고, 일상생활 자체를 할 수도 없다. 현대 과학 전체도 대부분 마찬가지다. 현대 과학도 일상에서 경험을 통해 입증되며 유물론의 전제를 바탕으로 한다.

마르크스는 이런 실천을 통한 검증이 가장 중요하다고 생각했다.

> 인간의 사유가 객관적 진리를 파악할 수 있는지 아닌지는 이론의 문제가 아니라 실천의 문제다. 인간은 실천을 통해 진리, 즉 자신의 사유가 현실적이고 힘이 있고 현세적現世的이라는 사실을 입증해야 한다. 실천과 유리된 채 사유가 현실적인지 비현실적인지를 따지는 것은 순전히 스콜라주의적 태도다.[1]

넷째 명제는 현대 과학의 연구 결과와 일치하고 현대 과학으로 입증됐다. 특히 다윈의 진화론, 유전학(인간과 침팬지는 유전정보가 98퍼센트 일치한다), 화석 기록(2000년 케냐에서 발견된 600만 년 된 오로린 투게넨시스 화석이나 390만~290만 년 전에 살던 오스트랄로피테쿠스 아파렌시스 화석 등)이 이 명제를 뒷받침해 준다.

다섯째 명제는 앞의 네 명제에서 나오는 결론이지만 또한 가장 두드러진 마르크스주의 명제다. 마르크스 전에는 인간의 역사를 위인의 업적과 사상으로 설명하는 위로부터의 역사관이 대부분이었다.

흔히 사람들은 처음 네 명제, 즉 인간과 자연의 관계 문제에서는 거의 무의식적으로 유물론적 견해를 보이다가도 사회·역사·정치 문제에서는 관념론의 견해를 따른다. 그래서 다음과 같이 말하거나 쓴다. "미국 외교정책의 토대는 미국이 세계를 지도하는 것은 신이 부여한 권리라는 사상이다." "자본주의의 동력은 경제성장에 대한 신념이다." "냉전은 근본적으로 이데올로기의 충돌이었다." 다시 말해 사람들은 흔히 사회와 역사 분석의 출발점은 사람들의 머릿속에 있는 사상·신념·가치이며 바로 이 개념들이 경제, 사회구조, 정부 정책의 본질을 설명해 준다고 생각한다.

이런 모순은 우연이 아니라 부르주아 이데올로기의 영향을 반영한다. 부르주아지가 봉건제에 맞서 투쟁하고 자본주의 산업을 발전시키고 수많은 군사작전을 벌여야 했을 때 과학의 급속한 발전이 필요했는데, 그러려면 자연에 대한 유물론적 관점이 필수적이었다. 그러나 부르주아지가 자신의 사회적 지위를 유지하고 정당화해야 할 때는 역사와 사회에 대한 관념론적 견해가 필요하다(관념론은 대개 지배계급에 속하거나 지배계급을 대표하는 걸출한 개인들의 사상과 행동을 출발점으로 삼는다).

반면 노동계급(과 혁명적 사회주의자들)이 사회를 변화시키려면 진정한 과학적 사회 분석이 필요하다. 노동계급은 정치인들이 추진하는 정책의 배후에 어떤 물질적 이해관계와 동력이 있는지 알아야 한다. 노동계급에게는 위인들의 사상이 아니라 우선 평범한 노동자 대중의 일상적 노동과 활동을, 다음으로 지배계급의 이해관계를 역사 이해의 출발점으로 삼는 유물론적 분석이 필요하다.

마르크스는 자신의 유물론적 관점을 다음과 같이 요약했다. "의식이 사회적 존재를 결정하는 것이 아니라 사회적 존재가 사회적 의식을 결정한다."[2] 몇몇 역사적 사례를 보면 이 말의 정확한 의미를 잘 알 수 있다.

첫째 사례는 유럽에서 일어난 종교개혁이다. 종교개혁은 1517년 10월 31일 마르틴 루터가 비텐베르크 성城 교회 앞에 (교회의 부패를 비판하는) 95개 항목의 반박문을 내걸면서 시작됐다고 알려져 있다. 종교개혁으로 (서유럽의) 공식적 보편 교회는 가톨릭과 프로테스탄트(나중에 더 많은 교파로 분열했다)로 양분됐고 유럽은 거의 200년 동안 격변, 혁명, 전쟁을 겪었다.

주류 역사 해석은 이 거대한 충돌을 근본적으로 종교적 충돌, 즉 신·교회·성서를 다르게 이해하고 믿는 사람들 사이의 충돌로 본다. 다시 말해 이런 해석은 관념론적이다. 반면 마르크스주의는 종교개혁을 근본적으로 신흥 부르주아지와 옛 봉건귀족의 계급투쟁, 봉건제에서 자본주의 생산양식으로 이행하는 과정의 이데올로기적 표현으로 본다. 다시 말해 마르크스주의 역사 해석은 유물론적이다.

독일 사회학자 막스 베버는 이 두 견해 사이의 논쟁을 집중적으로 다룬 유명한 책 《프로테스탄트 윤리와 자본주의 정신》(1904)을 펴냈다. 베버가 보기에 프로테스탄트 교리는 경제적 성공이 신의 은총을 받은 증거라고 가르치며 근면·절약·재투자의 윤리를 장려했는데 이것이 자본주의의 발전에 필요한 관습들을 확립하는 데 중요한 구실을 했다. 이런 주장은 프로테스탄트 교리와 자본주의 사이의 관계를 인식한 것이지만 프로테스탄트 신학과 도덕을 자본주의 발전의 주된 원인으로 본 것이다. 반면 마르크스주의는 자본주의 생산양식이 처음에 봉건제의 틀 안에서 맹아적으로 나타나는 과정에서 이데올로기적으로 표현된 것이 바로 프로테스탄트 교리라고 본다. 이것은 프로테스탄트 교리가 근면을 장려했기 때문만이 아니라 가톨릭교회가 물질적으로나(대토지 소유자였다는 점에서) 이데올로기적으로(교회 조직에 대한 복종을 요구했다는 점에서) 봉건귀족이나 봉건제와 유착돼 있었기 때문이다. 따라서 부르주아지가 봉건제에 도전하려면 가톨릭 교리를 대체할 이데올로기가 필요했다.

마르크스주의 유물론을 지나치게 단순화하고 우스꽝스럽게 만들어서 터무니없는 오류 취급을 하는 일이 빈번했기 때문에, 마르크스주의 유물론이 주장하거나 뜻하지 않는 바를 여기서 간단히 설명하는 것도 좋겠다.

마르크스주의 유물론은 종교개혁 시대의 역사적 행위자들이 [실제로는] 자신들의 종교적 신념에 냉담했다거나 진실하지 않았다거나 자신들의 물질적 이해관계를 교묘히 은폐하려고 위선적으로 신앙을 선택했다고 주장하지도 암시하지도 않는다. 물론 일부 개인들은 그랬을지도 모른다. 그러나 마르크스주의 유물론이 주장하는 바는 그런 것이 아니라, 대중이 현실의 물질적 조건과 이해관계 때문에 자신들의 처지에 적합하고 자신들의 필요를 분명히 표현하는 듯한 종교 교리에 진정으로 이끌리게 됐다는 것이다. 마르크스주의 유물론은 계급과 종교가 일대일 대응하는 기계적 관계라고 보지도 않는다.(봉건영주와 지배자는 모두 가톨릭이었다거나 도시 시민과 부르주아지는 모두 프로테스탄트였다고 주장하지도 않고 하물며 가톨릭은 모두 영주였다거나 프로테스탄트는 모두 부르주아지였다고 주장하지도 않는다. 따라서 일대일 관계를 벗어나는 사례를 든다고 해서 마르크스주의 유물론이 논박되는 것은 아니다.) 마르크스주의 유물론은 단지 실제 역사 과정이 아무리 복잡해도 역사의 근본 동력은 경제 발전과 계급 이해관계라는 사실을 주장할 뿐이다.

모든 관념론적 해석의 가장 큰 약점은 관념론에서 선차적이라고 여기는 관념들이 역사적으로 어떻게 등장했는지를 합리적으로 설명하지 못한다는 점이다(그래서 아예 설명하지 않거나 아니면 기존 관념에서 나왔다고 설명하는데 그러면 기존 관념은 또 어떻게 등장했는지 설명하지 못한다).

둘째 사례는 제국주의와 인종차별의 등장이다. 15세기가 저물 무렵 유럽의 주요 열강들이(나중에 미국도) 나머지 세계(북아메리카, 라틴아메리카, 아프리카, 아시아, 중동, 오세아니아 등)를 지배하게 되는 긴 역사 과정이 시작됐다. 이 과정에서 노예제와 노예무역, 식민지 점령과 지배,

국제 수준의 경제력·군사력 사용이 나타났다. 또 무수한 잔학 행위, 체계적 착취, 식민지 주민들에 대한 억압과 천대뿐 아니라 비유럽(백인이 아닌) 사람들이 선천적으로 열등하다고 주장하는 체계적 인종차별 이데올로기가 국제적으로 등장했다. 이 시기 역사를 관념론적으로 설명하는 사람들(가장 예리하고 박식한 사람은 《오리엔탈리즘》으로 잘 알려진 에드워드 사이드일 것이다)은 이 세계 정복의 배후 동력이 그리스도교 유럽(이른바 '서구')의 오래된 유럽중심적·인종차별적 사고방식이었다고 주장한다. 마르크스주의 유물론의 관점으로 보면 이 모든 과정의 동력은 오히려 자본주의의 논리(이윤과 자본축적을 목적으로 원료, 값싼 노동력, 시장을 차지하기 위한 쟁탈전)였다. 인종차별과 유럽중심주의는 자본주의 논리의 이데올로기적 반영이자 정당화였으며 특히 대서양 노예무역과 아메리카 대륙의 노예제와 연관돼 있었다(인종차별에 대한 마르크스주의의 분석은 9장에서 다룬다).

세 번째 사례는 전쟁 문제다. 전쟁은 대부분 거창한 명분(자유, 민주주의, 국가 수호, 민족자결권 등)을 내걸고 벌어진다. 특히 역대 미국 대통령과 영국 총리가 빈번히 사용한 '인도주의적 개입' 논리가 이를 잘 보여 준다. 마르크스주의 유물론은 이것이 거짓말이며 전쟁의 목적은 거의 언제나 현실의 물질적 이해관계(전쟁을 일으키는 정권과 지배계급의 이해관계)라고 주장한다.*

---

* 실제로 대중이 요구해서 전쟁이 일어나는 경우는 극히 드물고 그런 전쟁은 대부분 민족해방전쟁이나 내전, 즉 혁명이라고 할 수 있다. 전쟁을 일으키는 것은 보통 지배자들이며, 대중이 전쟁에 찬성하는 분위기가 형성되는 경우는 지배자들이 이미 전쟁을 결정해 놓고 대중이 전쟁을 지지하도록 교묘히 선동하기 때문이다.

이런 이해관계는 직접적 영토 병합이나 원료(물, 석유, 다이아몬드 등) 수탈, 시장과 값싼 노동력 확보일 수도 있지만 더 넓은 전략적 이해관계일 수도 있다. 예를 들어, 미국이 아프가니스탄을 침공한 주된 목적은 이 황폐하고 가난한 나라의 자원이 아니었다.(아프가니스탄인들을 탈레반의 폭정에서 해방시키거나 아프가니스탄 여성을 해방시키려는 것이 아니었음은 말할 나위도 없다!) 그것은 (비공식적) 미국 제국을 수호하려는 전반적 전략의 일환이었다. 즉, 9·11 테러에 대한 응징으로 본때를 보여 주고 장차 중국의 힘이 커질 것에 대비해 중앙아시아를 장악하려는 것이었다. 마찬가지로 나토가 리비아에 개입해 카다피를 공격한 것도 명분은 리비아인들을 대학살의 위험에서 구출한다는 것이었지만 진정한 동기는 리비아의 석유를 장악하고 서방의 중동 지배를 위협하는 혁명의 물결, 즉 '아랍의 봄'을 멈추려는 것이었다. 전략적 이해관계는 경제적 이해관계와 직결되는 것은 아니지만 결국 그와 닿아 있다.

마르크스주의 철학은 유물론이다. 즉, 일반적으로 물질이 정신보다 앞서고 생필품의 물질적 생산이 역사를 설명하는 데 가장 중요하다고 주장한다. 그러나 유물론도 종류가 다양하며 마르크스의 유물론은 마르크스 이전, 즉 18세기 계몽주의 시대의 유물론과 매우 달랐다. 계몽주의 시대의 유물론은 신흥 부르주아지의 지지를 받았는데, 인간이 역사를 만드는 능동적 구실에 거의 또는 전혀 주목하지 않은 채 인간의 행동은 외부 조건에 의해 결정된다고 보는 기계적 유물론이었다. 마르크스의 유물론이 어떻게 이런 한계를 넘어서 발전했는지는 5장과 이 책의 여러 곳에서 살펴볼 것이다.

5장_ 변증법

앞서 살펴봤듯이 마르크스는 결코 최초의 유물론자는 아니었지만 최초의 **변증법적** 유물론자였다. 이 말은 마르크스가 역사 발전의 원동력을 관념이나 사상이 아니라 물질적 힘과 이해관계라고 봤지만 변화의 과정을 순조롭거나 점진적인 기계적·자동적 과정으로 여기지는 않았다는 뜻이다.

'변증법'이라는 용어는 고대 그리스 철학에서 유래했는데, 당시에는 토론이나 대화를 통해 진리에 이르는 방법을 의미했다. 그러나 마르크스의 변증법은 위대한 독일 철학자 헤겔에게서 물려받은 것이다. 헤겔은 프랑스 대혁명의 영향을 받아, 세계사 전체를 모순된 이념들이 서로 충돌하면서 끊임없이 고양되는 과정으로 보는 종합적 철학 체계를 발전시켰다.

사람들은 흔히 변증법이라는 말을 들으면 겁부터 낸다. 마르크스의 핵심 사상 중에서 가장 모호하고 난해하며 심지어 수수께끼 같다고 알려진 것이 변증법이다. 여기에는 몇 가지 이유가 있다. 단어 자체가 생소하고, 학교나 심지어 대학에서도 배우지 않으며, 어렵기로 유명한 헤겔(실제로 그렇다)과 관련된 개념이기 때문이다. 가장 중요한 이유는 변증법이 오랫동안 명백한 상식으로 통하던 것들과 모순된다는 점이다. 그래도 나는 변증법의 기본 사상들이 그렇게 어렵지 않다고 강조하고 싶다. 생각이 깊은 노동자나 활동가라면 누구나 변증법의 기본 사상들을 쉽게 이해할 수 있다. 지금까지 이 책의 주요 내용을 이해했다면 5장도 이해할 수 있을 것이다.

앞서 말했듯이, 변증법적 유물론은 변화의 과정에 모순이 존재한다고, 즉 서로 대립하는 힘들이 충돌한다고 본다. 변증법을 좀 더 이해하려면 이 말이 무슨 뜻인지 찬찬히 살펴봐야 한다. 우선 변화라는 문제에서 출발해 보자. 변증법의 핵심 명제는 만물이 변한다는 것이다. 여기서 '만물'은 우주 자체부터 가장 작은 입자에 이르기까지 우주의 모든 것을 말한다. 먼저 만물은 운동을 하는데, 운동은 변화의 가장 기본 형태다. 만물은 또, 발전하고 변하고 진화하고 생성하고 소멸한다. 밥 딜런의 노래 가사처럼 "서둘러 태어난 것도 아니면서 겨를도 없이 죽어 간다."

변증법의 이 기본 원리는 코페르니쿠스에서 케플러·뉴턴·다윈·아인슈타인을 거쳐 양자역학과 빅뱅 이론에 이르는 현대 과학의 모든 연구 결과와 완전히 일치하며 현대 과학으로 입증된다. 달리 말해 변증법의 기본 원리는 움직일 수 없는 사실이다.

그러나 변증법의 기본 원리는 매우 혁명적인 정치적 함의가 있는 사실이기도 하다. 기성 정권과 기성 사회질서가 아무리 강력하고 철옹성처럼 보여도 모두 소멸한다는 뜻이기 때문이다. 프랑스 대혁명과 러시아 혁명으로 부르봉 왕조와 로마노프 왕조가 몰락한 뒤이 오늘날에는 모든 정치체제가 언젠가 소멸한다는 말은 꽤 진부하게 들릴 수 있지만, 부르주아 사회관계, 즉 자본주의가 영원하다(자본주의는 불멸하며 다른 대안은 없다)는 것은 부르주아 이데올로기의 핵심 주제로 여전히 남아 있다. 따라서 "다른 세계는 가능하다"는 구호는 해방적 성격이 있다. 나는 대학에서 가르칠 때 자유 토론식 수업을 하려고 노력했는데, 학생들이 발언할 때 '항상 어떠어떠하다'는 표현을 사용해서는 안 된다는 규칙 비슷한 것을 만들었다. 흥미롭게도 학생들은 이 규칙을 지키기가 매우 어렵다는 사실을 깨달았다. 학생들은 "어느 정도의 인종차별은 항상 있기 마련입니다", "남녀가 완전히 평등해질 수는 없는 법입니다", "빈부격차는 항상 있기 마련입니다" 같은 말을 계속했다. 태어나서 지금까지 줄곧 알게 모르게 이런 생각을 주입받으면서 자라났다는 단순한 이유 때문이었다. 반면에 변증법은 영원한 것은 없으며 만물은 날마다, 시시각각 끊임없이 변한다고 주장한다.

물론 끊임없는 변화가 모든 것을 설명해 주지는 않는다. 변화뿐 아니라 연속성도 존재하기 때문이다. 해는 수십억 년 동안 그랬듯 어제도 떴고 내일도 뜰 것이다. 여성은 '항상' 차별받은 것은 아니지만 무척 오랫동안 차별받았고 지금도 차별받고 있다. 오랜 시간이 지나면 산이 솟아오르거나 가라앉고 대륙의 모습이 변하지만 한 세대나 심지어 인류 역사를 두고 보면 산과 대륙은 크게 변하지 않는다. 자본주의는 여러 측면에서 끊임없이 변하고 있지만 가장 중요한 동력인 자본의 경쟁적 축적은 수백 년 동안 변함없다. 사실 일상생활에서는 대체로 연속성의 요소가 변화의 요소보다 더 중요하며, 이 점은 인류 사상의 역사에서도 드러난다.

현대 과학 덕분에 만물의 변화를 입증할 수 있게 됐지만 수천 년 동안 유력했던 견해는 변화를 인정하면서도 그 배후에는 반드시 고정불변의 질서가 있다고 보는 것이었다. 그래서 하늘의 해와 별은 움직이지만, 움직이지 않는 지구를 중심으로 정해진 궤도를 따라 운행할 뿐이고 우주의 중심은 여전히 지구라고 생각했다. 동물과 인간은 태어나고 죽지만 신이 창조한 종種은 결코 변하지 않는다고 생각했다. 특히, 변하지 않는 영원한 인간 본성이 있다고 생각했다.

　또 인간의 지식은, 인류 전체든 개인이든 마찬가지인데, 대체로 '사물'을 구별하고 그 차이점을 아는 데서 출발한다(여름과 겨울, 먹을 수 있는 열매와 독이 든 열매, 개와 고양이, 위험한 야생동물과 온순한 가축, 어머니와 아버지, 형제와 친구 등). 이런 필수적 구별과 함께, 뉴턴이 말한 운동의 제1법칙(외부의 힘이 작용하지 않으면 물체의 속도는 변하지 않는다)이나 보일의 법칙(일정한 온도에서 일정량의 이상기체의 압력과 부피는 서로 반비례한다. 즉, 압력이 두 배가 되면 부피는 절반으로 준다)처럼 자연 '법칙'으로 여겨지는 규칙성, 즉 반복적 패턴에 대한 탐구도 이뤄졌다.

　인간의 실천적 지식과 과학이 이렇게 발전하는 동안 논리학, 즉 올바로 생각하는 규칙들의 체계도 (아리스토텔레스와 그 후예들에 의해) 발전했다. 논리학은 우리가 말하고 쓰고 생각하는 내용이 이치에 맞는지 아닌지를 밝히기 위한 것이었다. 어떤 명제가 논리적이라고 해서 반드시 참인 것은 아니지만(사실이다) 참이 될 가능성은 있다. 어떤 명제가 논리적이지 않다면, 즉 논리학의 규칙에 어긋난다면 그 명제는 결코 참이 될 수 없다. 아리스토텔레스의 논리학, 즉 형식논리학의 기본 원리는 '동일률'과 '모순율'이다. '동일률'은 기호로 나타내면 'A는 A다'인데, 예컨대

'1온스의 금은 1온스의 금이다' 또는 (유일한 물건을 예로 들어 그 의미를 명확히 하자면) '레오나르도 다빈치의 〈모나리자〉는 레오나르도 다빈치의 〈모나리자〉다' 따위의 명제다. '모순율'은 'A는 A가 아닌 것일 수 없다'로 나타내는데, 1온스의 금은 1온스의 금이 아니라든지 〈모나리자〉가 〈모나리자〉가 아니라고 말한다면 이치에 맞지 않다는 것이다. 이처럼 겉보기에 '명백한' 명제들을 바탕으로 논리학, 즉 올바른 추론의 체계가 확립됐는데, 그 전형적 사례는 삼단논법이다. 삼단논법은 두 전제[대전제와 소전제]와 그것에서 반드시 도출되는 결론으로 이뤄진 명제들의 집합이다. 예를 들면 다음과 같다.

인간은 누구나 죽는다.
김 씨는 인간이다.
그러므로 김 씨는 죽는다.

새는 모두 깃털이 있다.
익룡은 깃털이 없다.
그러므로 익룡은 새가 아니다.

형식논리학의 발전은 중요한 지적 성취이자 진보였다. 형식논리학은 2000년 동안 인류에게 큰 도움이 됐다. 그러나 형식논리학은 '사물'과 과정을 분리하는 데 바탕을 두었다(사물은 과정의 일부인데도 말이다). 형식논리학은 끊임없이 살아 움직이는 생명체를 일련의 스틸 사진처럼 개념화하도록 요구한다. 그러나 운동과 변화를 고려하고 사물이 그저

'존재'하기만 하는 것이 아니라 생겨나고 소멸한다는 사실을 떠올리는 순간 동일률과 모순율은 무너진다. 엥겔스는 그 점을 다음과 같이 지적했다.

> 사물을 움직이지 않고 죽은 것으로, 하나하나 따로 떼어 놓고 분리시켜 보는 한 그 사물에서 아무 모순도 발견할 수 없다는 것은 사실이다. … 관찰이 이런 영역을 넘어서지 않는 한 통상적 … 사고방식으로도 충분할 것이다. 그러나 사물을 운동·변화·생명·상호작용 속에서 관찰하는 순간 상황은 사뭇 달라진다. 우리는 당장 모순에 직면한다. 운동 자체가 모순이다. 심지어 단순한 역학적 위치 변화조차 어떤 물체가 한 곳에 존재하는 동시에 다른 곳에도 존재하고 어느 한 곳에 존재하면서도 존재하지 않아야만 가능하다. … 단순한 역학적 위치 변화에도 모순이 존재한다면, 물질의 고차원적 운동 형태, 특히 유기체와 그것의 성장은 더 말할 나위도 없다. … 생명체란 무엇보다, 매 순간 그 자신이면서도 다른 어떤 것이기도 한 존재다.[1]

어느 것(모래알, 산, 나무, 물고기, 인간, 사회)이든 그것이 안정적이고 영속적으로 보인다면 그 이유는 더 장기적인 변화 과정 속의 특정 순간에 그것을 봤기 때문이다. 그 순간에는 변화를 추동하는 힘과 변화를 막는 힘 사이에 특정한 균형이 이뤄진 것이다(대립물의 통일). 지구나 다른 행성이 태양 주위를 돈다는 것은 태양으로 끌어당기는 구심력과 우주로 날아가려는 원심력이 균형을 이루고 있음을 뜻한다. 트로츠키는 이 문제를 다른 각도에서 살펴본다.

아리스토텔레스의 단순한 삼단논법은 'A는 A다'라는 명제에서 출발한다. … 그러나 사실 A는 A가 아니다. 이 점은 입증하기 쉽다. 두 글자를 현미경으로 보기만 하면 된다. 그러나 누군가 다음과 같이 반박할 수 있다. 이를테면 두 글자는 1파운드의 설탕처럼 동일한 양을 나타내는 기호일 뿐이니까 글자의 크기나 형태는 중요한 게 아니라고 말이다. 그러나 이런 반박은 요점이 빗나간 것이다. 실제로는 1파운드의 설탕이 결코 1파운드의 설탕과 같지 않다. … 모든 물체는 크기·무게·색깔 등이 끊임없이 변한다. … 따라서 'A는 A다'라는 공리는 사물이 그 자신과 동일하려면 변하지 않아야 한다는, 즉 존재하지 않아야 한다는 말과 같은 뜻이다.[2]

그렇다면 변증법은 형식논리학의 한계를 넘어서기 위해 만들어진 논리학, 사유 형식에 대한 과학이다. 변증법은 변화·발전·진화의 논리학이며 따라서 혁명의 논리학이기도 하다. 변증법은 변화의 내적 논리를 드러내 모든 변화, 특히 사회변동을 분석하는 데 무척 유용한 일련의 '법칙'이나 '원리'를 발전시키고 활용한다. 이런 원리는 다음과 같은 것들이다. 전체적 관점, 구체적 관점, 대립물의 통일, 양질 전환, 부정의 부정. 하나씩 살펴보자.

전체적 관점

모든 현상이나 사건, 특히 정치 현상은 그 자체만으로는 올바르게 이해할 수도 분석할 수도 없다. 어떤 정치 현상이든 반드시 맥락과 상호 관계 속에서 이해해야 하며 그 현상과 직접 연관된 사건이나 상황뿐 아니라 세계 자본주의의 전반적 상태, 국제 계급투쟁, 계급투쟁의 역사적 발전과 현재 상태를 염두에 둬야 한다. 어떤 전쟁, 파업, 시위, 운동, 쟁점도 사회 전체와 분리해 다뤄서는 안 된다.

이런 원리를 현대 정치의 다양한 사례에 적용해 보자. 이 글을 쓰는 지금 아일랜드에서는 주택세(주택 한 채당 일률적으로 100유로를 과세하려는)에 대한 대중의 불만이 거의 대중 반란으로 분출하고 있다. 국민 절반은 납세를 거부하고 있다. 주택세는 가난한 사람도 백만장자와 똑같은 액수를 납부하기 때문에 그 자체로 불공평하다. 그러나 납세 거부 운동 참가자들은 거의 모두 알고 있듯이 문제는 주택세 자체가 아니다. 주택세에 대한 저항은 아일랜드 정부가 자국 은행들에 거액의 구제금융을 제공하고 그로 인한 재정 손실을 충당하고자 대규모 복지 삭감과 혹독한 긴축을 강요하는 것에 대한 전반적 분노와 저항의 상징이자 구심이 됐다. 이 문제는 결국 일국적 쟁점이 아니라 2008년 미국에서 시작된 자본주의의 전반적 위기의 일부인 것이다.

마찬가지로 팔레스타인 분쟁도 팔레스타인인과 이스라엘인 또는 아랍인과 유대인 사이의 지역 분쟁으로만 이해해서는 안 된다. 이스라엘이 팔레스타인인들에게 잔학 행위를 계속하고 공해상에서 폭력적으로 선박을 납치하는 등 국제법을 번번이 어기는데도 이른바 '국제사회'의 제재나 처벌을 전혀 받지 않는 이유는 무엇일까? 미국과 그 동맹국들이 뒤를 봐주기 때문이다. 그들은 왜 이스라엘을 편들까? 이스라엘이 중동에서 서구 제국주의의 이익을 지켜주는 충견 노릇을 하기 때문이다. 중동은 세계 석유 공급에서 높은 비중을 차지하기 때문에 엄청나게 중요한 지역이다.

이런 전반적 맥락을 이해하지 못하는 사람들은 흔히 팔레스타인과 이스라엘을 설득해 서로 양보하고 잘 지내게 하면 분쟁이 해결될 수 있다고 생각한다. 그러나 이는 상황을 완전히 오판한 착각일 뿐이다. 팔레스타인 분쟁뿐 아니라 중동의 모든 분쟁은 제국주의 대 국제 노동계급과 피억압 대중의 투쟁이라는 전체 맥락과 분리해서는 제대로 이해할 수 없다.

전체적 관점은 변증법의 철학적 원리일 뿐 아니라 노동자 운동의 정치적 원리이기도 하다는 점을 잊지 말아야 한다. 이것은 우연의 일치가 아니라 노동계급이야말로 보편적 계급이기 때문이다(노동계급이 해방돼야 인류 전체가 해방될 것이며 노동계급이 해방되려면 사회가 완전히 바뀌어야 한다). 또, 우리가 모든 쟁점을 평가하는 기준은 노동계급(의 일부가 아니라) 전체의 이해관계이기 때문이다.

구체적 관점

"진리는 구체적이다." 레닌은 (헤겔을 좇아) 이렇게 말했다. 얼핏 보면 이 주장은 전체적 관점과 충돌하는 것처럼 보인다. 그러나 이 둘은 서로 보완적이다. 개별 사건은 모두 전체와 관련지어서 이해해야 하는 것은 맞지만 그렇다고 해서 개별 사건의 구체적 특징을 놓쳐서는 안 된다. 부분과 전체의 관계는 구체적 부분과 구체적 전체 사이의 구체적 관계이며 서로서로 영향을 미친다. 전쟁을 예로 드는 것이 또 한 번 무척 도움이 될 듯하다. 일반적으로 전쟁의 원인은 계급사회이며 현대전의 원인은 자본주의다. 그러나 모든 전쟁이 (심지어 자본주의 전쟁조차) 똑같이 반동적이기만 한 것은 아니다. 미국독립전쟁, 남북전쟁, 베트남전쟁은 모두 자본주의 전쟁이었지만 앞의 두 전쟁은 진보적이었고 베트남전쟁은 철저하게 반동적이었다. 이란·이라크 전쟁(1980~88년)은 (이라크와 미국 제국주의의 관계 때문에) 반동적이었다. 똑같은 이라크 정권이 1990~91년과 2003년에 미국에 맞서 싸운 전쟁은 진보적이었다. 후세인 정권이 반동적 독재 정권이기는 했지만 말이다. 스페인 내전은 (공화파의 처지에서 보면) 진보적이었으며 국제 노동계급도 그렇게 봤다. 한국전쟁은 남북한이 각각 미국 제국주의와 소련 제국주의 진영에 속했기 때문에 양편 모두 반동적이었다. 독자들은 이런 각각의 평가에 동의하지 않을 수 있겠지만 내 주장의 요지는 각각의 경우마다 반드시 구체적 상황을 구체적으로 분석해야 한다는 것이다.

양질 전환

이 원리는 앞서 말한 연속성과 변화의 관계와 관련이 있다. 어떤 사물은 어떻게 다른 사물이 될까? 물은 어떻게 증기가 되고, 갓난아이는 어떻게 어린이가 되고 어른이 되며, 호황은 어떻게 불황으로 바뀌고, 하나의 사회체제(봉건제)는 어떻게 다른 사회체제(자본주의)로 바뀔까? 각각의 사례에서 전체는 바뀌지 않은 채 양적 변화가 꾸준히 누적되다가 어느 순간 전체의 성격 자체가 갑자기 또는 다소 급격하게 변하는 과정을 겪는다. 물 1리터 속의 분자들은 열을 가하면 점차 움직임이 활발해진다. 물의 온도가 오르지만 물은 여전히 물이다. 그러다 온도가 임계점(고비점)인 섭씨

100도에 이르면 갑자기 물이 끓기 시작한다. 즉, 물이 증기로 바뀐다.

자본주의 경제는 호황기가 되면 모든 것이 치솟는다. 이윤이 늘고 투자가 늘고 생산이 늘고 고용과 임금이 늘어난다. 그런데 호황이 한창일 때 그 속에서 상쇄 경향이 (처음에는 눈에 띄지 않게) 나타나기 시작한다. 고정자본에 대한 투자가 노동에 대한 투자보다 빠르게 증가하기 시작하면서 전반적 이윤율이 낮아진다. 생산이 너무 늘어나 시장이 감당할 수 없게 되고, 임금 상승이 이윤을 잠식하기 시작한다. 그러면 갑자기, 때로는 말 그대로 하룻밤 사이에 시장이 폭락하고 호황이 불황으로 바뀌어 투자·생산·고용·임금이 감소한다.

정치에서 이 원리의 중요성은 명백하다. 가장 중요한 사례, 즉 사회체제의 변화는 역사유물론을 다루는 6장에서 다루겠지만, 양질 전환의 원리는 개혁을 위한 투쟁과 혁명을 위한 투쟁의 관계를 이해하는 데 분명히 도움이 된다. 이 문제에 대한 탁월한 변증법적 주장은 로자 룩셈부르크의 유명한 소책자 《사회 개혁이냐 혁명이냐》에서 볼 수 있다.

이 책의 제목을 처음 보면 당혹스러울 수 있다. 사회민주주의자[마르크스주의자 — 몰리뉴]가 개혁에 반대할 수 있다는 말인가? 사회민주주의자가 사회혁명, 기성 질서의 변혁, 우리의 최종 목표를 사회 개혁과 대립시킬 수 있다는 말인가? 물론 그렇지 않다. 개혁을 위한 투쟁, 기성 사회질서 안에서 노동자의 처지를 개선하려는 투쟁, 민주적 제도를 위한 일상적 투쟁은 사회민주주의자가 프롤레타리아의 계급 전쟁에 개입하고 최종 목표(정치권력의 장악과 임금노동의 폐지)를 향해 나아가는 유일한 수단이다. 사회민주주의자는 사회 개혁과 혁명이 서로 떼려야 뗄 수 없는 관계라고 본다. 개혁을 위한 투쟁

은 사회민주주의자의 수단이며 사회혁명은 사회민주주의자의 목표다.[3]

그리고 다음과 같이 말한다.

입헌정치체제는 모두 혁명의 산물이다. … 역사적 시기마다 개혁을 위한 노력은 그 전의 혁명으로 탄생한 사회형태의 테두리 안에서만 이뤄진다. 이것이 문제의 핵심이다.
개혁을 위한 노력을 장기간 지속되는 혁명으로 묘사하고 혁명을 이런저런 개혁의 집약으로 묘사하는 것은 역사와 상반된다. 사회 변혁과 법률적 개혁은 지속 기간으로 보면 서로 다르지 않지만 그 내용을 보면 서로 다르다. 정치권력을 사용하는 역사적 변화의 비밀은 바로 단순한 양적 변화가 새로운 질로 전환하는 데, 더 구체적으로 말해 특정 사회형태에서 다른 사회형태로 나아가는 데 있다.[4]

그렇다면 혁명 전략의 가장 중요한 문제는 대중의 의식과 자신감이 미미하게 변하다가 어느 순간 충분히 고조돼서 그동안의 선전·선동 방식을 당장 혁명적 봉기를 조직하는 방식으로 전환해야 하는 결정적 순간을 판단하는 것이다. 거꾸로, 혁명의 물결이 퇴조하고 반동의 물결이나 노골적 반혁명이 시작되는 순간을 판단하는 문제도 있다. 트로츠키의 말대로 "양질 전환이 이뤄지는 결정적 순간을 적시에 파악하는 것은 사회학을 포함한 지식의 모든 분야에서 가장 중요하고 어려운 일이다."[5]

1905년 러시아 혁명이 패배한 후 혹독한 반동기(1907~10년)에 볼셰비키는 거의 붕괴하다시피 했다. 트로츠키는 레닌이 "너무 늦게 후퇴하는"

바람에 "조직의 쇠퇴를 악화시켰다"고 주장했다.[6] 그러나 레닌은 1917년 혁명에서는 결정적 전환점, 특히 봉기가 가능해지고 필요해진 순간을 판단하는 데 탁월한 능력을 발휘했다.

대립물의 통일

앞서 말한 양질 전환은, 변하는 사물이나 전체가 대립물의 통일 — 서로 충돌하는 힘들의 (일시적) 균형 — 이라는 사실을 전제하고 있다. 작은 원자(중심에 밀도가 높은 원자핵이 있고 그 주위에 음의 전기를 띤 전자들의 구름이 있으며 원자핵 자체도 양의 전기를 띤 양성자와 전기적으로 중성인 중성자로 이뤄져 있다*)부터 미국의 '새로운 세계 질서'(미국의 권력과 반제국주의 저항과 그 밖에 서로 충돌하는 힘들 사이의 '균형')까지 모든 것이 그렇다. 심지어 나무 의자처럼 명백한 무생물조차 그 나무 의자를 생성시킨 힘과 그것의 최종 해체, 즉 살아 있는 나무와 쓰레기 더미 사이에서 상대적으로 안정된 순간일 뿐이다.

레닌은 1915년에 쓴 짤막한 노트 "변증법의 문제에 관해"에서 변증법의 이런 측면을 특히 강조했는데, 나는 레닌의 주장이 옳다고 생각한다.

단일한 전체를 나누고 그 가운데 모순된 부분들을 인식하는 것이 변증법의

---

* 이것은 원자의 고전적 이미지다. 양자물리학에서는 더 심오하고 복잡한 원자 모델을 제시하지만, 이 문제는 이 책의 범위를 넘어선다.

정수('본질적 요소들' 가운데 하나, 주요 특성이나 특징 가운데 하나)다. …
[대립물의 통일은 — 몰리뉴] 모든 자연(정신과 사회도 포함) 현상과 과정에서 모순되고 상호 배타적이고 대립하는 경향들을 인식(발견)하는 것이다. 세계의 모든 과정을 '자기운동'으로, 현실 속의 자발적 발전으로 이해하려면, 그것을 대립물의 통일로 이해해야 한다. 발전은 대립물 사이의 '투쟁'이다.[7]

레닌은 또한 대립물의 통일이라는 개념에서 '균형'이나 안정의 요소는 부차적이며 '도약', '연속성의 단절', '대립물로의 전화', 옛것의 파괴와 새것의 탄생을 낳는 충돌의 요소가 근본적이라고 주장한다.

대립물의 통일(일치, 동일성, 세력균형)은 조건에 따라 달라지며 일시적이고 과도기적이고 상대적이다. 발전과 운동이 절대적이듯이 상호 배타적인 대립물 사이의 투쟁도 절대적이다.[8]

따라서 에베레스트 산은 대립물의 통일(산을 밀어 올리는 지각 판들의 충돌과 산을 깎아내리는 침식작용 사이의)이다. 그러나 대립물의 통일이 정말 중요한 경우는 계급투쟁에서 구체적 정치 상황, 정권, 국면을 분석할 때다.

부정의 부정

부정의 부정도 마르크스와 엥겔스가 변증법적 과정을 파악하기 위해

때때로 사용한 헤겔의 용어다. 부정의 부정은 특정 상태가 내부 모순 때문에 변할 때 변화를 일으키는 힘(반정립, 즉 부정) 자체도 변하고(부정되고) 그 결과 과거의 일부 요소들을 보존하면서도 새로워진 상태(종합)가 출현하는데, 이 종합은 과거의 부분들을 그냥 합쳐 놓은 것 이상이라는 사실을 나타낸다.

이 설명은 복잡한 듯하지만 흔히 드는 사례, 즉 자본주의에서 사회주의로의 이행이 이 용어의 의미를 명확히 이해하는 데 도움이 될 것 같다.

자본주의는 사회주의로 발전한다. 그러나 점진적으로 발전하는 것이 아니라 서로 대립하는 세력들, 즉 부르주아지와 프롤레타리아의 투쟁을 거쳐 발전한다. 프롤레타리아는 자본주의와 부르주아지에 대한 반정립, 즉 부정이다. 그런데 프롤레타리아는 자본주의를 파괴하거나 해체하는 데 그치지 않는다. 반드시 과거의 과학·산업·문화 유산을 대부분 보존하고 인수해야 한다. 동시에 프롤레타리아는 자본주의를 전복하고 새로운 지배계급이 되면서 계급 없는 사회주의 사회를 건설하는 과정을 시작할 텐데 그 사회에서 프롤레타리아는 더는 분명한 계급이 아니게 된다. 다시 말해 부정된다.

엥겔스도 보리알에서 싹이 트고 싹이 자라서 꽃이 피고 그 꽃이 지면 다시 더 많은 보리알이 생산되는 사례와 나비가 알에서 애벌레로, 애벌레에서 번데기로, 번데기에서 성충으로 변태를 거듭해서 결국 더 많은 알을 낳는 사례를 들면서, 부정의 부정이 이어지는 변화의 원리를 보여 준다.[9]

일부 마르크스주의자들은 스탈린주의가 부정의 부정을 결정론적으로 이용했다는 이유를 들어 부정의 부정을 거부했다는 사실을 짚고 넘어가야겠다. 스탈린주의자들은 봉건제가 자본주의로 대체되고 자본주의가 사회주의로 대체되는 것(부정의 부정)을 자연법칙으로, 따라서 필연적 과정으로 묘사했다. 또, 그런 결정론을 활용해 당 지도부를 미리 정해진 역사적 운명의 구현체로 제시하면서 지도부의 권위를 강화했다. 그러나 스탈린주의가 왜곡했다는 이유로 부정의 부정 개념을 포기한다면 마르크스주의 전체도 포기해야 할 것이다. 사실, 부정의 부정을 그처럼 결정론적으로 해석하거나 이용해야 할 필연적 이유는 없다. 내가 갓난아기는 자라서 노인이 될 때까지 유아기, 유년기, 사춘기, 성년기, 중년기의 발전 단계를 거쳐야 한다는 사실을 밝혀냈다고 해서 어떤 경우든 이 과정은 무조건 진행된다는 것을 입증한 것도 아니고 심지어 그렇게 주장하지도 못한다(갓난아기가 일찍 죽으면 그 과정은 당연히 중단될 것이다). 또는 이 과정은 누구에게나 완전히 똑같이 진행될 것이라거나 이 과정에 적극 개입해서 과정을 촉진할 필요는 없다는 것을 증명하지도 주장하지도 못한다.

또 이런 주장은 변증법 전체에 대한 결정론적 해석에도 적용된다. 변증법이 자연과 사회의 변화 원리를 파악하고 반영한다고 해서, 특정한 변화가 반드시 일어난다는 것을 변증법 자체가 증명할 수는 없다(증명한다고 주장해서도 안 된다).

변증법은 자연에도 적용되는지 아니면 인류 역사에만 적용되는지를 둘러싸고 마르크스주의 역사에서 큰 논쟁이 있었다(엥겔스는 자연에도 적용된다고 주장했다). 논쟁의 발단은 1923년 헝가리 마르크스주의자 게오르크 루카치가 《역사와 계급의식》의 각주에서 엥겔스를 비판한 대목이었다.

무엇보다 그 방법[변증법]은 역사와 사회 분야에만 유효하다는 점을 깨달아야 한다. 엥겔스의 변증법 설명이 불러일으키는 오해는 대체로 엥겔스가 (헤겔의 그릇된 선례를 좇아) 변증법을 자연에까지 확대 적용했다는 데서 비롯한다고 할 수 있다. 그런데 변증법의 중요한 규정들(주체와 객체의 상호작용, 이론과 실천의 통일, 사상이 변하는 근본 원인은 범주들의 토대가 되는 현실이 역사적으로 변하기 때문이라고 보는 관점 등)은 자연에 대한 우리의 지식에는 없는 것들이다.[10]

이 주장은 많은 마르크스주의 철학자들(과 마르크스 논평가들)이 받아들였는데 칼 코르쉬, 헤르베르트 마르쿠제, 루이 알튀세르, 장폴 사르트르, 루초 콜레티, 알프레드 슈미트, 테렐 카버가 그랬다. 반면에 자연변증법을 옹호한 사람들은 레닌, 트로츠키, 룩셈부르크, 그람시와 과학자로는 J B S 홀데인과[11] 리처드 르원틴[12] 등이 있다.

마르크스 자신의 견해는 또 다른 논쟁의 대상이다. 자연변증법을 반대하는 사람들은 대부분 엥겔스가 《반뒤링론》과 《자연변증법》에서 자연변증법을 발전시켰을 뿐 마르크스에게서는 이를 찾아볼 수 없다고 주장한다. 자연변증법을 옹호하는 사람들은 마르크스가 엥겔스더러 《반뒤링론》을 쓰도록 설득했고 출판에 앞서 엥겔스의 원고를 읽은 것이 분명하다고 반박한다. 더욱이 마르크스와 엥겔스가 30년 이상 가장 가까운 지적 동반자였다는 사실로 미뤄 보면 그토록 중요한 철학적 이견을 결코 몰랐을 리 없다는 것이다. 특히 두 사람 모두 자연과학에 매우 관심이 많았는데 말이다(나 개인적으로는 이 반박이 가장 설득력 있다고 생각한다). 또, 《자본론》 1권에서 마르크스는 "화폐 소유자나 상품 소유자

개인이 스스로 자본가로 변신하기 위해 갖춰야 하는 가치 총액"을 다루면서 다음과 같이 분명하게 말한다. "자연과학에서처럼 여기서도 헤겔이 발견한 법칙(그의 《논리학》에 나온다), 즉 양적 변화가 어떤 순간을 넘어서면 질적 차이로 바뀐다는 사실의 올바름이 입증된다."[13]*

자연변증법 문제 자체에서, 엥겔스를 비판하는 내용은 다음과 같이 다양하다. (1) 자연변증법은 헤겔에게서 무비판적으로 받아들인 것이다. (2) 자연변증법은 과학에 무비판적으로 열광한 19세기 실증주의의 영향을 보여 준다. (3) 마르크스주의를 자본주의 비판으로 이해해야지 모든 것을 아우르는 세계관으로 봐서는 안 된다. (4) 자연에는 모순 같은 것이 존재하지 않는다. (5) 루카치 말대로 "주체와 객체의 상호작용"은 변증법의 중요한 규정인데 자연에서는 이를 찾을 수 없다.

여기서 이 논쟁을 자세히 다룰 수 없지만** 내 생각을 간단히 말하면 다음과 같다.

마르크스와 엥겔스는 변증법 문제에서 헤겔에게 의존했다고 공개적으로 밝혔다. 더욱이 엥겔스는 기계적 유물론과 19세기 실증주의를 강력하게 비판했다.

인류는 자연에서 나왔고 자연의 일부다. 따라서 그람시가 루카치를 겨냥해 "만약 그의 주장이 자연과 인간의 이원론을 전제한다면, 그는 틀렸

---

* 이 사실을 알려 준 조셉 추나라에게 감사한다.
** 훌륭한 역사적 개관은 H Sheehan, *Marxism and the Philosophy of Science*, New Jersey, 1993에서 볼 수 있다. 엥겔스를 강력히 옹호하는 입장은 *The Revolutionary Ideas of Frederick Engels*, International Socialism 65(winter 1994)에서 특히 P McGarr, "Engels and Natural Science" 참조.

다"고 반박한 것은 타당하다.[14]

마르크스주의는 자본주의 비판일 뿐 아니라 그람시 말대로 "마르크스주의 자체에는 총체적·종합적 세계관, 즉 총체적 철학과 자연과학 이론을 구축하는 데 필요한 근본 요소들이 모두 있다."[15]

내가 앞서 제시한 사례들에서 보듯 자연에는 모순이 존재한다. 즉, 특정한 자연 상태나 사물을 존재하게 만드는 힘과 그것을 사멸시키려는 힘이 서로 충돌하고 있다.

변증법은 근본적으로 변화와 발전의 원리이며, 변화와 발전은 자연 어디서나 일어나기 때문에 변증법은 과학과 자연에도 적용할 수 있다. 자연에 주체가 없다고 해서 자연에 변증법을 적용할 수 없는 것은 아니다. 그렇다고 자연의 역사와 인간의 역사가 똑같다는 말은 아니다. 의식의 구실(주관적 요인) 때문에 자연의 역사와 인간의 역사는 다르다고 엥겔스와 트로츠키도 분명히 인정한다.[16]

이 모든 이유로, 나는 변증법이 실제로 자연에 적용 가능하며 과학 연구에도 아주 유용한 길잡이라고 생각한다. 그러나 헤겔과 엥겔스가 밝힌 '변증법의 법칙들' — 양질 전환, 대립물의 통일(또는 상호 침투), 부정의 부정 — 은[17] 중력의 법칙이나 운동의 법칙과 똑같은 의미의 '자연법칙'은 아니라는 점을 이해해야 한다. 대체로 변증법의 법칙들은 수학적으로 정확하고 정밀한 예측을 할 수 없다. 그러나 이 법칙들은 자연과학에 적용하고 과학의 발전을 보조하는 논리 법칙 또는 길잡이다. 왜냐하면 자연의 변화·발전·진화의 실제 과정을 형식논리학보다 더 잘 반영하고 표현하기 때문이다.

이 장을 마무리 짓기 전에 혁명적 실천에서 변증법이 얼마나 중요한지를 강조하고 싶다. 당연히 변화의 원리를 규명하는 이론은 세계를 변혁하려는 사람들에게 도움이 된다. 마르크스를 보면, 청년기의 《경제학·철학 수고》에서 만년의 《고타강령 비판》과 특히 최고 걸작인 《자본론》까지 그의 모든 이론적 저작에 변증법이 깔려 있고 깊이 배어 있다는 것은 분명하다. 유명한 마르크스주의 이론가들, 즉 엥겔스·트로츠키·룩셈부르크·그람시도 마찬가지다.

마르크스주의 운동의 역사를 보면, 핵심적인 정치적 문제를 해결하는 데 변증법을 의식적으로 적용한 사례가 많다. 아마 가장 중요하고 극적인 사례는 제1차세계대전에 대한 레닌의 대응일 것이다. 1914년 8월에 발발한 전쟁 자체는 레닌에게 놀라운 일이 아니었다(국제 정치를 주시한 사람은 누구나 유럽이 어느 때고 전쟁에 휘말릴 것이라고 생각했다). 그러나 제2인터내셔널이 대표하는 국제 사회주의 운동의 대응은 레닌에게 엄청난 충격이었다. 1914년 이전만 해도 제2인터내셔널은 장차 일어날 수 있는 전쟁에 분명히 그리고 한결같이 반대했지만 실제로 전쟁이 발발하자 유럽 사회주의 운동의 지도자 대다수, 특히 독일 사회민주당(제2인터내셔널의 지도적 정당)의 지도자 대다수는 전쟁 반대 입장을 포기하고 자국의 제국주의 정권을 지지했다. 독일 제국의회에서는 사회민주당 의원 111명 중 카를 리프크네히트만이 전시 채권 발행에 반대표를 던졌다. 이를 본 레닌은 큰 충격을 받았다. 자신이 알던 세계가 송두리째 뒤집힌 셈이었다. 레닌의 대응은 과연 그다웠다. 즉, 전쟁 반대를 가장 단호하게 재천명했을 뿐 아니라 제2인터내셔널의 마르크스주의를 철저하게 재평가하기 시작했다. 그리고 그 재평가 작업을 위해 헤겔과 변증법 연구에 몰두했다.

이 연구의 결과, 즉 헤겔 《논리학》에 대한 여러 방주와 그 밖의 헤겔 저작들에 대한 논평은 레닌 전집 38권에서 볼 수 있다. 이 연구 결과는 레닌의 마르크스주의가 이룬 진정한 발전, 질적 도약을 보여 주는데, 여기서 레닌은 독일의 카를 카우츠키와 러시아의 게오르기 플레하노프 같은 제2인터내셔널 지도자들이 확산시킨 상당히 기계적이고 결정론적인 [마르크스주의] 해석을 논박했다. 레닌은 다음과 같이 선언했다. "마르크스의 《자본론》, 특히 제1장은 헤겔 《논리학》을 철저히 연구하고 이해하지 않으면 결코 완전히 이해할 수 없다. 그래서 반세기나 지났지만 마르크스를 이해한 마르크스주의자가 아무도 없었던 것이다!"[18] 그리고 관념과 사상을 물질적 현실의 단순한 반영으로 이해하는 플레하노프와 카우츠키의 기계적 관점을 비판하면서(레닌 자신도 과거에는 그렇게 생각했다) 다음과 같이 주장했다. "인간의 사고에 자연이 반영되는 것을 '생명이 없는 것으로', '추상적으로', 운동이 없는 것으로, 모순이 없는 것으로 이해해서는 안되고, 모순이 생겨나고 해소되는 과정, 영원한 운동 과정으로 이해해야 한다."[19]

이 철학적 소小혁명의 정치적 결과는 레닌의 가장 뛰어난 몇몇 저작에서 바로 확인할 수 있다. 《제국주의 — 자본주의의 최고 단계》(1916)에서 레닌은 자본주의의 양적 변화, 즉 생산의 집중과 독점의 성장이 질적으로 새로운 단계의 자본주의(제국주의)로 이어지고 이 새로운 단계에서도 자본주의의 내부 모순들이 극복되기는커녕 오히려 새로운 차원에서 재생산된다는 것을, 그래서 제국주의 세계대전의 토대를 놓는다는 것을 보여 줬다. 제국주의에 대한 다른 저작들에서는, 자본주의가 이 새로운 발전 단계로 접어들면서 사회주의 운동의 상층부는 체제의 공범으로 전락하는 반면 피억압 민족의 반제국주의 반란(아일랜드와 중국처럼) 형태로 새로운 저항·혁명 세력이 생겨난다는 것을 보여 줬다. 1917년 《국가와 혁명》과 '4월 테제'에서 레닌은 진정한 마르크스주의 국가론, 즉 노동계급은 기존의 자본주의 국가기구를 그냥 인수(이것이 제2인터내셔널의 교리였다)해서는 안 되고 그것을 반드시 파괴해야만 한다는 주장을 복원했을 뿐 아니라, 러시아 혁명 과정에서 등장한 소비에트(노동자 평의회)가 새로운 노동자 국가기구의 맹아라는 점을 보여 줘서 마르크스주의 국가론을 심화시켰다.

이렇게 1914년 이후의 저작들에서 레닌이 의식적으로 변증법적 사고를 적용한 사례는 손쉽게 찾을 수 있다. 레닌이 공산주의인터내셔널(제2인터내셔널이 붕괴한 후 레닌이 주도해 새로 결성된 혁명적 조직들의 네트워크) 초창기에 경험 없는 초좌파 경향들과 논쟁한 것도 마찬가지였다. 당시 쟁점들은 오늘날 운동에서도 여전히 살펴볼 가치가 있으며 현재의 활동가들에게 변증법의 유용성을 보여 주는 좋은 사례라 할 수 있다. 당시 쟁점 중 하나는 의회 선거 참여 문제였다. 혁명적 마르크스주의자들은 사회주의로 가는 의회적 길 따위는 없다고 생각한다. 그래도 의회 선거에 참여해야 한다고 생각한다. 분명히 이것은 모순이다. 그렇지만 정면으로 돌파해야 할 모순이지, 옆으로 비켜 서서 회피해서는 안 되는 모순이다. 혁명가들의 선거 참여는 의회에 여전히 기대를 거는 대중의 의식을 끌어올리기 위한 투쟁의 일부이며 의회 내부에서 의회를 파괴하려는 투쟁을 발전시키기 위한 것이라고 레닌은 주장했다. 의회 선거는 이데올로기 투쟁과 정치투쟁의 장인데, 이런 투쟁을 그냥 포기해서 부르주아 정당과 개혁주의 정당이 주도하도록 놔둬서는 안 된다는 것이다.[20]

공동전선 전술 문제도 레닌의 변증법적 사고를 잘 보여 준다. 1919년에 창립된 공산주의인터내셔널의 출발점은 제2인터내셔널의 개혁주의[사회민주주의] 정당들과 정치적·조직적으로 반드시 단절해야 한다는 것, 즉 독자적인 혁명적 정당을 건설해야 한다는 것이었다. 그러나 제1차세계대전 직후의 혁명적 물결이 퇴조하고 자본주의가 일시적 안정을 되찾은 1921년 즈음 레닌과 트로츠키는 이 똑같은 사회민주주의 정당들과 공동전선을 구축해 자본의 공세에 맞서야 한다고 주장했다. 초좌파 일부는 이런 태도를 배신으로 여겼다. 레닌과 트로츠키는 공동전선 전술은 개혁주의에 반대하는 투쟁(즉, 혁명적 정당의 독립성)을 포기하는 것이 아니라, 개혁주의 지도부에 압력을 가하고 그들이 투쟁을 회피한다는 사실을 폭로하는 동시에 노동계급의 투쟁력을 극대화하는 새로운 방식으로 개혁주의 반대 투쟁을 벌이는 것이라고 주장했다.[21]

공동전선은 변증법을 실천에 적용한 훌륭한 사례였으며 지금도 그렇다. 그러나 공동전선 문제에서는 한 가지를 더 짚고 넘어가야 한다(즉, 변증법적 태도가 필요하다). 앞서 봤듯이, 역사에는 항상 연속성과 변화가 모두 존재하는데 이 점은 공동전선 문제에서도 마찬가지다. 오늘날의 공동전선은 1920년대(나 트로츠키가 반파시즘 공동전선을 옹호한 1930년대)와 똑같은 형태로 건설될 수 없다. 왜냐하면 당시 레닌과 트로츠키가 구상한 공동전선은 근본적으로 대중적 공산당과 대중적 사회민주당 사이의 동맹 형태였기 때문이다. 오늘날 세계 대부분 지역에서 이 두 세력의 상태는 그때와 판이하다. 특히 신자유주의를 수용한 사회민주주의 정당은 흔히 공동전선이 맞서 싸워야 할 적이다. 그러나 이 때문에 공동전선 전술을 포기할 수는 없다. 애초 공동전선을 구축해서 대처하려 했던 모순이 지금도 여전하기 때문이다(즉, 노동계급은 이데올로기적·정치적으로 더 명확해져야 할 뿐 아니라, 당면 투쟁에서도 최대한 단결할 필요가 있다). 따라서 이런 모순이 계속되는 한 새로운 형태의 공동전선을 개발해야 한다. 반전 운동에서, 긴축 반대 운동에서, '반파시즘 연합'에서 그랬듯이 말이다.

모든 혁명적 활동가에게 헤겔을 익히고 자연변증법에 통달하라고 요구하는 것은 어리석고 쓸데없는 짓이다. 모든 혁명적 노동자들이, 특히 대중운동과 대중정당에 몸담고 있는 노동자들이 《자본론》과 《독일 이데올로기》를 읽기를 기대하는 것과 마찬가지다. 그렇지만 마르크스와 엥겔스의 유물론적 변증법은 변화의 내적 논리를 표현하기 때문에, 계급투쟁에서 제기되는 수많은 문제들을 분석하고 실천적으로 해결하는 데 각별히 유용한 도구다. 계급투쟁이야말로 가장 전형적인 변증법적 과정 아니겠는가.

6장_ 역사유물론

마르크스의 역사 이론, 즉 역사유물론은 알다시피 유물론적 변증법을 인간의 역사에 적용한 것이다. 또, 어떤 의미에서는 마르크스주의 전체의 핵심 이론이다. 1883년 엥겔스는 마르크스의 장례식에서 마르크스의 이론적 업적을 요약하면서 역사유물론을 다음과 같이 높이 평가했다. "인류 역사의 발전 법칙을 발견한 마르크스는 유기적 자연의 발전 법칙을 발견한 다윈에 비길 수 있다."[1] 마르크스도 스스로 역사유물론을 가리켜 "내 연구의 길잡이로 삼은 원칙"이라고 말했다.[2] 실제로 역사유물론은 마르크스주의 이론 전체와 동의어로 쓰일 때도 있다. 역사유물론은 마르크스주의가 인류 역사의 전반적 발전 단계를 어떻게 바라보는지를 알려 주고 현대 사회를(그 사회 안에서 지금 우리가 벌이는 투쟁을 포함해) 더 넓은 차원에서 바라볼 수 있게 해 준다. 마르크스주의자는 바로 역사유물론을 출발점으로 삼아 현재의 사건들과 이데올로기 논쟁들을 분석한다(나는 여기서 '출발점'을 강조하고 싶다).

토대와 상부구조

역사유물론의 출발점은 마르크스와 엥겔스가 《독일 이데올로기》에서 아주 간단명료하게 제시했다.

우리가 출발점으로 삼은 전제들은 제멋대로 내세운 것도 아니고 독단도 아니며 오직 상상 속에서만 포기할 수 있는 현실의 전제들이다. 그것은 현실의 개인들, 그들의 활동, 그들의 물질적 생활 조건이다. …
당연히 모든 인류 역사의 첫 번째 전제는 살아 있는 개인들의 실존이다. 따라서 가장 먼저 규명해야 하는 사실은 이 개인들의 신체 조직과 그에 따른 인간과 나머지 자연 사이의 관계다.[3]

인간은 신체 조직의 특성상 며칠이나 몇 주라도 생존하려면 물과 의식주 등이 필요하다. 더욱이 앞서 본 대로 인간은 이런 생존 수단을 (사회적 노동과 농기구 제작을 통해) 능동적으로 생산한다는 점에서 동물과 구별된다. 따라서 인간의 역사 발전과 모든 인간 사회를 분석할 때 기초가 되는 것은 생산과 생산이 조직되는 방식이다.

그다음에 마르크스는 인간의 생산을 분석하면서 '생산력'과 '생산관계'라는 대단히 중요한 개념적 구분을 했다(이것의 중요성은 뒤에서 더 자세히 설명할 것이다). 생산력은 사회가 재화를 생산하는 전반적 능력을 이루는 것들, 즉 사회의 자원·노동·기술(그런 기술을 고안하고 사용하는 지식도 포함해)이다. 생산관계는 사람들이 생산에 참여하면서 맺는 사회적 관계다. 바퀴·철기·풍차·증기기관·컴퓨터의 발전과 오늘날 중국의 거대한 노동력 공급은 모두 생산력 진보의 사례들이다. 호주의 원주민 수렵 집단, 로마 귀족의 토지에서 일하는 노예, 영주의 영지를 경작하는 중세의 농노, 지주에게 소작료를 바치는 소작농, 헨리 포드의 자동차 회사에 고용된 수많은 노동자, 세계 각지의 월마트에 고용된 200만 명의 노동자는 모두 생산관계의 사례들이다.

생산력과 생산관계는 결코 따로 존재하는 실체들이 아니라('생산관계' 없는 '생산력'도, '생산력' 없는 '생산관계'도 있을 수 없다) 끊임없이 상호작용하며 서로 영향을 미치는 단일한 과정의 양 측면이다. 그런데 마르크스는 두 측면 중 하나인 생산력이 생산관계보다 더 근본적이고 궁극적으로 더 강력하며 결정적임을 밝혀냈다. 근본적으로, 생산관계를 좌우하거나 그 형태를 결정하는 것은 생산력 발전 수준이다. 그러나 (이 점이 중요한데) 이처럼 [생산력이 생산관계를] "좌우한다"는 것은 기계적·절대적으로 결정한다는 뜻이 아니다. 생산력 수준이 수렵과 채집만 가능한 사회(인류 역사에서 대부분의 기간을 차지한다)는 소규모로 떠돌아다니는 수렵 씨족사회라는 사회관계를 낳는다. 농업과 정착 공동체(도시와 마을)가 발전하고 당장 생존에 필요한 것 이상의 잉여생산물을 생산하고 보존할 수 있게 되자 빈부 격차와 계급 분화가 나타나고 노예제와 훗날 농노제 같은 생산관계가 출현한다. 매뉴팩처와 근대적 공업 생산은 임금노동이라는 생산관계를 낳는다. 여기서 중요한 것은 이 자본주의 생산관계가 생산력 발전에 매우 중요한 영향을 미친다는 것이다. 자본주의 생산관계는 경쟁적 자본축적의 동역학 때문에 호황기에는 생산력을 증대시키고 불황기에는 생산력 발전을 가로막거나 둔화시킨다. 그러나 그렇다고 해서 이런 변증법적 관계에서 생산력의 궁극적 우위가 바뀌는 것은 아니다.

생산력과 생산관계가 이렇게 결합된 결과 다양한 생산양식, 즉 인류 역사의 각 시기를 특징짓는 특정한 사회경제 체제가 등장한다. 대체로 다음과 같이 생산양식을 구분할 수 있다. 원시공산제 수렵·채집 사회, 고대 (노예제) 사회, 아시아적 생산양식(근대 이전의 인도·중국 등), 봉건제, 자본주의.*

이 생산양식들의 정확한 연대를 제시하는 것은 불가능하다. 지역마다 지속 기간이 서로 달랐기 때문이다. 예를 들어 원시공산제는 8000~1만 2000년 전에 농업이 발전하면서 더는 유력한 생산양식이 아니게 됐지만 일부 지역, 이를테면 칼라하리 사막에서는 20세기까지 온존했으며 농노제는 영국에서는 14세기에 사라졌지만 러시아에서는 1861년까지 유지됐다. 그렇지만 특히 이 개념들을 처음 알게 된 사람들에게는 대강의 시기 구분이 유용할 것이다. 우선 고대사회, 즉 노예제 생산양식은 고대 이집트·그리스·로마 등의 사회를 일컫는데 기원후 5세기 로마제국이 몰락하면서 붕괴한다. 유럽에서는 봉건제가 그 뒤를 이어 중세 시대 내내 유지되다가 16세기에 자본주의로 대체되기 시작한다. 자본주의는 네덜란드

---

* 이런 구분이 모든 사회를 아우르는 것은 아니다. 다른 생산양식들이 존재했을 수도 있으며 예컨대 아시아적 생산양식의 개념(봉건제의 일종인가 아니면 완전히 다른 생산양식인가?)과 아즈텍과 잉카 사회의 생산양식을 둘러싸고 마르크스주의 역사가들 사이에 논란이 있다. 그러나 여기서는 이런 문제들을 다루지 않겠다.

와 영국에서 태동해 1789~94년 프랑스 대혁명과 영국의 산업혁명을 거치면서 세계적으로 유력한 체제가 된다. 아시아적 생산양식은 유럽 자본주의의 제국주의 열강에 지배당하기 전까지 존속했다.

많은 사람들은 20세기에 여러 나라들(소련·동유럽·중국·북한·베트남·쿠바 등)이 자본주의를 넘어 사회주의가 됐다고 생각한다. 나는 이 생각이 당시에도 착각이었고 지금도 착각이며, 러시아 혁명 초기 몇 년을 제외하면 이 나라들은 국가자본주의, 즉 자본주의 생산양식의 변종들이었다고 생각한다.

생산양식을 이루는 생산력과 생산관계는 사회의 경제적 토대이기도 하다. 마르크스는 이 경제적 토대 위에 "법률적·정치적 상부구조가 형성되고, 사회적 의식의 일정한 형태들도 이 경제적 토대에 상응한다. 물질생활의 생산양식이 사회적·정치적·지적 생활 과정 전체에 주된 영향을 미친다"고 말한다.⁴ 이 구절은 4장에서 이미 다룬, 사회적 존재가 의식을 결정한다는 주장을 떠올리게 한다. 마르크스는 정치·철학·종교·예술 등은 모두 상부구조에 속하며 그 발전은 경제적 토대의 발전에 의존하고 제약을 받는다고 본다. 사회적 의식의 커다란 변화(예를 들어 유럽의 세속화 과정이나 민족주의의 등장)는 모두 생산력과 생산관계의 변화에 바탕을 두고 있다. 이 사회적 의식과 경제적 토대의 관계는 결코 단순하거나 기계적이지 않다. 우선 관념은 그 직접적인 물질적 기반이 사라진 뒤에도 살아남아 유지되는 경향이 있다. 마르크스는《루이 보나파르트의 브뤼메르 18일》에서 "모든 죽은 세대의 전통이 살아 있는 사람들의 머리를 악몽처럼 짓누르기" 때문에 마르틴 루터는 "사도 바울처럼 행세"했고 1789년 프랑스 대혁명은 고대 로마 공화정의 후예를 자처했다고 썼다.[5] 또 다른 이유는, 물질적 조건과 관념의 세계의 관계가 뒤집힐 수 있기 때문이다(마르크스는 이것을 '어둠상자'에 비유했다). 그래서 영국의 낭만파 시인들과 화가들(워즈워스, 콜리지, 컨스터블, 터너 등)은 영국이 한창 산업혁명과 도시화를 겪던 시절에 그리고 바로 그 때문에 자연을 영감의 소재로 삼았다. 그럼에도 이런 관계는 실질적이며 정치적·지적 활동에 대한 모든 역사유물론적 분석의 출발점이다.

상부구조에서 가장 중요한 요소는 국가기구와 그 법률제도다. 이것은 군대, 보안경찰, 행정부, 내각, 의회, 경찰, 사법부, 감옥 등 서로 연결된 기관들의 집합이다. 이 기관들은 저마다 사회의 최고 권위나 만만찮은 물리력 독점권이 자신에게 있다고 주장한다. 결정적으로, 현대 사회에서 국가는 정치적·사회적으로 중립적이라고 자처한다. 그래서 마치 공정한 심판처럼 다양한 이익집단 사이의 갈등이나 견해차와 무관한 초월적 존재로 보이며 또 그렇게 행세한다.

마르크스는 이런 생각이 자기 본위적 신화라고 일축한다. 마르크스가 보기에 국가는 중립적이기는커녕 직간접으로 늘 경제적으로 유력한 계급의 국가이며 국가의 주요 기능은 기존 사회·경제 질서를 수호하는 것이다. 마르크스는 《공산당 선언》에서 다음과 같이 말한다. "현대의 국가권력은 부르주아지 전체의 공동 업무를 관장하는 위원회일 뿐이다."[6] 마찬가지로 법도 영원한 추상적 원칙들을 모은 것이 아니라 소유관계, 생산관계, 특정 생산양식에 필요한 행동 양식들을 집대성한 것이다.

이따금 국가의 인적 구성과 정책이 경제적으로 유력한 계급의 직접 통제에서 벗어날 수 있다(나치 독일이 그랬다). 그 전에는 1852~70년에 황제로 군림한 나폴레옹 3세(나폴레옹 1세의 조카) 시절의 프랑스가 그랬는데 마르크스가 《루이 보나파르트의 브뤼메르 18일》에서 이를 분석했고 이후 이런 현상은 '보나파르트주의'라고 불렸다. 그러나 이런 예외적 경우에도 국가는 반드시 유지하고 지켜야 하는 경제적 토대에 근본적으로 의지한다.

마르크스가 《루이 보나파르트의 브뤼메르 18일》에서 실제로 밝혔듯이, 그리고 엥겔스가 말년까지 여러 편지에서 강조해 설명했듯이 역사유물론은 토대와 상부구조의 관계를 기계적이거나 일방적인 관계라고 주장하지도 암시하지도 않는다. 역사유물론은 항간의 오해와 달리 경제결정론이 아니다. 오히려 토대와 상부구조 사이에는 복잡한 변증법적 상호작용이 있으며 상부구조의 특정 요소들은 어느 정도 자율성을 누리면서 역사의 경로에 일정한 영향을 미친다. 엥겔스는 다음과 같이 말한다.

> 경제적 상황이 토대이지만, 상부구조의 다양한 요소들(계급투쟁의 정치적 형태와 그 결과, … 법률 형태, … 이 모든 실제 투쟁에 참가한 사람들의 머릿속에 반영된 것들, 즉 정치적·법률적·철학적 이론, 종교관)도 … 역사적 투쟁의 경로에 영향을 미치며 많은 경우 그런 투쟁의 형태를 결정하는 데서 가장 중요한 구실을 합니다.[7]

그럼에도 토대, 즉 인간의 생산 활동이 선차적이며 역사 분석과 이론은 모두 먼저 토대를 분석하고 상부구조로 나아가야지 그 반대여서는 안 된다. 이것이 마르크스주의의 핵심 명제다. 엥겔스가 말했듯이 "인간은 정치·학문·예술·종교 등을 추구하기 전에 먼저 의식주를 해결"해야 하기 때문이다.[8]

생산력과 생산관계

역사유물론의 가장 중요한 구실은 역사의 동학, 특히 하나의 생산양식이 어떻게 다른 생산양식으로 바뀌는지(따라서 어떻게 해야 바꿀 수 있는지)를 설명하는 것이다. 마르크스가 보기에 그 변화의 전제 조건은 생산력과 생산관계 사이의 모순이 발전하는 것이다. 앞서 봤듯이 생산력이 생산관계를 좌우하며 따라서 처음에는 생산관계가 더한층의 생산력 발전을 뒷받침하거나 허용한다. 그러나 시간이 흐르면 생산력이 계속 발전해서(역사유물론은 생산력이 대체로 발전하는 경향이 있다고 보는데, 인류가 조금이라도 더 효과적인 생산방식을 추구한다는 단순한 이유 때문이다), 더한층 발전하려면 새로운 생산관계를 확립해야 하는 순간이 찾아온다.

발전이 특정 단계에 이르면 사회의 물질적 생산력은 기존 생산관계나 (생산관계의 법률적 표현일 뿐인) 소유관계와 충돌하게 된다(지금까지는 이 생산관계와 소유관계의 틀 안에서 생산력이 작용해 왔다). 생산력 발전의 형식이던 생산관계가 생산력의 족쇄로 바뀌는 것이다. 그러면 사회혁명의 시대가 시작된다.[9]

생산력과 생산관계 사이의 모순은 순탄하게 저절로 해소되는 것이 아니라 혁명을 통해 해소된다는 것에 주목하자. 왜 그런지 이해하려면 생산력과 생산관계라는 개념을 더 자세히 살펴봐야 한다. 3장의 계급투쟁을 다룬 절에서 봤듯이 사회의 생산관계는 사회 계급 구조의 기초를 이룬다. 인류가 원시공산제를 넘어선 순간부터 기본적 생산관계, 즉 생산수단의 소유와 생산과정의 통제를 둘러싼 관계는 실제로는 노예주와 노예, 영주와 농노, 자본가와 노동자 사이의 계급 관계였다. 따라서 어느 생산양식이나 기존 사회를 유지하는 데 확고한 이해관계가 있는 유력한 계급, 즉 지배계급이 있다. 게다가 이 계급은 국가권력과 이데올로기를 마음대로 이용한다. 마르크스의 말처럼 "어느 시대에나 지배계급의 사상이 지배적 사상이다. 즉, 사회의 물질적 힘을 지배하는 계급이 정신적 힘도 지배한다."[10]

마찬가지로 생산력은 기술뿐 아니라 자신의 노동과 지식으로 그 기술을 운용하는 인간들로 이뤄진다(이들도 하나의 사회 계급이나 계급들을 이룬다). 따라서 발전하는 생산력과 낡은 생산관계 사이의 모순은 계급투쟁이기도 하다. 물론 계급투쟁, 즉 착취자와 피착취자 사이의 투쟁은 끊임없이 일어난다. 그러나 생산력과 생산관계의 충돌이 사회를 위기에 빠뜨릴 만큼 심각하게 발전해야 지배계급의 패배와 피억압 계급의 승리가 가능해진다.

마찬가지로 생산력과 생산관계의 충돌이 무르익으면 생산양식의 변화가 역사적 의제가 된다. 그러나 그 변화가 실제로 성취되려면 발전하는 생산력과 연결된 신흥 계급이 낡은 지배계급을 혁명적으로 전복해야 한다. 더욱이 경험으로 알 수 있듯이 이 혁명적 과정의 결과는 결코 예정돼 있지 않다. 그 결과는 한편으로 사회적 위기의 정도, 피억압 계급들의 상대적 규모와 경제적 힘 같은 객관적 요인들뿐 아니라 다른 한편으로 혁명적 계급의 의식 수준, 조직, 정치적 지도(가장 중요하다) 같은 주관적 요인들에도 좌우된다.

지금까지 역사유물론을 간단히 설명하면서 몇 가지 쟁점을 언급했다 (마르크스주의 철학은 경제결정론이 아니라는 점, 이데올로기의 구실, 정치적 지도의 구실). 이 쟁점들은 뒤에서 더 자세히 다룰 것이다.

7장_ 자본주의의 모순

마르크스의 사회주의와 그 이전의 푸리에·생시몽·오언 같은 이른바 '공상적 사회주의자들'의 사회주의 사이에는 근본적 차이가 있었다. 즉, 마르크스에게 사회주의는 자신을 비롯한 사상가들이 생각해 낸 완벽한 사회의 건설 방안이나 '멋진 계획'이 아니라 자본주의의 모순에서, 그 모순을 바탕으로 출현하는 새로운 생산양식이었다.

공산주의자들의 이론적 결론들은 결코 이런저런 세계 개혁가가 고안하거나 발견한 사상이나 원칙에 바탕을 두지 않는다. 그 결론들은 현실의 계급투쟁에서 비롯한 현실의 관계, 우리 눈앞에서 펼쳐지는 역사적 운동에서 비롯한 현실의 관계들을 일반적으로 표현한 것일 뿐이다.[1]

가장 일반적인 수준에서 마르크스가 밝혀낸 자본주의의 기본 모순은 앞서 살펴본 생산력과 생산관계의 모순이며 이는 동시에 앞서 살펴봤듯이 부르주아지(낡은 자본주의 생산관계에 의지하고 그것에 확고한 이해관계가 있는)와 프롤레타리아(발전하는 생산력의 일부이자 그것과 연결된)의 계급투쟁이다. 엥겔스도 《반뒤링론》(특히 3부 2장)에서 이 모순을 깊이 파고든다. 그런데 마르크스는 여기서 더 나아가 기본 모순에서 파생하는 특수한 모순들도 밝혀냈는데 이 특수한 모순들 때문에 자본주의는 끊임없이 위기에 빠져들고 따라서 계급투쟁이 격화된다.

이런 모순들 중에서 가장 중요한 것은 과잉생산 경향과 이윤율 저하 경향이었다. 과잉생산은 판매할 수 있는 것보다 더 많은 재화를 생산한다는 뜻이다(사람들에게 필요한 것보다 더 많이 생산한다는 뜻이 아니다). 과잉생산 경향은 자본가들이 특히 호황기에 생산을 늘리면서도 노동자들에게는 그들이 생산하는 재화의 가치보다 적은 임금을 지급하려 하기 때문에 발생한다. 이 때문에 자본주의 체제는 언제든 시장에서 재화와 서비스에 대한 유효수요가 부족해질 수 있는 고질병을 앓게 된다. 이윤율 저하는 원료·기계·노동 등에 대한 지출 총액 대비 이윤의 비율이 낮아지는 것을 말한다. 이윤율 저하는 개별 자본가들이 마르크스가 불변자본이라고 부르는 것(원료·기계 등)에 대한 지출을 노동력에 대한 지출보다 더 빨리 늘리는 경향이 있다는 사실에서 비롯한다. 이렇게 함으로써 자본가들은 처음에는 총 잉여가치에서 자신들의 몫(이윤)을 늘릴 수 있지만 잉여가치의 원천은 오로지 산 노동(노동자가 실제로 하는 노동)이지 죽은 노동(기계, 즉 불변자본에 투여된 과거의 노동)이 아니기 때문에 그 전반적 효과로 체제 전체의 이윤율이 낮아지게 된다.

이 모순들(과잉생산과 이윤율 저하)은 둘 다 경제위기를 불러일으켜 생산을 위축시키고 실업을 늘릴 수 있다. 그러나 각각의 모순을 극복할 분명한 방법들이 있다. 과잉생산은 대중의 구매력을 높여서(임금을 인상하거나 정부 지출을 통해) 상쇄할 수 있고 이윤율 저하는 임금을 삭감하고 착취율을 높여서 막을 수 있다. 곤란한 점은 둘 중 하나의 모순을 해소하려 하면 나머지 모순이 악화하고 만다는 것이다. 임금을 인상하면 이윤이 줄기 마련이고 임금을 삭감하면 과잉생산 문제가 심각해진다.

역사적으로 이 두 모순은 작동하는 시간의 범위가 다르다. 과잉생산은 주기적으로 호황과 불황이 교차하는 고전적 '경기순환'을 일으키는 경향이 있다. 이윤율 저하는 좀 더 천천히 작동하며 상쇄되지 않는 한 시간이 지날수록 경기후퇴나 불황을 더 심화시키는 경향이 있다.*

마르크스가 밝혀낸 또 다른 주요 모순은 자본주의 경쟁이 그 대립물, 즉 독점으로 바뀌는 경향이다. 마르크스가 말했듯이, 경쟁 과정에서 "한 자본가는 항상 많은 자본가를 파멸시킨다."[2] 그리고 경쟁에서 승리하는 것은 대개 소자본가가 아니라 대자본가이므로 생산의 소유와 통제가 갈수록 소수에게 집중되며 실제 생산과정도 갈수록 더 사회화한다.

---

* 이 책의 주제는 마르크스주의 철학이지 마르크스주의 경제학이 아니므로 역사유물론 전체에서 이 주장들이 어떤 구실을 하는지만 알 수 있게 무척 간단히 설명했다. 경제 위기를 설명하는 마르크스주의 저작은 마르크스 자신이 쓴 책을 제외하고도 방대하다. 매우 명확하고 읽기 쉬운 입문서로는 J Choonara, *Unravelling Capitalism*, London, 2009[국역: 《마르크스, 자본주의의 비밀을 맑히다》, 책갈피, 2010]가 있다. 더 수준이 높고 자세한 설명과 적용이 실린 책으로는 C Harman, *Explaining the Crisis*, London, 1987[국역: 《마르크스주의와 공황론》, 풀무질, 1995]과 C Harman, *Zombie Capitalism: Global Crisis and the Relevance of Marx*, London, 2009[국역: 《좀비 자본주의: 세계 경제 위기와 마르크스주의》, 책갈피, 2012]가 있다.

이런 집중(즉, 소수 자본가가 다수 자본가를 수탈하는 것)과 함께, 노동과정의 협업적 형태, 과학의 의식적·기술적 적용, 계획성 있는 토지 이용이 발전하고, 노동수단이 오직 공동으로만 사용되는 형태로 전환되며, 모든 생산수단이 집단적·사회적 노동의 생산수단으로 사용되면서 절약되고, 각국 국민이 세계시장으로 편입되고, 이와 함께 자본주의 체제의 국제적 성격이 전례 없는 규모로 발전한다.[3]

마르크스는 어떤 사회에서든 이런 집중은 "사회의 자본 전체가 한 사람의 자본가나 하나의 자본주의 기업에 통합되는 순간"에나[4] 멈출 것이라고 주장한다. 또, 엥겔스는 《반뒤링론》에서 이 모순의 논리를 더욱 파고들어 자본의 집중 과정은 결국 다음과 같이 귀결될 것이라고 말한다.

자본가들 자신도 어쩔 수 없이 생산력의 사회적 성격을 부분적으로 인정한다. 대규모 생산조직과 교통기관을 처음에는 주식회사가, 다음에는 트러스트가, 나중에는 국가가 전유한다. 부르주아지는 불필요한 계급임이 드러난다. 이제 부르주아지의 사회적 기능을 모두 유급 피고용인들이 수행한다.[5]

마르크스와 엥겔스 이후 세대의 마르크스주의자들은 자본의 집적·집중의 급속한 발전과 세계경제의 성장으로 이제 자본주의가 새로운 단계에 도달했음을 깨달았다. 그들은 이 새로운 단계의 자본주의를 독점자본주의 그리고/또는 제국주의라고 이름 붙였다. 이 시기에 가장 큰 영향을 미친 마르크스주의 저작인 《제국주의: 자본주의의 최고 단계》에서 레닌은 제국주의를 다음과 같이 요약했다.

이런 발전 단계의 자본주의에서는 독점체들과 금융자본의 지배가 확립되고, 자본수출이 각별히 중요해지고, 국제적 트러스트들 사이의 세계 분할이 시작되고, 자본주의 열강들 사이의 세계 영토 분할이 완료됐다.[6]

레닌이 보기에 제국주의는 자본은 부족하고 이윤율은 높은 지역들로 자본을 수출해서 과잉생산 경향과 이윤율 저하 경향을 **부분적으로** 극복했고 자본을 독점체들과 국가의 수중에 집중시켜 선진국에서 자본들 간의 모순을 **부분적으로** 극복했다. 그러나 레닌은 제국주의가 세계 분할과 재분할을 둘러싼 열강들 사이의 격렬한 충돌, 즉 제1차세계대전으로 이어지면서 더 치명적인 모순이 새로 생겨났다고 봤다. 또, 레닌은 제국주의 전쟁으로 계급 모순이 격화해 혁명이 일어날 수 있다고 주장했다(당시 레닌의 구호는 "제국주의 전쟁을 내전으로 바꿔 버리자!"였다).

여기에다 레닌은 제국주의와 반제국주의 사이의 모순을 덧붙였다. 제국주의 국가들이 세계를 점령하면서(아프리카·폴리네시아·아시아 등의 식민지화) 민족 해방 투쟁이 일어나고 이 투쟁은 노동계급이 자본주의를 전복하는 데 도움이 된다는 것이었다.

그래서 레닌은 제국주의 시대를 "전쟁과 혁명의 시대"로 봤다. 역사는 레닌이 옳았음을 입증했다. 제국주의 열강의 제1차세계대전으로 말미암아 1917년 러시아 혁명이 일어났고 뒤이어 유럽 전역(독일·이탈리아·핀란드·아일랜드 등지)에서 혁명이 일어나거나 혁명적 상황이 벌어졌고 이후 중국(1925~27년)과 스페인(1936년)에서도 혁명이 일어났다. 이 혁명들이 패배하자 파시즘이 등장했고 훨씬 더 잔혹한 새로운 제국주의 전쟁이 다시 벌어졌다. 또, 제국주의로 인해 이른바 '제3세계' 곳곳에서(가장 중요하게는 인도, 중국, 베트남, 아프리카 대부분 지역에서) 반제국주의 운동이 등장했다(민족독립을 쟁취했다는 점에서 대부분 승리했다).

그렇지만 자본주의는 20세기 중반의 끔찍한 위기(대공황, 나치즘, 스탈린주의, 제2차세계대전)를 견뎌 냈고(그 대가는 막대한 인명 피해였다) 전후 호황이라는 상대적 안정과 번영의 새로운 시기로 들어섰다. 약 25년 동안 서방 자본주의는 거의 끊임없이 성장했고 완전고용과 생활수준 상승을 경험했다. 아니나 다를까, 마르크스주의자였던 사람들을 비롯해 곳곳에서 자본주의의 모순이 극복됐다는 주장들이 쏟아져 나왔다. 장기 호황은 대개 국가 개입과 존 메이너드 케인스의 경제학 덕분이라고들 했다. 또 계급 분열이 사라지고 있으며 노동계급이 중간계급이 되고 있다(일부 사회학자들의 표현으로는 '부르주아화')고들 했다.

그러나 토니 클리프, 마이크 키드런, 크리스 하먼 같은 마르크스주의자들은 호황이 현실임을 부정하지 않으면서도 체제의 근본 모순들은 사라지지 않았다고 주장했다. 오히려 그 모순들이 한동안 드러나지 않은 이유를 '상시 군비 경제' 때문이라고 설명했다. 냉전 때문에 주요 열강들이 대규모 군비(특히 핵무기) 지출을 지속하자 과잉생산 경향도 상쇄됐고(경기 부양과 국가 고용을 통해) 시장에서 판매돼야 하는 재화를 생산하지 않아도 자본이 생산순환에서 빠져나가(그래서 가변자본에 대한 불변자본의 비율이 낮아졌다) 이윤율 저하도 상쇄됐다. 그런데 이들이 주장했듯이 상시 군비 경제에도 고유한 모순들이 있었고 이 모순들이 불거지면 수면 아래 있던 모순들마저 다시 작동할 터였다.

따라서 미국과 영국은 대규모 군비 지출로 (이윤율 저하를 상쇄시켜) 호황을 떠받치는 세계적 조건을 창출했지만 그 대가로 약간 느린 경제

성장률을 감수해야 했다. 반면에 패전한 열강인 (따라서 군비 지출에 제약을 받은) 독일과 일본은 군비 부담을 지지 않은 채 세계경제 호황에서 이득을 얻을 수 있었다. 이 덕분에 독일과 일본은 미국과 영국보다 훨씬 더 빠르게 성장할 수 있었다(이른바 독일과 일본의 경제 '기적'). 1960년대 말에 이르면 독일과 일본은 영국을 추월했으며 미국에도 만만찮은 경쟁자가 됐다. 이 때문에 핵보유국들은 군비 지출을 낮출 수밖에 없었으며(국민총생산에서 차지하는 비중을 낮췄다는 것이지 지출 총액을 줄였다는 뜻은 아니다) 그러자 결국 이윤율 저하가 다시 시작되고 세계는 다시 불황에 직면했다(1973~74년, 1979~82년, 1989~92년).

앞서 봤듯이 마르크스는 불황이나 경제 위기를 자본주의의 근본 모순이 표출되는 것으로 이해했다. 그러나 그는 불황이나 경제 위기가 체제를 건강하게 회복시키는 구실도 한다고 주장했다. 즉, 약한 기업의 파산과 인수 과정에서 자본이 대량으로 파괴되고 따라서 살아남은 기업의 이윤율이 회복된다는 것이었다. 그러나 1970년대와 1980년대의 불황은 갈수록 이런 기능을 하지 못했다. 자본의 집적·집중으로 거대 기업들이 탄생하면서 '대마불사'라는 문제가 발생한 것이다. 즉, 거대 기업의 파산으로 인한 도미노 효과가 경제 전체에 너무 심각한 타격을 줄 수 있어서 국가는 그 기업들이 파산하도록 내버려 둘 수 없었다.

이런 상황에 대한 자본가계급의 대응은 국제적으로 두 가지였다. 첫째는 신자유주의 정책이었다. 본질적으로 이것은 노동자 착취를 강화해 이윤율 하락을 상쇄하려는 시도였다(대처와 레이건이 노동조합을 공격한 것을 보라). 둘째는 수요를 지탱하고 과잉생산 위기를 지연시키는 신용팽창 정책이었다. 1992~2007년에 경제가 성장하면서 이 조처들은 한동안 성공을 거두는 듯했다. 그러나 부채가 감당할 수 없는 수준까지 불어났고 결국 경제 위기가 닥치고 말았다. 2007년 8월 신용 경색이 시작되더니 2008년 리먼브러더스가 파산하고 금융 위기가 닥치는 등 상황은 갈수록 악화했다. 이 때문에 이제 정치적 견해를 떠나 마르크스가 결국 옳았다고 인정하는 논평가들이 늘고 있다(물론 자본주의의 고질적 위기를 인정하는 것이지 노동계급의 혁명적 구실을 인정하는 것은 아니다).*

마지막으로, 지난 20년 동안 자본주의 체제의 또 다른 근본 모순이 부각됐다. 바로 자본주의와 자연의 모순이다.

소련에서 스탈린주의는 근본적으로 국가자본주의 산업화 이데올로기였다(나중에 중국에서는 마오쩌둥주의 형태로 그런 구실을 했다). 이 때문에 마르크스주의는 특히 개발도상국에서 노동계급의 자기해방과 인간해방보다는 경제 발전과 산업화를 뜻하게 됐다.** 이 과정에서 마르크스 사상의 생태적 측면은 거의 등한시됐다. 그러나 존 벨라미 포스터가 설득력 있게 보여 줬듯이*** 인간과 자연의 관계, 인간이 자연에 미치는 영향은 언제나 마르크스의 주요 관심사였다. 사실 이 점은 마르크스의 철저한 철학적 유물론과 인간은 자연의 일부라는 신념의 논리적 귀결이었다.

마르크스와 엥겔스가 역사유물론을 맨 처음 체계적으로 설명한 책은 《독일 이데올로기》(1845)였다. 이 책의 거의 첫머리에 나오는 "유물론적

---

* 예를 들어 누리엘 루비니는 〈월 스트리트 저널〉 인터뷰에서 "카를 마르크스가 옳았다. 자본주의는 자멸할 수 있다"고 말했다. http://on.wsj.com/roubmarx 참조.

** J Molyneux, *What is the Real Marxist Tradition?*, London, 1988, pp41~65를 참조.

*** J Bellamy Foster, *Marx's Ecology*, New York, 2000을 참조.

방법의 첫 번째 전제들"에서 마르크스와 엥겔스는 다음과 같이 썼다.

> 당연히 모든 인류 역사의 첫 번째 전제는 살아 있는 개인들의 실존이다. 따라서 가장 먼저 규명해야 하는 사실은 이 개인들의 신체 조직과 그에 따른 인간과 나머지 자연 사이의 관계다. 물론 여기서 인간의 신체적 특징 자체나 인간이 마주하는 자연조건(지질·지리·기후 조건 등)을 자세히 다룰 수는 없다. 모든 역사 서술은 이 자연적 기초에서부터 그리고 역사 속에서 인간의 행동을 통해 이 기초가 변한다는 사실에서부터 출발해야 한다.[7]

마르크스는 《고타강령 비판》(1875)의 서두에서 오늘날 마르크스주의자들이 무심코 자주 반복하는 판에 박힌 문구, 즉 "노동은 모든 부의 원천이다"를 다음과 같이 반박한다.

> 노동은 모든 부의 원천이 아니다. 자연도 노동과 마찬가지로 사용가치(확실히 물질적 부는 사용가치로 이뤄진다!)의 원천이다. 노동 자체는 자연력 가운데 하나인 인간 노동력의 발현일 뿐이다.[8]

《자본론》 3권에서는 다음과 같이 쓴다.

> 더 높은 경제적 사회구성체의 관점에서 보면 한 개인이 지구를 사적으로 소유하는 것은 인간이 인간을 사적으로 소유하는 것만큼이나 무척 불합리해 보일 것이다. 한 사회 전체, 한 나라, 심지어 동시대의 모든 사회를 한데 합쳐도 지구의 소유자는 아니다. 이들은 단지 지구의 점유자·이용자일 뿐이며

훌륭한 가장처럼 지구를 더 나은 상태로 후세에게 물려줘야 한다.⁹

《자본론》 1권에서는 다음과 같이 쓴다.

더욱이 자본주의 농업의 진보는 모두 노동자뿐 아니라 토양도 수탈하는 기술의 진보다. 일시적으로 토양을 더 비옥하게 하려는 진보는 모두 그 비옥함의 항구적 원천을 파괴하는 진보다. 예컨대 미국처럼 한 나라가 현대적 공업을 토대로 발전을 시작할수록 이런 토양의 파괴 과정은 더 빨라진다. 따라서 자본주의 생산은 모든 부의 원천인 토양과 노동자를 쇠진시킴으로써만 사회적 생산과정의 기술과 결합을 발전시킨다.¹⁰

그리고 《1844년 경제학·철학 수고》에서는 소외된 노동을 분석하며 다음과 같이 쓴다.

자연은 인간의 비유기적 신체다(자연 자체가 인간의 신체는 아니므로). 인간은 자연에 의지해 살아간다. 다시 말해, 자연은 인간이 죽지 않으려면 끊임없이 교환해야 하는 인간의 신체다. 인간의 육체적·정신적 생활이 자연과 연관돼 있다는 것은 자연이 자연 자체와 연관돼 있다는 뜻일 뿐이다. 인간이 자연의 일부이기 때문이다.
소외된 노동은 (1) 자연을 인간으로부터 소외시키고 (2) 인간을 인간 자신, 인간 고유의 능동적 기능, 인간의 생명 활동에서 소외시켜서 인간을 유類로부터 소외시킨다.¹¹

가장 중요한 것은 인간은 노동을 통해 자연과 관계 맺는다는 것이다. 따라서 노동의 소외는 인간을 자연으로부터 소외시킨다. 마르크스와 엥겔스가 살던 시절에는 이런 소외가 도시와 농촌의 분리, 오염과 폐수로 인한 노동자 생활환경의 악화, 토지의 유실과 지력 고갈로 나타났다(마르크스와 엥겔스는 이 모든 쟁점에 여러 차례 주목했다). 20세기 들어 자본주의가 더욱 발전하면서 이런 문제들은 대체로 더 심각해졌고(예를 들어 제3세계 도시들의 거대한 빈민가와 판자촌, 1930년대 대공황 당시 미국의 더스트볼*) 새로운 문제들, 즉 종의 멸종, 열대우림 파괴, 핵무기 위협, 오존층 파괴 등도 나타났다. 그러나 인간이 만들어 낸 기후변화 문제가 과학적 사실로 확인되고 확립됨으로써, 자본주의와 자연 사이의 모순이 극한의 위기에 도달했다는 것이 명백해졌다.

기후변화 문제는 과학적 문제도 아니고 기술적 문제도 아니다. 해결책은 잘 알려져 있거니와 비교적 단순하다. 전 세계에서 탄소 배출을 대규모로 감축해야 한다. 즉, 화석연료(석유·가스·석탄)를 재생 가능 에너지(풍력, 태양열, 조력)로 바꾸고, 탄소를 배출하는 자가용 등에 압도적으로 의존하는 교통 체계를 바꾸고, 주택과 사무실의 탄소 배출을 줄이기 위해 단열 등의 체계적 조처를 취해야 한다. 열대우림 파괴도 즉각 중지해야 한다. 경제성장의 제약이나 축소가 불가피할 수도 있다.

이런 일들을 하지 않으면 수많은 인명을 앗아 갈 극심한 기후 재앙이 끊임없이 늘어날 것이다(이런 일이 이미 벌어지고 있다는 것은 명백한

---

* Dust Bowl, 1930년대 미국 중남부 대평원을 휩쓴 사막화 현상. 자본주의 농업으로 인한 지력 고갈과 가뭄이 원인이었다 — 옮긴이.

사실이다). 나중에는 더 큰 규모의 기후변화가 일어나 막대한 인명 피해와 경제적 손실이 발생할 것이다.

그러나 이 파괴적 결과들을 목전에 두고도 앞서 말한 간단한 조처 가운데 아무것도 실행되지 않고 있다. 이 조처들이 자본의 당면 이익과 충돌한다는 단순한 이유 때문이다. 첫째, 엑슨모빌·BP·셸·도요타 같은 세계 최대의 기업들은 대부분 화석연료 사용에 막대한 이해관계가 있다.

둘째, 국가들 사이의 국제적 경쟁(자국의 자본가들을 대리해) 때문에 세계 최대 탄소 배출 국가들(미국·중국·유럽·인도 등)은 자신만 탄소 배출을 줄였다가 경쟁에서 밀릴까 봐 두려워한다.

이 두 가지 문제는 모두 자본주의의 근본 특징에서 비롯하는 것이다. 더욱이 경제성장을 제한하거나 중단하는 것이 불가피하다고 입증된다면 이런 조처는 자본주의와 결코 양립할 수 없게 될 것이다. 자본주의는 경쟁적 축적의 압력을 바탕으로 한 체제이기 때문이다. 그리고 앞서 예상한 결과들이 자본주의에서 실제로 발생하면 지배자들은 인종차별, 전쟁, 독재, 파시즘을 결합해 대응할 가능성이 농후하다(허리케인 카트리나에 대한 부시 정부의 대응보다 훨씬 더 끔찍할 것이다).

그런데 이윤율 저하로 인한 경제 위기 때는 불황과 전쟁(자본 파괴), 억압(임금 삭감과 이윤 상승)이 모종의 '해결책'이나 '자기 조정 메커니즘' 구실을 할 수 있다지만, 기후변화 문제에서는 아무것도 소용없다.

따라서 자본주의 생산관계와 인간을 포함한 온갖 생명체의 생존 자체 사이의 모순이 급속히 심화하고 있으며 이 때문에 사회주의의 실현은 정말이지 역사적 필요가 됐다고 할 수 있다.

마르크스는 《공산당 선언》에서 계급투쟁은 "사회 전체의 혁명적 재편이나 투쟁하는 계급들의 공멸"로 끝난다고 썼다. 이것은 상당히 뛰어나고 심오한 통찰이었지만 당시에는 추상적인 이론적 결론일 수밖에 없었다. 70년이 지나서 로자 룩셈부르크는 다음과 같이 썼다.

> 프리드리히 엥겔스는 다음과 같이 말했다. "부르주아 사회는 사회주의로 넘어가느냐 야만으로 퇴보하느냐 하는 기로에 서 있다." 우리 고상한 유럽 문명이 "야만으로 퇴보"한다는 것은 과연 무엇일까? 지금까지 우리는 모두 이 말의 엄청난 심각성에 주의를 기울이지 않은 채 무심코 이런 표현을 읽고 되뇌었다. 지금 당장 주변으로 눈을 돌리면 부르주아 사회가 야만으로 퇴보한다는 것이 어떤 것인지 알 수 있다. 제1차세계대전이 바로 야만으로의 퇴보다. 제국주의의 승리는 곧 문명의 파괴로 이어질 것이다. 처음에 이런 파괴는 현대전이 벌어지는 동안 산발적으로 일어난다. 그러나 이윽고 무제한 전쟁의 시기가 닥치면 문명의 파괴는 불가피한 파국으로 치닫게 된다. 오늘날 우리는 프리드리히 엥겔스가 한 세대 전에 예측한 바로 그 선택에 직면해 있다. 제국주의가 승리하고, 모든 문명이 고대 로마처럼 붕괴하고, 인구감소·황폐화·쇠락 같은 거대한 공동묘지를 맞이할 것인가? 아니면 사회주의가 승리할 것인가? 사회주의가 승리하려면 국제 프롤레타리아는 제국주의와 그 수단인 전쟁에 반대해 의식적이고 적극적으로 투쟁해야 한다.[12]

두 차례 세계대전, 홀로코스트, 히로시마를 겪고도 인류는 계속 절멸의 위협에 시달리고 있고, 돌이킬 수 없는 기후변화가 금방이라도 닥칠 수 있는 오늘날, "야만으로의 퇴보"와 "투쟁하는 계급들의 공멸"의 구체적 형태가 무엇인지는 누가 봐도 명백하다.

8장_ 인간 본성

일상생활에서(언론에서, 가족 간에, 친구나 직장 동료 사이에, 술집이나 거리에서), 즉 학계를 벗어난 모든 정치적 토론과 논쟁에서 마르크스주의(와 사회주의 일반)에 대한 가장 흔한 반박은 마르크스주의가 인간 본성을 고려하지 않는다는 것이다. 이런 주장은 사회 어디서나 들을 수 있어서 철학적 주장이 전혀 아닌 것처럼 보이지만 사실은 철학적 주장이며 그것도 매우 중요한 주장이다.

안토니오 그람시는 "인간이란 무엇인가?"라는 질문은 "철학이 던지는 가장 중요한 질문"이라고 말한다. 이어서 그는 다음과 같이 말한다. "이 질문을 곱씹어 보면 '인간이란 무엇인가?'라는 질문은 '인간은 무엇이 될 수 있는가?'를 묻는 것임을 알 수 있다. 즉, 인간은 자신의 운명을 지배할 수 있는가? 인간은 '자기 자신을 만들' 수 있는가? 인간은 자신의 삶을 창조할 수 있는가?"[1]

또, 사람들이 마르크스주의는 인간 본성을 거스른다거나 사회주의는 인간 본성 때문에 불가능하다고 말할 때, 그것은 평등하고 자유로운 사회, 대다수 평범한 사람들이 평범한 사람들의 이익에 따라 운영하는 사회가 인간 본성의 내재적 결함 때문에 불가능하다고 말하는 것이다.

이런 주장이 그토록 대중적으로 받아들여지는 이유 하나는 그것이 무척 오래된 주장이고 수백 년 동안 가르치고 전파됐기 때문이다. 아마도 이런 주장의 기원은 '원죄'설일 것이다. 이 교리는 그리스도교 성서의 창세기와 성 바울과 초기 그리스도교의 가르침까지 거슬러 올라갈 수 있다. 가톨릭교회의 교리문답에서는 이를 다음과 같이 요약한다.

최초의 인간인 아담은 죄를 지어서, 태초에 하느님께 받은 거룩함과 의로움을 상실했고 그래서 아담뿐 아니라 모든 인간도 그렇게 됐다. 아담과 하와는 그들이 처음 지은 죄 때문에 후손들에게 손상된 인간 본성을 물려줬는데, 이로 말미암은 '거룩함과 의로움의 결핍'을 '원죄'라고 부른다. 원죄 때문에 인간 본성은 능력이 약해지고 무지, 고통, 죽음의 지배에 시달리게 되며 죄를 저지르기 쉽게 된다(이런 성향을 '욕정'이라고 부른다).[2]

인간이 근본적으로 악하다는 이 관념은 교회의 힘을 강화하는 데 이용됐다. 교회가 구원에 이르는 통로라는 것이었다. 이후 17세기 정치철학자 토머스 홉스는 이른바 "자연 상태"에서는 "만인에 대한 만인의 투쟁"이 벌어지고 "만인은 만인의 적"이라고 주장했다. 그는 "그런 상황에서는 끊임없는 두려움과 비명횡사의 위협에서 벗어날 수 없으며 인간의 삶은 고독하고, 비참하고 끔찍하고 야만적이고 수명도 짧다"고 말했다. 이런 상황에서 벗어나려면 인간은 사회를 지배하는 통치 권력에 복종해야 한다. 왜냐하면 "모든 사람들에게 두려움을 느끼게 할 권력이 없는 곳에서는 사람들이 우정이나 동료애를 유지할 때 아무 기쁨도 느끼지 않고 오히려 상당한 비애를 느끼기 때문이다."[3]*

산업자본주의 시대가 도래하자 19세기 영국에서는 인간 본성의 핵심 특징으로 흔히 욕정이나 폭력보다는 (매우 적절하게도) 탐욕을 꼽았다. 애덤 스미스, 데이비드 리카도, 존 스튜어트 밀 등이 발전시킨 자본주의 경제 이론의 출발점이자 기본 전제는 합리적으로 계산하고 이기적이고 탐욕스러운 개인, 즉 '호모 에코노미쿠스'(경제인)였다. 밀은 다음과 같이 말했다. 정치경제학에서 "주목하는 [인간 — 몰리뉴]은 오로지 부를 소유하려고 욕망하는 존재일 뿐이다." 그리고 다음과 같이 "인간을 자의적으로 정의"했다. "인간은 필연적으로 최소한의 수고와 금욕으로 최대한의 생필품·편의·사치를 누리려 하는 존재다."[4]

'경제인'이라는 개념은 오늘날에도 주류 경제학, 즉 자본주의 경제학의 초석이다. 이후 19세기 독일 철학자 니체는 다시 홉스로 방향을 돌려 '권력의지'를 인간 본성의 근본적 특징으로 봤다. 니체는 모든 인간과 생물의 행동에서 일차적 동기는 권력을 확대해 나머지를 모두 지배하려는 욕망이라고 주장했다. 이런 관점은 사회는 항상 가장 강력한 엘리트들이 지배할 것이라는 결론으로 기울 수밖에 없고, 나치가 이런 주장의 영향을 받았다는 것도 그다지 놀랄 일은 아니다. 그런데 니체의 견해는 막스

---

* 홉스는 영국 청교도 혁명 당시 절대왕권을 옹호했지만 사후에는 엄청난 지적 영향을 미쳤다. 현대 사회학의 핵심 인물인 에밀 뒤르켐과 탤컷 파슨스도 그의 영향을 받았다.

베버나 엘리트 이론가인 빌프레도 파레토와 로베르트 미헬스 같은 많은 주요 사회학자의 저작에서도 기초 구실을 하며 심지어 미셸 푸코처럼 더 급진적으로 보이는 인물들에게까지 영향을 미쳤다.

20세기에는 인간 본성을 근본적으로 공격성, 탐욕, 영역 본능 따위로 이해하는 견해에 모종의 '과학적' 근거를 제공하려는 노력이 많았다. 동물행동학자 콘라트 로렌츠는 《공격성에 대하여》에서 조류의 공격 본능을 일반화해 인간에게 적용하려 했다. 고인류학자(인간의 기원을 화석을 통해 연구한다) 레이먼드 다트는 초기 인류는 본질적으로 "킬러 유인원"이었다는 이론을 전개했으며 로버트 아드리는 이 이론을 《아프리카 기원》과 《영역 보전 본능》에서 대중화시켰다. 리처드 도킨스와 E O 윌슨 등은 진화생물학과 사회생물학을 발전시키면서 인간 행위는 '이기적' 유전자가 결정한다고 강조했다.

수백 년 동안 이 모든 종교적·철학적·'과학적' 사상들은 교회, 학교, 신문, 영화, 텔레비전 등 수많은 경로로 대중의 의식에 파고들었다. 한 가지 사례만 들면, 로버트 아드리의 저작들이 〈2001 스페이스 오디세이〉와 〈시계태엽장치 오렌지〉 같은 블록버스터 영화들을 감독한 스탠리 큐브릭에게 영향을 미친 것은 유명하다.

그런데 많은 사람들이 이처럼 인간 본성을 매우 부정적으로 생각하는 데는 중요한 이유가 하나 더 있다. 이런 생각이 실생활의 경험과 잘 들어맞고 왜 그런지 설명해 주는 것처럼 보이기 때문이다. 선거에서 당선하려고 좌파적 언사를 늘어놓다가 당선하자마자 우파로 돌아서는 정치인들, 현장 조합원 투사로 출발했지만 상근 간부가 돼 높은 봉급을 받으면서 기업주들과 뒷거래하는 노동조합 지도자들, 경영진에 맞서 보려 하지만 동료 노동자들에게 실망만 하게 되는 직장위원회 경험, 일상생활에서 사람들을 괴롭히는 사소한 배신감과 낙담, 많은 사람들은 대체로 불의와 고통에 무관심한 듯하다는 단순한 사실, 특히 사람들은 거의 항상 수동적이고 억압을 순순히 받아들이는 듯하다는 사실을 본다면 말이다.

그렇다면 마르크스주의는 이 매우 흔한 주장에 어떻게 답하는가? 첫째, 평균적·전형적 인간 행위라는 의미의 인간 본성은 우주 만물과 마찬가지로 항상 변하고 있다는 사실을 보여 주는 것이다. 마르크스는 《철학의 빈곤》에서 다음과 같이 말했다. "모든 역사는 인간 본성의 끊임없는 변화일 뿐이다."[5]

따라서 예를 들어 서구에서는 많은 사람들이 핵가족(부부와 자녀로 이뤄진)을 인간 본성에 어울리는 '자연스러운' 제도로 받아들인다. 그러나 역사적 시기마다 사람들은 다양한 '가족' 형태를 이루고 살았다. 대가족(핵가족에 방계친족이 결합된), 일부다처제, 일처다부제, 그리고 느슨한 짝짓기 관계가 있었다. 인도 남서부 케랄라 주의 나야르 카스트에서는 젊은 여성의 남편이 공식적으로는 한 명이지만 실제로는 최대 12명의 '연인'이나 임시 남편이 있을 수 있었고 이들과는 함께 거주하지도 않았고 이들의 경제적 지원을 받지도 않았다. 티베트에서도 1950~51년 중국에 점령당하기 전까지 일처다부제가 유지됐다. 19세기 미국인들에게 단혼제가 '자연스러운' 방식이었듯이 나야르와 티베트 사람들에게는 이것이 명백히 '자연스러운' 제도였다.

고대 그리스에서는 노예제가 핵심 제도이자 일반적으로 '자연스러운' 것으로 받아들여졌다. 아리스토텔레스는 《정치학》에서 노예제를 다음과 같이 정당화했다.

그렇다면 노예가 되는 것이 자연스러운 사람, 노예로 사는 것이 편하고 알맞은 사람이 있는가? 더 정확히 말해, 자연을 거스르지 않는 노예제가 있는가? 이성과 사실로 판단하면 이 물음에 대답하기는 어렵지 않다. 누군가는 지배해야 하고 나머지는 지배받을 수밖에 없다는 것은 불가피할 뿐 아니라 적절하다. 태어나는 순간부터 누군가는 지배하게 돼 있고, 나머지는 복종하게 돼 있다. … 이런 이원성은 생물에게만 존재하는 것이 아니라 우주의 질서에서 비롯한 것이기도 하다.[6]

중세 시대에는 왕, 영주, 농노로 이뤄진 봉건 질서가 자연스러웠을 뿐 아니라 신의 섭리이기도 했다. 찬송가에는 다음과 같은 가사가 있다.

돈 많은 사람은 성 안에 살고
가난한 사람은 성문을 지키네
하느님은 높은 사람과 비천한 사람을 만드시고는
분수에 맞게 살라고 하셨지

그러나 1776년 미국에서 독립선언문을 기초한 사람들은 "인간은 모두 평등하게 태어났다"고 말하면서 이것은 "자명한" 진실이라고 믿었다(물론 **선천적으로 열등한 흑인은 제외하고** 말이다).

둘째, 마르크스는 [시대마다] 인간의 행동과 이른바 '자연스러운' 것을 이렇게 변화시키는 가장 중요한 요인은 인간이 생계를 꾸리는 방식, 즉 인간이 생활 수단을 마련하는 방식임을 밝혔다. 따라서 나야르 가족제도의 형태는 이 남성들이 전통적 힌두교 카스트 제도 안에서 군역 때문에 자주 집을 비워야 하는 전사 카스트라는 사실에서 비롯한 것이다. 반면에 핵가족 제도가 확산된 것은 그것이 산업자본주의의 필요에 부합했기 때문이다. 고대 그리스의 아리스토텔레스와 상층계급이 노예제를 자연스러운 것으로 생각한 이유는 그들의 생활 방식이 노예노동을 착취하는 데 바탕을 뒀기 때문이다(미국 남부의 여러 주에서도 마찬가지였다).

같은 사회 안에서 개인들의 성격이나 '본성'도 마찬가지다. 누구는 너그럽고 누구는 옹졸하며, 누구는 야심 때문에 기를 써서 출세하려 하고 누구는 낮은 자리에 있으면서도 만족해한다. 누구는 술 취하면 폭력을 쓰기 일쑤고 누구는 상냥해진다. 더욱이 똑같은 사람이 주위 환경의 변화에 따라 달라지는 것을 보면 물질적 조건, 특히 사회관계가 사람들의 본성에 미치는 영향을 매우 분명히 알 수 있다. 그래서 파업에 동참했던 평범한 노동자가 관리직으로 승진하고 나면 파업 파괴에 나서기도 하고, 현장 조합원 활동가가 상근 간부를 거쳐 노조 지도자가 되면 전투적 활동가에서 온건파로, 배신자로 변한다. 그들이 파업 파괴자나 배신자가 된 것은 애초 그들의 진정한 본성 탓이 아니라 두 경우 모두 그들의 사회적 처지가 그들의 행동에 강력하게 영향을 미친 탓이다.

인간 본성에는 변화만 있는 것이 아니라 중요한 연속성도 있다. 물론 인간 본성 전체는 결국 역사적으로 형성됐다. 또, 인간은 아주 오랜 세월 동안 인간이 아닌 영장류에서 진화했으며 그 전에는 심지어 영장류도 포유류도 아닌 동물에서 진화했다. 그러나 사회주의 실현과 관련된 시간 범위에서 보면 크게 변하지 않을 것들이 많다. 예를 들어 인간의 기본적인 해부학적 구조는 약 250만 년 동안 여러 단계를 거쳐 진화해 약 10만 년 전에 지금의 형태(호모 사피엔스 사피엔스)가 됐는데 그

뒤로는 크게 변하지 않았다. 누구에게나 공기·물·의식주가 필요하다는 것, 이런 필수적인 것들을 얻기 위해 사회적 노동에 의존하며 따라서 타인에게 경제적·사회적·심리적으로 의존한다는 것도 변함없는 특징이다. 성性과 아마도 애정, 사랑 등에 대한 생식적·심리적 필요도 포함될 것이다. 그렇다면 다음과 같은 의문이 생긴다. 이런 변함없는 인간 본성에 이를테면 탐욕, 공격성 또는 니체·로렌츠·아드리 등이 말하는 '계급제도를 선호하는 성향'도 포함되므로 사회주의는 불가능한 것이 아닐까?

마르크스주의자는 무척 자신 있게 아니라고 대답할 수 있다. 1877년 미국 인류학자 루이스 헨리 모건은 아메리카 대륙 원주민인 이로쿼이족에 대한 현장 연구를 바탕으로 《고대사회》를 썼다. 마르크스와 엥겔스는 모건의 연구를 주의 깊게 살펴보고 사회가 계급으로 분화되기 이전에 (생산수단의) 사적 소유, 착취, 빈부 격차, 여성차별이 존재하지 않는 인류의 발전 단계(마르크스와 엥겔스는 이것을 '원시공산제'라고 이름 붙였다)가 존재했다고 결론 내렸다. 엥겔스는 유명한 저작 《가족, 사유재산, 국가의 기원》(1884)에서 이 문제에 대한 자신의 주장을 제시했다. 수십 년 동안 주류 역사가, 사회과학자, 인류학자, 동물행동학자 등은 엥겔스의 저작을 무시하고 계급제도와 남성의 지배가 보편적이었다고 주장했다. 그러나 20세기 후반에 리처드 리키 같은 고인류학자들, 비어 고든 차일드 같은 고고학자들(선사시대 사회를 그 유물과 물질문화를 통해 연구한다), 엘리너 버크 리콕, 리처드 리, 콜린 턴불 같은 인류학자들(현존하는 토착 사회를 연구하는)의 연구는 마르크스와 엥겔스가 옳았음을 보여 줬다.

그뿐 아니라 이들의 연구는 인류가 적어도 10만 년 전부터, 어쩌면 250만 년 전부터 농업이 출현한 1만 년 전까지 계급 없는 사회에서 살았음을 보여 줬다(이 기간은 인류 역사에서 90~99퍼센트를 차지한다). 이 기간에 사람들은 30~40명씩 소규모 무리를 지어 이동하면서 수렵과 채집으로 살아갔다. 수렵과 채집은 모두 무리 전체가 참여하는 집단 활동이었으며 대체로 남성이 주로 사냥하고 여성은 주로 채집하는 성별 분업이 이뤄지기는 했지만 그 구분이 엄격한 것은 아니었다. 이들은 작물을 키우지도 집을 짓지도 않았고 보관할 항아리도 없었기 때문에 등에 지고 다닐 수 있는 것 이상의 재산이나 하루하루 생존하는 데 필요한 것 이상의 잉여생산물을 축적할 수 없었다. 따라서 타인의 노동으로 살아가는 착취자 집단이나 계급은 출현할 수 없었다. 오로지 농업이 출현하고 나서야 잉여가 생산됐으며 이후 잉여와 타인의 노동을 지배하고 국가를 만들어 사회 전체를 운영하는 계급이 발전하게 됐다.

뛰어난 마르크스주의자이자 페미니스트이고, [캐나다] 래브라도에서 수렵·채집 생활을 하는 몽타녜족과 나스카피족을 전문적으로 연구한 엘리너 버크 리콕은 자신의 연구와 그 밖의 많은 연구를 바탕으로 다음과 같은 결론을 내린다.

> 평등한 집단의 사회구조에서 이해하기 어려운 점은, 우리가 보통 생각하는 리더십이 '허약'하거나 흔한 말로 '초보적'일 뿐 아니라 중요하지도 않다는 것이다. … 개인의 자율성이 집단 전체에 대한 직접적 의존과 공존했다.
> 평등한 집단의 사회에서는 식량 등의 필수품 채집과 제작에 신체 건강한 성인은 모두 나섰으며 생산자들 자신이 직접 분배했다. … 토지의 사적 소유

를 통한 자원의 차별적 이용도, 성별 분업을 넘어서는 노동 전문화도 없었고, 따라서 생산과 분배의 직접적 관계에 간섭하는 시장 체제도 없었다. … 생산과 소비의 직접적 관계는 권위의 분산과 매우 밀접한 관련이 있었다. … 평등한 집단의 사회에서 기본 원칙은 사람들이 스스로 결정하고 그 활동에 책임을 진다는 것이었다.[7]

아프리카 남부 칼라하리 사막의 쿵산족을 최초로 연구한 리처드 리도 비슷하게 말했다.

쿵산족 수렵·채집인들의 행동과 가치관에는 공유가 깊이 뿌리내리고 있다. 가족 내에서도 가족들 사이에서도 그렇다. 이익과 합리성의 원칙이 자본주의 윤리의 핵심이듯이 수렵·채집 사회들에서는 공유가 사회생활을 하는 데 핵심이다. …
식량 자원의 집단적 공유가 최근 쿵산족과 수십여 수렵·채집 무리들 사이에서 직접 관찰된다는 사실은 … 국가가 탄생하고 사회가 계급으로 나뉘기 전에는 원시공산제가 지배적이었다는 마르크스와 엥겔스의 이론을 강력하게 뒷받침한다. …
진정한 공동생활은 흔히 유토피아적 이상으로, 이론적으로는 그럴듯하지만 실천적으로는 도달할 수 없는 것으로 폄하된다. 그러나 수렵·채집인들이 보여 주는 증거는 이와 정반대다.[8]

더욱이 원시공산제 사회에서 계급사회로 이행하는 것은 한순간에 이뤄진 일이 아니었다. 크리스 하먼은 다음과 같이 말한다.

완전히 변하는 데는 무척 오랜 시간이 걸렸다(가장 많이 연구된 메소포타미아 지역에서는 4000년 또는 5000년[농업이 출현한 시기로부터 ― 몰리뉴]이 걸렸다). 그리고 많은 경우 이런 변화가 이뤄지지도 않아서 심지어 150년 전만 해도 수많은 사람들이 여전히 계급 없는 농업 사회에서 살고 있었다.[9]

내 주장은 "인간은 본성이 탐욕스럽다", 즉 인간은 '본성적으로' 이기적이라는 주장을 거꾸로 뒤집으려는 것이 아니다. 오히려 인간은 이기적인 동시에 이타적으로 행동할 수 있으며 수렵·채집 사회와 자본주의 사회에서도 두 특징을 다 볼 수 있다. 둘 중 어느 것이 유력한지는 사회적 조건, 특히 생산이 조직되는 방식에 크게 좌우되며, 자본주의 생산이 조직되는 방식은 사실 사람들이 대체로 이기적으로 행동할 수밖에 없게 만든다. 그러나 수십만 년 동안 존재한, 평등하고 국가도 없는 수렵·채집 사회는 인간 본성에 자유롭고 평등한 사회의 실현을 가로막는 내재적 요소는 없다는 것을 분명히 보여 준다.

반면에 자본주의는 인간 본성과 양립할 수 없는 것은 아니지만(그렇지 않다면 자본주의는 존재할 수조차 없었을 것이다) 명백히 인간 본성을 파괴하고 있다. 첫째, 자본주의는 인간의 기본적 필요를 충족시키지 못하고 있다. 식량 생산량은 이미 엄청날 뿐 아니라 계속 증가하고 있지만 2010년 추정치로 9억 2500만 명이 영양실조에 시달리고 있고 8억 8000만 명이 깨끗한 식수를 공급받지 못하고 있다. 기원전 2000년에 수메르의 고대 도시 라가시에서는 평범한 일꾼이 하루 평균 2.4리터의 곡물에다 기름과 맥주를 섭취했는데 이를 열량으로 계산하면 하루에 3000칼로리 이상을 섭취한 셈이다. 오늘날 성인 남성 일일 권장량 2500칼로리보다 많고 인도나

사하라 사막 이남 아프리카 주민들의 섭취량보다 훨씬 더 많다.[10]

둘째, 자본주의는 인간 본성의 가장 기본적 특징, 즉 우리를 인간답게 만드는 사회적 노동을 소외시키고 왜곡하며 그 과정에서 인류의 생존 자체를 위협한다.

마지막으로, '인간 본성 논쟁'에 대한 마르크스주의의 이런 답변은 뜻밖의 곤혹스러운 반박에 대한 모종의 임시변통적·즉흥적 대응이 아님을 강조해야겠다. 오히려 이 답변은 이 책에서 이미 개괄한 다음과 같은 마르크스주의 철학의 모든 근본 요소들을 바탕으로 하고 있다. 인간 본성을 포함해 모든 것이 변하지만 이 변화 속에 연속성도 존재한다는 변증법의 기본 사상, "사회적 존재가 사회적 의식을 결정"하고 따라서 인간 본성은 사회적 조건, 특히 생산의 영향을 받는다는 유물론의 전제, 자본주의에서 경험하는 인간 본성은 실제로는 인간 본성의 소외라는 것, 인간 본성이 근본적으로 탐욕스럽거나 공격적이라는 생각은 지배계급 이데올로기의 핵심이고 이 이데올로기는 자본주의 사회관계가 영원불멸하고 '자연스러운' 것인 양 보이게 해서 자본주의를 옹호하고 정당화한다는 것 말이다.

9장_ 마르크스주의는 경제결정론인가?

일상생활에서 마르크스주의 철학에 반대하는 가장 흔한 주장이 마르크스주의는 인간 본성을 무시한다는 것이라면, 이론적·학술적으로 가장 흔한 비판은 마르크스주의가 조야한 경제결정론 또는 기계적 유물론이라거나 모든 억압을 부당하게 계급으로 환원한다는 것이다. 이 비판들은 모두 근본적으로 내용이 동일하다.

경제결정론

마르크스주의는 "경제적 요인을 지나치게 강조한다"는 비판은 사회학자, 역사가, 정치철학자 등이 주로 하는 비판이다. 이런 비판은 이들의 사회적 처지에서 비롯한 필요에 딱 맞기 때문이다. 학자들은 사상으로 먹

고사는(또는 먹고산다고 믿고 싶어하는) 사람들이다. 이들은 역사에서 사상이 하는 구실을 폄하하는 듯한, 따라서 자신과 같은 사람들의 구실을 폄하하는 듯한 이론을 본능적으로 혐오한다. 직업적 이데올로그가 궁극적으로 사상의 힘이 세계를 좌우하는 데 결정적이라고 주장하는 이론에 이끌리는 것은 당연하다.

여기에는 더 협소한 직업적 이해관계도 얽혀 있다. 즉, "정교"하고 "복잡한" 이론과 "더 많은 연구·개발이 필요한"(따라서 연구비와 논문 발표 기회도 더 많은) 문제를 선호하며 그래서 무엇이든 분명한 해답에 대해서는 심한 거부감을 보인다. 마르크스는 청년기에 "공산주의란 역사의 수수께끼가 풀리는 것이고 스스로 그렇다는 것을 알고 있다"고 썼다. 그러나 수수께끼가 해결되지 않는 것을 선호하는 전형적인 학자라면 마르크스의 주장에 질겁할 것이다.

그러나 마르크스주의에 대한 반박이 유행하는 이유를 그렇게 설명할 수 있다 해도 그런 반박이 타당한지 아닌지는 여전히 따져 봐야 한다. 나는 마르크스주의가 모든 것을 '경제'로 환원한다는 주장이 모두 부정확하다는 말로 시작하려 한다. 《독일 이데올로기》에 분명히 나와 있듯이, 마르크스 역사 이론의 출발점은 '경제'나 '경제적 동기'가 아니라 인간의 필요(생물학적으로 결정되고 역사적으로 발전된)와 그 필요를 충족시키기 위한 생산의 조직화다.

당연히 모든 인류 역사의 첫 번째 전제는 살아 있는 개인들의 실존이다. 따라서 가장 먼저 규명해야 하는 사실은 이 개인들의 신체 조직과 그에 따른 인간과 나머지 자연 사이의 관계다. … 모든 역사 서술은 항상 이 자연적 기

초에서부터 그리고 역사 속에서 인간의 행동을 통해 이 기초가 변한다는 사실에서부터 출발해야 한다.[1]

더욱이 마르크스는 생산의 조직화가 역사에서 모든 것을 결정한다고 주장한 적이 없다. 다만 생산의 조직화가 토대나 기초이고 역사에서 나머지 모든 것은 이 토대나 기초에 의존한다고 주장했을 뿐이다.

그러나 이 말은 모든 것은 경제로 환원된다는 말을 에둘러 표현하는 것 아닐까? 그렇지 않다. 우리가 말하는 인간의 필요는 다양하다. 공기처럼 아주 기본적이고 절대적인 것부터 그보다 약간 덜 절실한 의식주까지, 아이가 자라서 어른이 되는 데 필요한 사회적 상호작용(양육·언어·사회화 등), 사랑과 성관계(둘 다 인류의 생존과 개인의 정서적 만족을 위해 꼭 필요하다), 미술·음악 등의 '정신적' 필요까지 무척 다양하다. 이 중에서 어느 필요가 '경제적' 필요일까? 어찌 보면 아무것도 없다고 할 수 있다. 공기가 '경제적' 필요일까? 동시에 경제, 즉 생산의 사회적 조직화가 없다면 이런 필요 가운데 공기를 제외하고(사실, 공기조차 논쟁의 여지가 있다) 어느 것도 지속적으로 충족될 수 없다.

그렇다면 조직화된 생산이라는 이 경제적 토대와 마르크스가 '상부구조'라고 부르는 정치·법률·철학·종교·예술 등은 서로 어떤 관계일까? 앞서 봤듯이 경제가 나머지 모든 것의 필요조건임은 명백하다. 그러나 경제가 모종의 기계적이거나 절대적인 의미에서 나머지를 결정할까? 마르크스는 그렇게 말하지 않았다. 그는 경제가 다른 것들에 주된 영향을 미치거나 그 형태를 좌우한다고 말했지 엄밀하게 결정한다고 말하지 않았다. "물질생활의 생산양식이 사회적·정치적·지적 생활 과정 전체에 주된 영향을 미친다"[강조는 몰리뉴].² 또 엥겔스도 다음과 같이 강조했다.

> 유물론적 역사관에 따르면, 역사에서 **궁극적으로** 결정적인 요인은 실제 생활의 생산과 재생산입니다. 마르크스도 나도 이와 다르게 말한 적이 없습니다. 따라서 누군가 이 주장의 진의를 경제적 요인이 **유일한** 결정 요인이라는 식으로 왜곡한다면 그는 우리의 명제를 무의미한 추상적 공문구로 바꾸는 셈입니다. 경제적 상황이 토대이지만, 상부구조의 다양한 요소들(계급투쟁의 정치적 형태와 그 결과, 예컨대 전투에서 승리한 계급이 제정한 헌법 등등의 법률 형태, 심지어 이 모든 실제 투쟁에 참가한 사람들의 머릿속에 반영된 것들, 즉 정치적·법률적·철학적 이론, 종교관 그리고 이것이 더 발전한 교조 체계까지)도 역사적 투쟁의 경로에 영향을 미치며 많은 경우 그런 투쟁의 형태를 결정하는 데서 가장 중요한 구실을 합니다.³

내가 보기에 토대가 상부구조에 주된 영향을 미친다는 말을 가장 잘 이해하는 방법은 토대가 상부구조를 제약하는 동시에 그 동력이 된다고 이해하는 것이다.

첫째, 사회의 경제적 수준이 이데올로기나 상부구조 수준에서 가능한 것을 제약하거나 제한한다. 예를 들어 현대 예술과 현대 문화 일반이 봉건적, 즉 중세의 경제적 토대에서 불가능하다는 것은 분명하다. 마찬가지로 현대의 정치적 민주주의(의회제 통치, 보통선거권 등)도 자본주의 발전과 더불어 자본주의 도시와 노동계급의 성장이 없었다면 불가능했다.

둘째, 경제적 토대의 발전은 변화의 강력한 동력을 만들어 낸다. 예컨대, 산업자본주의가 독점자본주의로 발전하자 (거대 열강들끼리 세계를 분할하는) 제국주의를 향한 강력한 동력이 형성됐으며 그 결과 전쟁으로 나아가는 거대한 압력이 생겨났다. 따라서 제1차세계대전은 역사의 우연한 사건도 아니었고 주로 이데올로기 때문에 벌어진 일도 아니었다. 오히려 제1차세계대전은 중대한 '경제적' 원인, 아니 더 정확히 말하면 생산력과 생산관계의 발전에서 비롯한 원인이 있었다. 그와 동시에 사라예보에서 [오스트리아 황태자가] 암살된 뒤 1914년 8월에 제1차세계대전이 일어난 것은 결코 경제적으로 결정되지 않았다.

독일에서 나치가 승리한 것도 이와 비슷했다. 나치의 승리는 강력한 '경제적' 동력의 결과였다. 구체적으로 말하면, 자본주의의 심각한 위기와, 이 위기에서 벗어나려면 노동계급을 분쇄하고 노동계급의 독립적 조직을 모두 파괴해야 하는 독일 자본가계급의 필요가 맞물린 결과였지, 독일의 민족성이나 히틀러의 신들린 듯한 웅변술(이 두 가지가 가장 흔한 '주류' 역사 해석이다) 때문이 아니었다. 그러나 이것은 히틀러의 승리가 경제적으로 결정됐다거나 불가피했다는 뜻이 아니다. 오히려 정치적 요인들이 중요한 구실을 했다. 특히 양대 노동계급 정당(사회민주당과 공산당)이 나치에 맞서 단결해 싸우지 못했고 이 때문에 나치는 이렇다 할 저항 한 번 받지 않고 권력을 잡을 수 있었다. 당시 트로츠키는 나치의 집권 과정과 원인을 마르크스주의 관점에서 분석한 뛰어난 글을 썼다.*

---

* L Trotsky, *Fascism, Stalinism and the United Front*, London, 1989 참조.

기계적 유물론

경제결정론은 기계적 유물론의 한 사례지만, 경제결정론은 거부하면서도 기계적 유물론은 고수할 수 있다. 따라서 인간은 사회적 환경(단지 경제적 요인만은 아닌)에 의해 완전히 좌우되고 결정된다고 보고, 인간이 역사에 개입하는 능동적 구실을 최소화하거나 아예 없애 버리는 견해가 가능하다. 역사에서 이런 기계적 결정론은 다양하게 나타났는데 17세기 네덜란드 철학자 스피노자, 18세기 프랑스 유물론자들(돌바크와 디드로), 카를 카우츠키와 게오르기 플레하노프 같은 제2인터내셔널의 마르크스주의자들, 스탈린주의의 이른바 '변증법적 유물론' 등이 있다.

그러나 마르크스나 엥겔스가 기계적 유물론자라는 주장은 아무 근거가 없다. 마르크스의 처음이자 가장 중요한 철학 저작인 "포이어바흐에 관한 테제"(1845) — 엥겔스는 이 저작을 일컬어 "새로운 세계관이 화려한 싹을 틔운 첫 문헌"이라고 말했다 — 는 바로 그런 유물론을 비판하면서 시작된다.[4]

이제까지 모든 유물론(포이어바흐의 유물론도)의 주요 결점은 대상·현실·감성을 오로지 객체로 또는 관조적으로만 파악할 뿐 인간의 감성적 활동, 실천으로 파악하지 않고 주체적으로 파악하지 않는다는 것이다. 따라서 활동의 측면은 유물론과 대비되는 관념론에서 추상적으로 발전했다. 물론 관념론은 현실적·감성적 활동 자체를 파악하지 못한다.[5]

여기서 '관념론'은 특히 헤겔을 일컫는다. 마르크스는 세 번째 테제에서 다시 이 문제로 돌아간다.

상황 변화와 교육의 관계에 대한 유물론적 학설은 인간이 상황을 변화시키고 교육자 자신도 반드시 교육받아야 한다는 사실을 잊고 있다. 따라서 이 학설은 사회를 두 부분으로 나누고 한 부분이 사회 위에 군림한다고 볼 수밖에 없다. 상황 변화와 인간 활동의 변화, 즉 인간의 자기 변화가 일치하는 것은 오직 혁명적 실천뿐이라고 봐야 하고 그래야만 합리적으로 이해할 수 있다.[6]

기계적 유물론과 관념론에 모두 반대하면서 인간이 스스로 역사를 만들면서 하는 능동적 구실을 이처럼 강조하는 것은 마르크스와 엥겔스 저작 어디에서나 한결같다. 《1844년 경제학·철학 수고》에서 마르크스는 다음과 같이 쓴다. "이른바 세계사 전체는 인간이 노동을 통해 창조한 것일 뿐이다."[7] 《신성 가족》에서 마르크스와 엥겔스는 다음과 같이 주장한다.

역사는 아무것도 하지 않는다. 역사는 "막대한 부富를 소유하지 않는다." 역사는 "전투를 벌이지 않는다." 소유하고 싸우고 그 모든 것을 하는 것은 바로 인간, 현실의 살아 있는 인간이다. 역사는, 말하자면 인간과 동떨어진 채 역사 자체의 목적을 달성하려고 인간을 수단으로 이용하는 그런 것이 아니다. 역사는 인간 자신의 목적을 추구하는 인간의 활동일 뿐이다.[8]

《루이 보나파르트의 브뤼메르 18일》에서 마르크스는 다음과 같이 말한다. "인간은 자신의 역사를 만든다. 그러나 자기 마음대로 만드는 것은 아니다. 즉, 스스로 선택한 상황에서 만드는 것이 아니라, 직접 맞닥뜨린 그리고 과거로부터 주어지고 물려받은 상황에서 역사를 만든다."⁹ 그리고 만년의 엥겔스는 1876년 《유인원에서 인간으로 진화하는 과정에서 노동이 한 구실》에서 마르크스가 청년기에 세계사는 노동을 통한 인간의 자기 창조라고 주장한 것을 역사적으로 뒷받침한다.

18세기 유물론은, 산업 발전을 위해 자연과학을 발전시키고 봉건귀족과 그 동맹 세력인 가톨릭교회를 상대로 투쟁해야 했던 신흥 부르주아지의 철학적 요구에 들어맞았다. 그런데 이 유물론은 여전히 '기계적'이었다. 왜냐하면 당시 자연과학은 '기계적' 수준에 머물러 있었고,* 부르주아지는 자신의 계급적 처지에 따라 '대중'을 역사를 주도하거나 독립적으로 행동할 능력이 없는 수동적인 생산의 도구로 봤기 때문이다.

나중에 기계적 유물론은 제2인터내셔널의 개혁주의적 노동조합 관료와 의회주의 관료들의 필요에도 부합했다. 이들은 "역사의 객관적 힘"이 자신들에게 권력을 넘겨줄 것으로 예상하고 바라면서, 아래로부터의 혁명적 대중투쟁을 거부했다. 마찬가지로 기계적 유물론은 스탈린주의 관료들에게도 안성맞춤이었는데, 그들은 자신들(당)을 역사 과정의 수단으로, 노동자 대중을 (국가자본주의적) 축적이라는 기계의 톱니바퀴쯤으로 여겼다.

---

* F Engels, *Ludwig Feuerbach and the End of Classical German Philosophy*, Peking, 1976, pp22~23[국역: 《루트비히 포이어바흐와 독일 고전철학의 종말》, 이론과실천, 2008] 참조.

기계적 유물론의 정치적 해악은 많은 사례에서 확인할 수 있다. 플레하노프와 멘셰비키는 러시아 혁명에 대한 엄격한 단계론(부르주아지가 이끄는 부르주아 혁명 단계가 끝난 다음에 노동계급이 이끄는 사회주의 혁명 단계로 나아가야 한다는 이론)에 집착한 나머지, 처음에는 노동계급의 투쟁이 부르주아지가 용인할 수 없는 수준으로 발전하지 못하게 막으려 했고 1917년에는 민주적 부르주아지가 나서지 않자 그들을 대리하려 했으며 10월 혁명 이후에는 볼셰비키의 권력 장악이 '때이른' 행동이었다며 반혁명을 지지했다. 이 단계혁명론은 나중에 스탈린이 받아들여, 더 변증법적인 트로츠키의 연속혁명론에 반대하는 데 활용했고 1925~27년 중국과 1936년 스페인 혁명에 적용돼 재앙적 결과를 낳았다. 또 다른 중요한 사례는 카우츠키의 '정설'(즉, 기계적) 마르크스주의를 표방한 독일 사회민주당이 의회주의적 개혁주의로 서서히 빠져들다가 급기야 제1차세계대전에서 독일 국가를 지지한 일이다. 이탈리아 사회당이 1919~20년의 '붉은 2년'과 파시즘의 발흥에 직면해 드러낸 재앙적 수동성도 그런 사례다.

이런 사례들에서 볼 수 있듯이 다양한 '마르크스주의'들이 끊임없이 기계적 유물론으로 빠져들었다. 그람시는 이런 경향을 두고 다음과 같이 말했다. "결정론적·숙명론적·기계적 요소는 실천철학[마르크스주의 — 몰리뉴]에서 나오는 직접적인 이데올로기적 '향기'였다. 이 요소들은 마치 종교나 마약과 비슷했다."[10] 내가 보기에 이것은 노동계급 운동의 지도자들이 관료화해서 노동계급을 얕잡아 보는 경향과 비슷하다. 그리고 그람시는 다음과 같이 말했다. "그것[기계적 유물론 — 몰리뉴]이 지식인들에게 면밀하고 일관된 철학으로 수용되면 수동성과 어리석은 자기만족을 불러일으킨다. 지식인들이 하위 집단[피억압자들 — 몰리뉴]은 지도에 나서거나 책임을 맡을 만하다고 기대조차 하지 않을 때 이런 현상이 벌어진다."[11]

그러나 [다양한 '마르크스주의'들이] 기계적 유물론으로 빠지는 경향을 보였다고 해서 마르크스주의가 논박되는 것은 아니다. 첫째, 결국 이런 현상은 마르크스주의 운동에 미치는 부르주아 이데올로기와 객관적 조건의 압력을 보여 줄 뿐이기 때문이다. 둘째, 루카치가 《역사와 계급의식》에서 지적했듯이 부르주아 사상은 관념론과 기계적 유물론 사이에서 끊임없이 오락가락할 뿐이고 오직 진정한 마르크스주의만이 노동계급의 노동과 투쟁을 바탕으로 관념론과 기계적 유물론을 모두 넘어설 수 있기 때문이다.

환원론

1980~90년대에 특히 유행한 마르크스주의 비판은 마르크스주의가 '환원론'이라는 것이었다. 이런 비판은 주로 인종차별, 여성차별, 동성애 혐오 같은 쟁점들과 연관돼 있었으며 마르크스주의가 이런 구체적 억압 형태들을 계급 억압 문제로 '환원'해 버린다는 것이었다. 이 주장의 정확한 의미는 맥락에 따라 달랐지만, 대체로 다음 네 가지를 들 수 있다.

(1) 마르크스주의 세계관에서는 계급투쟁을 핵심 문제로 여기고 억압 쟁점들을 중요하지 않거나 비교적 덜 중요한 문제로 치부한다.
(2) 마르크스주의 관점에서 인종차별, 여성차별, 동성애 혐오 문제는 사회주

의 혁명을 이루면 어느 순간 '저절로' 해결될 테니 그저 기다리면 된다.

(3) 마르크스주의 이론 전통은 이 쟁점들을 무시했고, 제대로 된 이론적 설명을 발전시키지도 못했다.

(4) 마르크스주의는 인종차별, 여성차별, 동성애 혐오가 서로 다른 독립적 쟁점(이고 투쟁)임을 이해하지 못하며, 이 억압들이 결국 사회의 계급 분열에서 파생된 것으로 설명하고자 하므로 이런 쟁점의 중요성을 깎아내릴 수밖에 없다.

우선 마르크스주의 운동이 이런 억압 쟁점을 무시했다거나 하찮게 취급했다는 것은 결코 사실이 아니라는 점부터 밝혀야겠다. 알다시피 '마르크스주의자' 개인이나 심지어 '마르크스주의' 정당이 억압 문제에서 태만죄나 고의적 범죄를 저지른 사례들은 수없이 많지만(단연 최악의 사례는 제국주의를 지지한 제2인터내셔널의 사회민주주의 정당들과 수많은 범죄를 저지른 소련 등 '공산주의' 국가의 지배자들이지만 이 중 어느 것도 진정한 마르크스주의로 여겨서는 안 된다), 전체적으로 보면 다른 어느 정치 전통이나 철학(자유주의든, 노동당 개혁주의든, 아나키즘이든)보다 마르크스주의가 훨씬 낫다.

인종차별과 민족 억압 문제를 보자. 마르크스와 엥겔스는 미국 남북전쟁에서 누구보다 먼저 북부를 지지했고 1857년의 인도 봉기를 옹호했고 아일랜드와 폴란드의 독립 투쟁을 지지했다. 레닌과 볼셰비키는 러시아의 유대인 혐오(러시아의 주된 인종차별 형태)에 맞서 싸웠으며 피억압 민족의 자결권을 옹호했다. 레닌은 누구보다 적극적으로 마르크스주의 관점에서 제국주의에 반대했으며 마르크스주의자라면 반식민지 투쟁을 적극 지지해야 할 뿐 아니라 세계 공산주의 운동을 통해 흑인과 아시아 노동자를 국제적으로 조직해야 한다고도 주장했다. 영국 공산당 당원으로서 처음 하원의원으로 당선된 사람은 인도인인 샤푸르지 사클랏발라였다. 그는 1922년 런던의 자치구인 배터시에서 특히 인도 독립을 호소하면서 당선됐다. 미국에서 공산당과 트로츠키주의자들은 1930~40년대에 매우 진지한 태도로 흑인들의 투쟁에 참여했으며 그중에는 클로드 매케이, 폴 로브슨, C L R 제임스처럼 인종차별에 반대하는 걸출한 활동가들이 있었다. C L R 제임스와 조지 패드모어는 둘 다 마르크스주의자로서 아프리카 반식민지 투쟁에서 선구적 구실을 했다. 영국에서는 1960년대부터 현재까지 마르크스주의자들이 흑인이든 백인이든 인종차별과 파시즘에 반대하는 투쟁에서 지도적 구실을 했다.

여성차별 문제에서 마르크스와 엥겔스는 시대 인식보다 훨씬 앞서 있었으며 사회주의자가 된 순간부터 여성해방의 신념을 고수했다. 마르크스는 이미 《1844년 경제학·철학 수고》에서 다음과 같이 썼다. "따라서 이 관계[여성과 남성의 관계 ─ 몰리뉴]를 살펴보면 인류 전체의 발전 수준을 판단할 수 있다." 마르크스는 1845년 푸리에의 견해에 찬성하면서 그의 글을 인용했다. "여성해방의 수준은 보편적 해방을 가늠하는 자연적 척도다."[12] 《공산당 선언》에서 마르크스와 엥겔스는 "가족의 폐지"를 선언하고 옹호했다. 엥겔스는 1884년 《가족, 사유재산, 국가의 기원》에서 여성차별의 기원, 즉 그의 표현대로 하면 "여성의 세계사적 패배"를 최초로 역사유물론적으로 설명했다. 마르크스의 딸인 엘레아노르 마르크스는 런던 이스트엔드에서 여성 노동자들을 조직하는 활동가였는데 1888년

브라이언트 메이 공장에서 벌어진 성냥 공장 여공의 파업에서 연대를 건설하는 데 핵심 구실을 했으며 1886년에는 《여성 문제》에서 다음과 같이 썼다.

여성에게 도움을 주고자 하는 사람들조차 제대로 알지 못하는 진실은, 여성도 노동계급과 마찬가지로 억압받고 있다는 사실이다. 노동자들처럼 여성의 처지도 혹독하게 열악하다. 노동자가 게으름뱅이들의 조직적 압제에 시달리듯 여성도 남성의 조직적 압제에 시달리고 있다.[13]

또, 1886년 독일 사회민주당(당시에는 철저한 마르크스주의 정당이었다)의 주요 지도자인 아우구스트 베벨은 《여성의 과거·현재·미래》라는 매우 대중적인 책을 썼는데, 그는 거기서 사회주의를 "모든 생산수단이 공동체의 재산이 되고 성차별 없이 모든 사람이 완전히 평등한 사회"라고 정의했다.[14] 더욱이 독일 사회민주당은 강력한 여성 조직들을 건설했으며 여기에는 로자 룩셈부르크와 클라라 체트킨처럼 뛰어난 여성 지도자들이 포진해 있었다.

러시아 혁명 때는 스탈린이 집권하기 전인 혁명 초기에 이혼과 낙태의 권리를 포함해 여성의 법적 평등이 완전히 보장됐으며(서유럽 자본주의 사회에서는 한참 후에야 이런 권리들이 인정됐다) 탁아소, 유치원, 공동 식당 등 사회 기반 시설이 형성되기 시작했다. 이런 노력은 형식적 평등을 실현하는 데 필요한 조처였지만, 1918~21년 내전기에 경제가 파탄나면서 혁명 자체와 함께 좌절되고 말았다. 여성해방과 여성의 정치적 조직화를 지지하는 것은 공산주의인터내셔널의 확고한 입장이었다.

1960~70년대에 여성 마르크스주의자들은 여성해방운동의 발전에서 중요한 구실을 담당했으며 대체로 이 점은 오늘날까지도 여전히 사실이다. 나는 유럽과 미국에서 중요한 마르크스주의 조직이나 경향이 여성의 해방과 평등을 지지하지 않는 경우는 여태 들어 보지 못했다.

동성애 혐오와 관련해서는 마르크스와 엥겔스도 동성애에 대한 당시의 편견을 약간 지니고 있었다는 점에서 눈여겨볼 만한 기록은 별로 없다고 할 수 있다. 그러나 동성애 혐오 자체가 당시 정치 쟁점이 아니었던 듯하다. 다시 말해 그때까지는 성소수자 억압에 저항하는 운동이나 활동이 없었다. 1890년대에 독일의 성(性)적 진보주의자들이 동성애자 억압법인 독일 형법 175조를 폐지하려는 운동에 나섰을 때 아우구스트 베벨과 (마르크스주의 정당인) 사회민주당은 당사자 간에 합의된 성행위는 사적인 문제라는 민주주의 정신을 바탕으로 제국의회에서 법 폐지를 지지했다. 1895년 에두아르트 베른슈타인은 사회민주당 기관지에서 오스카 와일드를 옹호하면서 동성애가 자연에 어긋난다는 견해를 반박했다. 1897년 세계 최초의 동성애자 인권 단체인 '과학적 인도주의 위원회'를 조직한 사람은 사회민주당 당원인 마그누스 히르쉬펠트였다.* 러시아 혁명에서는 정확히 1917년 12월에 동성애를 금지하거나 제약하는 차르 시대의 법률을 폐지했다. 1923년에 발간된 소책자 《러시아 성(性)혁명》에는 볼세비키의 공식 견해가 다음과 같이 쓰여 있다.

---

* 당시의 사정(독일 사회민주당이 실천에서 드러낸 약점을 포함해서)을 더 자세히 알고 싶으면 H Dee, *The Red in the rainbow: Sexuality, Socialism and LGBT Liberation*, London, 2010, pp59~67 참조.

동성애, 항문 섹스, 그 밖에 성적 쾌락을 얻는 다양한 형태를 유럽의 법률에서는 사회도덕 위반으로 규정하지만 소비에트 법률에서는 이런 관계들도 이른바 '자연스러운' 관계로 인정한다. 모든 형태의 성관계는 사적인 문제다.[15]

이런 태도는 당시 비할 바 없이 진보적이었고 거의 최근까지 자본주의 국가들에서 이뤄진 성과보다도 훨씬 진보적이었지만, 독일 사회민주당과 볼셰비키 모두 동성애를 여전히 '질병'으로 여기는 경향이 있었고 이런 견해는 1960년대까지 마르크스주의자들 사이에서도 지배적이었다(그러나 소련의 스탈린 체제는 1934년에 동성애를 다시 금지했다). 상황이 바뀐 것은 1969년 뉴욕에서 자발적인 스톤월 항쟁이 분출하면서부터였다. 그때부터 마르크스주의자들과 마르크스주의 조직의 압도 다수는 동성애를 질병으로 보는 관점을 일절 거부했으며 LGBT(레즈비언, 게이, 양성애자, 트랜스젠더)의 완전한 평등과 해방을 적극 지지했다.

물론 이렇게 역사적 증거를 제시하는 것은 철학적 주장이나 이론적 주장은 아니지만, 실천이 이론의 검증이라는 사실과 마르크스주의가 유색인, 여성, 성소수자와 그 밖의 억압받는 사람들의 권리를 옹호한 것이 결코 우연이 아님을 잊지 말아야 한다. 레닌은 그 점을 특별히 강조하면서 다음과 같이 말했다.

노동자들이 모든 종류의 학정, 억압, 폭력, 학대 — 어느 계급이 당했건 간에 — 에 대응하는 훈련을 받지 않는다면 노동계급의 의식은 진정한 정치의식이 될 수 없다. … 사회민주주의자[마르크스주의자 — 몰리뉴]의 이상은 노동조한 서기가 아니라 민중의 호민관이어야 한다. 7는 학정과 억압이 있는 곳이라면 어디서든 또, 그 피해자가 어느 계층이나 계급이든 간에 그런 학정과 억압에 맞설 수 있어야 한다.¹⁶

또, 모든 피억압 집단은 혁명이나 사회주의를 그저 기다려야 한다는 주장은 결코 마르크스주의의 견해가 아니라는 점을 강조해야겠다. 마르크스주의는 오히려 지금 당장 자본주의 사회에서 벌어지는 억압에 맞선 저항을 언제나 옹호하고 지지했으며, 사회주의 혁명은 그런 수많은 투쟁들의 결합을 바탕으로 그리고 그 결과로서만 일어날 수 있다고 주장했다. 물론 인종차별, 여성차별, 동성애 혐오, 민족 억압 등을 모두 완전히 끝장내려면 자본주의를 폐지하고 계급사회를 없애야만 한다고 마르크스주의가 주장하는 것은 사실이지만 그렇다고 해서 마냥 기다리라고 말하는 것은 결코 아니다.

그렇다면 마르크스주의가 인종차별, 여성차별, 동성애 혐오 현상을 이해하고 설명할 수 있는 이론적 능력은 어떤가? 내 대답은 마르크스주의의 방법이 이 쟁점들이나 관련 쟁점들을 분석하는 데 대단히 효과적인 수단임이 입증됐다는 것이다.

첫째, 역사유물론의 근본적 출발점, 즉 인간이 생활 수단을 생산하면서부터 동물과 구별되고 노동을 통해 인간 자신과 역사를 창조했다는 주장은 현대 유전학의 발견, 즉 생물학적 의미에서 '인종'은 존재하지 않고 인간은 단일한 종이라는 과학적 사실과 딱 들어맞는다.¹⁷ 따라서 마르크스주의는 인종차별주의에 '과학적' 근거 따위는 없다고 단언한다. 크리스 하먼은 다음과 같이 지적한다.

인종차별주의자들의 주장은 틀렸다. … 현생인류의 유전적·생물학적 구조에 대한 우리의 지식은 결코 그들의 주장을 뒷받침해 주지 않기 때문이다. 인간이라는 종은 유전자 구조와 신체적 특징에 따라 서로 구별되는 집단들, 즉 상이한 하위 집단들로 나눌 수 없다. 기껏해야 개인마다 차이가 큰 특징들, 즉 피부색을 결정하는 멜라닌 색소의 양, 머리털의 곱슬한 정도, 눈 색깔, 혈액형, 키, 콧대의 높이 등에 따라 집단을 나눌 수는 있다. 그러나 이런 특징에 따라 구분된 집단들도 서로 겹치기 일쑤다. … 따라서 인종에 관한 상식적 구분은 … 결코 유효한 과학적 범주일 수 없다.[18]

둘째, 마르크스의 소외론은 소외된 노동으로 말미암아 인간 사이에서도 소외가 발생한다고 주장한다.

인간이 자신의 노동 생산물, 자신의 생명 활동, 자신의 유적 존재로부터 소외된다는 사실의 직접적 결과는 인간과 인간이 서로 소외된다는 것이다. … 사실 인간이 자신의 유적 본질에서 소외돼 있다는 명제는 인간끼리 서로 소외돼 있다는 뜻이고 각자가 인간의 본질에서 소외돼 있다는 뜻이다.[19]

이 주장은 인종차별주의와 그 밖의 억압적 이데올로기의 정곡을 찌르고 있다. 즉, 이런 이데올로기들은 흔히 '다른 사람'을 인간 취급도 안 하고 그들의 고통 따위는 관심도 없다.
또, 마르크스가 자본주의 초창기에 자본의 시초 축적이 했던 구실을 분석한 것도 인종차별을 설명하는 데 근거가 된다.

아메리카 대륙에서 금은의 발견, 원주민의 절멸과 노예화와 탄광에서의 매몰, 동인도제도 정복과 약탈의 개시, 아프리카 대륙을 흑인 사냥터와 노예무역 중심지로 만들기 등이 자본주의 생산 시대의 장밋빛 여명을 알리는 신호였다. 이런 목가적 과정이 시초 축적의 주요 계기였다.[20]

또, 마르크스는 자본주의 경쟁은 자본가들에게도 영향을 미칠 뿐 아니라 노동자들도 흔히 일자리, 주택, 그 밖의 자원을 두고 서로 경쟁하고 반목하게 만든다고 분석한다. 그래서 노동자들은 노동조합과 정치조직을 결성해 이런 경쟁에 맞서 싸워야 한다고 주장한다. 마르크스는 이런 요소들을 결합시킨 덕분에, 영국의 아일랜드인들이 처한 상황에 대해 매우 통찰력 있는 지적을 할 수 있었다.

영국의 공업·상업 중심지에서 노동계급은 어디서나 한결같이 서로 적대하는 두 진영, 즉 영국 프롤레타리아와 아일랜드 프롤레타리아로 나뉘어 있다. 평범한 영국 노동자는 아일랜드 노동자를 자신의 생활수준을 낮추는 경쟁자로 보고 증오한다. 영국 노동자는 아일랜드 노동자와 달리 자신은 **지배** 민족의 일원이라고 생각하고 그래서 아일랜드를 억압하는 영국 귀족과 자본가의 도구 노릇을 한다. 따라서 **자신**에 대한 귀족과 자본가의 지배를 스스로 강화시키는 셈이다. 영국 노동자는 아일랜드 노동자에 대해 종교적·사회적·민족적 편견을 품고 있다. 영국 노동자의 이런 태도는 마치 미국 남부의 옛 노예 주(州)들에서 '가난한 백인들'이 흑인을 대하던 태도와 거의 똑같다. 아일랜드 노동자는 원금에 이자까지 덧붙여서 보복한다. 그는 영국 노동자가 아일랜드의 **영국인** 지배자들과 한패이자 그들의 멍청한 도구라고 생각하는 것이다.

이런 적대는 언론, 교회, 만화 신문, 한마디로 지배계급의 뜻대로 움직이는 모든 수단에 의해 인위적으로 유지되고 강화된다. 이런 적대는 영국 노동계급이 조직돼 있는데도 무기력할 수밖에 없는 비밀이다. 이것이 자본가계급이 권력을 유지하는 비결이다. 자본가계급은 이 사실을 잘 알고 있다.[21]

마르크스 이후 인종차별에 대한 마르크스주의적 분석은 많은 사람들의 기여로 발전했다. 특히, 레온 트로츠키는 카리브 제도 출신의 마르크스주의자 CLR 제임스와 함께 흑인민족주의와 사회주의를 다뤘고(제임스 자신도 중요한 기여를 많이 했다) 유진 제노비스, 에릭 윌리엄스, 로빈 블랙번 같은 역사가들은 신대륙 노예제를, 매닝 매러블과 아메드 쇼키는 미국의 인종차별 반대 투쟁을, 폴 풋은 영국의 인종 문제와 이민 문제를, 피터 프라이어는 영국에 거주하는 흑인들의 역사를 분석했고, '인종관계 연구소'의 암발라바너 시바난단의 저작 등도 있다. 내 생각으로는 피터 알렉산더가 제시한 일반적 구조가 특히 유용하다.

인종차별은 자본주의가 발전하는 과정에서 모습을 갖췄다. 인종차별은 차례로 세 가지 형태로 나타났는데, 노예제 인종차별, 제국의 인종차별, 이민 통제 인종차별이 그것이다.[22]

알렉산더는 전자본주의 사회, 특히 고대 그리스와 로마, 유럽 봉건제에서는 야만적 억압이나 여러 편견들이 만연하기는 했지만 오늘날과 달리 체계적 인종차별은 두드러지지 않았다고 주장한다. 그는 CLR 제임스를 인용해 다음과 같이 요약했다.

역사적으로 고대 그리스인과 로마인이 인종을 의식하지 않았다는 점은 거의 확실하게 입증된다. 그들은 다른 기준으로, 즉 문명인과 야만인으로 사람을 구분했다. 따라서 백인이면서 야만인일 수 있었고 흑인이면서 문명인일 수 있었다. … 사람을 인종에 따라 구분하는 관념은 노예무역과 함께 나타났다.[23]

알렉산더는 또 피터 프라이어의 대작 《숨겨진 저력: 영국 흑인의 역사》에서 영국 인종차별의 발흥을 설명한 부분을 차용한다. 간단히 그 내용을 밝히면, 노예무역과 신대륙 노예제는 영국과 유럽의 신흥 부르주아지가 자본의 시초 축적 과정에서 확립한 것이었는데 당시 그들은 중세 봉건귀족과 절대왕정을 상대로 투쟁을 벌이며 '인권'이라는 깃발도 내걸고 있었다. 그들은 이 두 가지를 조화시킬 수 있는 이데올로기가 필요했고, 그 이데올로기는 본질적으로 노예가 지닌 인간의 공통적 속성을 부인하고 노예를 자신과 다른 열등한 '인종'으로 낙인찍는 것이었다.

노예제 폐지 후 인종차별은 다소 변형돼 19세기 후반에는 제국을 정당화하는 수단이 됐다. 특히 영국의 인도 지배와 열강들의 '아프리카 쟁탈전'을 옹호했다. 이제 강조점은 백인이 아닌 인종의 비인간성보다는 그들의 미숙함을 지적하는 것으로 옮겨갔다. 그래서 백인이 아닌 인종들이 충분히 성숙해서 자치를 실현하기 전까지는(머나먼 미래에), 러디어드 키플링이 악명 높은 시 "백인의 짐"(1898)에서 표현한 대로, 서구의 품 안에서 보호받아야 한다고 강조했다.

공식 제국이 서서히 기울고 이른바 '제3세계'에서 대규모 이민이 유입되기 시작하면서 인종차별의 성격은 다시 바뀌었다(1950~60년대 영국의 이민자들은 주로 남아시아와 카리브 제도 출신이었다). 이른바 '문화적 차이'와 '이방인의 침입', '범람', '수렁' 위험 따위로 강조점이 옮겨 간 것이다. 이 점은 1968년 이넉 파월의 연설이나 다음과 같은 마거릿 대처의 악명 높은 발언이 잘 보여 준다.

> 지금 같은 추세가 지속된다면 20세기 말에는 영연방이나 파키스탄에서 400만 명이 더 영국으로 이주할 것이다. 정말이지 엄청난 숫자인데, 그래서 영국인들은 다른 문화권 출신 사람들에 의해 영국이 수렁에 빠지는 것을 진정으로 염려하게 됐다고 생각한다. 알다시피, 영국인들의 국민성이 민주주의와 법치에 크게 기여했다. 따라서 전 세계에도 엄청나게 기여한 셈인데, 영국이 수렁에 빠질 수 있다는 두려움이 존재한다면 사람들은 이민자들을 경계하거나 어쩌면 적대할 수도 있다.[24]

이런 이민 통제 인종차별을 부추긴 것은 지배계급과 언론이었다. 마르크스가 반아일랜드 인종차별을 언급하면서 시사했듯이, 노동계급을 분열시켜 지배하고 약자들을 사회적 불만의 희생양으로 만드는 수단으로 인종차별을 이용한 것이다.

알렉산더가 밝힌 인종차별의 세 국면에 이어 네 번째 국면으로 이슬람 혐오 인종차별을 보탤 수 있다. 이 인종차별은 서방이 1979년 이란 혁명에 대응하면서 처음 등장했는데 이른바 '공산주의 몰락' 이후에는 서방이 새로운 적을 물색하는 과정에서 부각됐으며 아프가니스탄·이라크 침공과 함께 '테러와의 전쟁'을 이데올로기적으로 정당화하면서 대단히 강화됐다(다시금 마르크스주의자와 마르크스주의의 영향을 받은 저술가들은 이 사태를 분석하고 이에 저항하는 데 앞장섰다).*

역사적으로 독특한 인종차별 형태, 즉 유대인 혐오 같은 특수한 경우에도 마르크스주의가 그 역사적 전개와 동역학을 파악할 수 있음이 입증됐다. 아브람 레온의 선구적 저작이 가장 주목할 만하다.**

마지막으로, 민족주의 문제와 관련해서는 흔히들 마르크스주의가 이 문제를 무시한다거나 다룰 수 없다고 말하지만 사실은 귀중한 마르크스주의적 연구가 많다. 레닌, 베네딕트 앤더슨, 에릭 홉스봄, 크리스 하먼의 연구가 뛰어나다.***

여성 문제에서 엥겔스의 《가족, 사유재산, 국가의 기원》은 선구적인데, 독특하게 마르크스주의 관점에서 여성차별을 분석했다는 점에서뿐 아니라 여성차별 문제를 다룬 심도 있는 역사 연구라는 점에서도 그렇다. 엥겔스의 주장을 간단히 요약하면, 인류학적 증거(대개 루이스 헨리 모건의 《고대사회》에서 빌려 온)를 볼 때 여성의 종속적 지위는 인간 본

---

* 예를 들어 C Harman, "The Prophet and the Proletariat", *International Socialism* 64 (autumn 1994)[국역: 《이슬람주의, 계급, 혁명》, 책갈피, 2011]와 L Fekete, *A Suitable Enemy*, London, 2009 참조.

** A Leon, *The Jewish Question: A Marxist Interpretation*, New York, 1970. 또 L Trotsky, "On the Jewish Problem", 1940, http://www.marxists.org/archive/trotsky/1940/xx/jewish.htm과 J Rose, "Karl Marx, Abram Leon and the Jewish Question: a reappraisal", *International Socialism* 119 (summer 2008).

*** V I Lenin, *Critical Remarks on the National Question and the Right of Nations to Self-Determination*, Moscow, 1971, pp40~41와 E Hobsbawm, *Nations and Nationalism since 1780*, Cambridge, 1990와 B Anderson, *Imagined Communities*, London, 1991 그리고 C Harman, "The Return of the National Question", *International Socialism* 56, autumn 1992 참조.

성에서 비롯한 불가피한 것도 아니고 인간의 역사 내내 존재하지도 않았다는 것이다. 오히려 여성의 종속은 비교적 최근에 사유재산과 사회의 계급 분화가 출현하면서, 즉 약 5000년 전부터 시작됐다. 재산의 상속이 확고해지고 아내를 남편의 소유물로 전락시키는 남성 지배의 일부일처제 가족제도가 확립되면서 계급 분화와 여성차별 사이에 연관이 생겨났다.

엘리너 버크 리콕과 어니스틴 프리들 같은 마르크스주의 인류학자들의 후속 연구는 엥겔스의 주장이 옳았음을 보여 줬고, 남성 지배가 등장하는 과정을 더 분명히 이해할 수 있게 해 줬다. 크리스 하먼은 기본적으로 양성이 평등했던 수렵·채집 사회가 계급사회로 넘어오면서 잉여를 남성이 통제하게 되고 그래서 남성의 지배가 확립되는 과정을 다음과 같이 설명했다.

잉여 생산과 함께 사람들 사이에 나타난 새로운 관계가 여성의 지위 변화를 초래했다. 새로운 집약적 생산기술 때문에 남성의 노동이 처음으로 여성의 노동보다 중요해졌다. 수렵·채집 사회에서 중요한 식량 조달 수단이었던 채집은 아이를 기르고 아이에게 젖을 물리면서도 얼마든지 할 수 있는 일이었다. 괭이에 의존한 초기 농경 사회에서도 마찬가지였다. 그러나 무거운 쟁기를 사용하고 소와 말을 기르는 사회에서는 더는 그럴 수 없었다. 여성이 그런 일을 했던 사회는 출산율이 낮았고 인구가 증가하지 않았다. 이 사회는 여성을 그런 일에서 배제하는 다른 사회에 밀려났다. … 쟁기는 … 여성을 가장 힘든 노역에서 해방시켰지만, 그 때문에 여성은 곡류 농작물에 대한 독점권과 그에 따른 사회적 지위를 박탈당했다. 가족이나 씨족의 미래에 관한 중요한 결정은 남성이 몫이 됐다. 그 결정을 실행하는 당사자가 남성이었기 때문이다. 잉여가 출현하면서 일어난 다른 변화들도 비슷한 영향을 미쳤다. 여성이 국지적 무역에 종사할 수도 있었고, 어떤 경우에는 전쟁에서도 일정한 구실을 했지만, 원거리 무역과 직업군인 자리는 남성이 독차지했다. 전사와 상인의 압도 다수는 남성이었다. 그리고 갈수록 전사와 상인이 잉여를 통제하게 되면서, 소유권과 권력은 남성의 특권이 됐다.[25]

그러나 이렇게 여성차별의 기원을 밝혔다고 해서, 성별 분업의 생물학적 근거 따위는 존재하지 않는다(체계적으로 남성이 유리한 분야에서도 확실히 그렇다)는 점이 명백한 현대 사회에서도 여전히 여성차별이 지속되는 이유가 설명되는 것은 아니다. 이 문제에 대한 마르크스주의의 대답은 자본가계급과 자본주의 체제가 가족제도에서 그리고 가족제도가 노동계급 내에서 만들어 낸 분업에서 상당한 이익을 얻기 때문이라는 것이다.

모든 사회체제가 그렇듯 자본주의도 날마다, 세대가 바뀔 때마다 노동력의 회복·재생산·양성을 보증해야 한다. 가족제도는 이런 사회적 필수 과제를 개인에게 떠넘기고 그 책임을 여성에게 전가한다. 여성은 그 책임을 '자연적' 의무인 양 받아들이고 대가 없이 수행해야 한다. 그러면 노동계급은 원자화해서, 상대적으로 고립된 개별 단위들로 수없이 쪼개지고, 결국 노동계급은 보수적 이데올로기의 영향을 받게 되며 자본가계급은 자신에게 절실한 사회적 서비스의 대가를 치러야 하는 부담에서 벗어난다. 그와 동시에 노동계급의 상당수가 더 낮은 임금에도 일을 하도록 내몰리고 수동성과 사회적 복종에 길들여지는 것이 자본가들에게 경제적·정치적으로 이롭다는 것은 명백하다.*

자본주의에서 가족이 하는 경제적·이데올로기적 구실을 이렇게 이해하는 것은 동성애 혐오에 대한 마르크스주의적 분석의 기초도 될 수 있다. 동성애를 비난하는 주요 근거는 두 가지다. 첫째는 동성애가 '자연에 어긋난다'는 것이고 둘째는 동성애가 '가족을 망친다'는 것이다. 첫째 주장은 무척 취약하다. 한편으로 동성애 욕망과 경험이 너무 흔해서 자연에 어긋난다고 할 수 없고, 다른 한편으로 옷을 입거나 비행기를 타는 일도 '자연에 어긋난' 행동이지만 그런 행동을 반대하는 사람은 아무도 없다. 사실, 이런 지적들은 이미 1895년에 독일 사회민주당의 에두아르트 베른슈타인이 오스카 와일드를 변호하면서 했던 것들이다.

베른슈타인은 역사유물론의 방법을 이용해 도덕관과 성 관념은 특정한 역사적·사회적 환경의 산물이라고 설명했다. 부르주아 성도덕은 자본주의 도덕을 설교하는 사람들의 주장과 달리 영원한 자연법칙이 결코 아니었다. 사실 부르주아 성도덕은 최근에 발전한 것이고 당시에는 보편적이지도 않았다. 성 문제에 대한 태도는 역사적 조건에 달려 있다는 바로 그 사실 때문에, 무엇이 '자연적인' 것인지를 가늠하는 잣대는 아무 쓸모가 없었다. 베른슈타인은 지배적인 도덕이 '정상적'인 것이므로, 그 도덕에서 벗어난다고 해도 자연에 어긋나는 것이 아니라 '정상적'이지 않은 것뿐이라고 주장했다. 자연과 규범은 다른 것이고, 대다수 규범은 어

---

* 오늘날의 여성차별에 대한 마르크스주의적 분석은 L German, *Sex, Class and Socialism*, London, 1989[국역: 《여성과 마르크스주의》, 책갈피, 2007]와 J Orr, *Sexism and the System*, London, 2007[국역: 《뼈다귀들을 위한 여성해방 가이드 – 여성차별과 자본주의》, 다함께, 2008] 참조.

쨌든 자연에 어긋난다고 말이다.

그러나 이렇게 동성애는 '자연에 어긋난다'는 주장이 이데올로기적으로 동성애를 낙인 찍는 데 이용되기는 하지만 부르주아지가 동성애를 혐오하는 진정한 동기는 둘째 주장에 있다. 즉, 동성애가 가족을 위기에 빠뜨린다는 것이다. 더 정확하게 말하면, 동성애가 가족 이데올로기와 그 안에 내재한 여성차별을 위협한다는 것이다. 다시 말해 성소수자의 평등이 이뤄지면 너도나도 동성애자가 되고 싶은 '유혹'에 빠져 가족 자체가 파괴될까 봐 두려운 것이 아니라, 성소수자의 평등으로 말미암아 남성이 지배하는 핵가족이 이상적 생활 방식이라는 주장 자체가 허물어질까 봐 두려운 것이다.

분명히, 여기서 인종차별, 여성차별, 동성애 혐오와 관련된 마르크스주의 이론을 빠짐없이 설명할 수는 없지만 마르크스주의가 이런 쟁점을 무시하거나 계급 문제로 '환원'한다는 비난이 틀렸다는 것은 충분히 보여 줬다고 생각한다. 오히려 마르크스주의는 소외·착취·계급투쟁의 이론이나 이데올로기의 물질적 기반에 대한 이론을 이용해 인종차별, 여성차별, 동성애 혐오(와 그 밖의 다른 편견들)이 생겨나고 유지되는 원인과 과정을 구체적으로 설명할 뿐 아니라 노동계급 운동이 그런 차별에 맞서 싸우고 승리하는 것이 왜 사회주의와 인간 해방에 추가 선택 사항이 아니라 필수 사항인지도 설명했다.

그런데 마르크스주의가 이런 쟁점들을 분명히 다뤘지만 아마 다른 몇몇 이론적 관점이나 세계관이 더 많이 다뤘을 것이다. 최근 이 쟁점들에서 마르크스주의에 도전한 이론으로는 이른바 '정체성 정치'가 있다. 정체성 정치의 출발점은 노동계급 전체나 인간 해방의 주체로서 노동계급이 아니라 대개 인종·민족·젠더·성에 따라 나뉘는 사회적 정체성을 개인과 집단이 자각하는 것이다. 정체성 정치의 핵심 주장은 당사자만이 자신을 진정으로 대변할 수 있을 뿐 다른 사람들은 인종차별, 여성차별, 동성애 혐오 등을 진정으로 이해할 수 없고 따라서 이 집단들(흑인, 여성, 성소수자 등)이 저마다 자신의 해방을 위해 자율적 투쟁에 나서야 한다는 것이다.

이런 태도는 강력한 감정적 호소력이 있지만 치명적 약점도 있다. 첫째, 인종차별 등을 '이해한다는 것'은 그런 차별이 주는 감정적 충격을 이해하는 문제일 뿐 아니라 그런 차별의 역사와 그것이 사회 전체에서 하는 구실에 대처하는 것도 포함한다. 예를 들어 인종차별의 경험만으로는 인종차별이 자연스러운 것인지 아닌지를 알 수 없고, 흑인이나 유대인의 역사를 흑인이나 유대인만 아는 것도 아니다. (백인인) 피터 프라이어가 《숨겨진 저력: 영국 흑인의 역사》를 쓴 데서도 알 수 있듯이 말이다.*

둘째, 정체성 정치는 흔히 연대가 가장 절실한 곳에서 연대를 약화시키고 단결이 가장 해로운 곳에서 단결을 추구한다. 결국 정체성 정치는 흔히 계급을 경시하거나 무시하기 때문에 모든 흑인이 계급을 초월해서 버락 오바마와 단결하거나 모든 여성이 계급을 초월해서 마거릿 대처와 단결해야 한다고 부추긴다. 즉, 피착취자와 착취자의 단결(결코 응답받지 못할)을 부추기는 반면, 피억압자 사이의 단결과 연대를 방해한다. 정체성 정치는 그 내부에 분열과 파편화의 논리가 있어서, 흑인과 백인의 분열이나 남성과 여성의 분열에 그치지 않는다. 만일 흑인은 백인과 따로

---

* Paul Gilory는 *Staying Power*, pxii 서문에서 정확히 이 점을 지적한다.

투쟁해야 하고 여성은 남성과 따로 투쟁해야 한다면 흑인 여성은 어찌해야 하는가? 레즈비언 여성은 이성애자 여성과 대립해야 하는가? 게이인 흑인 남성이나 레즈비언 흑인 여성은 또 어떤가? 심지어 아일랜드인 레즈비언 여성은? 이런 식으로 거의 한없이 분열할 수 있을 것이다. 학계나 언론에서 경력을 쌓으려는 일부 개인들에게는 이런 범주화와 형식주의가 유용할 수 있다(아마도 BBC방송은 흑인이나 아시아인이나 여성이 일부 뉴스 프로 진행자로 일하는 모습을 보여 줘야 할 것이다). 그러나 사회적·정치적 투쟁의 목적을 이루려 할 때 이런 분열은 재앙적이다.

숫자와 사회적 힘의 논리 때문에 흑인·여성·성소수자의 해방을 위한 투쟁은 결코 당사자들만으로는 성공할 수 없다. 마르크스주의의 가장 중요한 장점은 이론에서든 실천에서든 인종차별, 여성차별, 동성애 혐오에 맞선 투쟁을 사회주의를 향한 노동계급의 전반적 투쟁 안에서 분명히 표현할 수 있는 틀을 제공한다는 것이다. 이런 차별의 뿌리 자체를 파괴할 사회를 건설하려는 투쟁 안에서 말이다.

10장_ 이데올로기와 진리

이미 본 대로 마르크스는 인간의 머릿속 관념에는 언제나 물질적 근원이 있다고 생각했다. 관념은 하늘에서 떨어진 것도 신이 계시한 것도 아니다. 오히려 관념은 언제나 인간이 살아가는 현실적 조건의 반영이자 그에 대한 대응이다.

명백히 이 모든 경우에 인간의 관념은 인간의 현실 관계와 활동이 의식으로 표현된(사실적으로든 환상적으로든) 것이다. … 인간은 자신의 개념, 관념 등을 만들어 낸다. 그러나 생산력과 그에 상응하는 교통 관계[생산관계]의 특정한 발전 단계에 의해 제약을 받는 그대로 현실적으로 활동하는 존재다. 의식이란 의식된 존재일 뿐이고, 인간이 존재한다는 것은 곧 인간이 현실 생활을 해 나간다는 것이다.[1]

마르크스는 이런 생각을 더 발전시켜, 특정 시점에서 사회의 지배적 사상은 경제적으로 우세한 계급, 즉 지배계급의 이해관계를 나타낸다고 주장했다.

> 어느 시대이든 지배계급의 사상이 지배적인 사상이다. 다시 말해 지배계급은 사회를 지배하는 물질적 세력임과 동시에 정신적 지배 세력이다. 물질적 생산수단을 지배하는 계급은 동시에 정신적 생산수단도 지배한다. … 지배적 사상은 지배적인 물질적 관계의 관념적 표현이며 사상으로 파악된 지배적인 물질적 관계일 따름이다. … 지배계급을 이루는 개인들은 무엇보다 의식을 갖게 되고, 따라서 생각할 줄 알게 된다. 그러므로 지배자들이 하나의 계급으로서 지배하고 역사적 시대의 범위와 한계를 결정하는 한 지배자들은 그 시대 끝까지 지배할 것이며 따라서 무엇보다 사상가로서, 사상의 생산자로서 지배할 것이고 그 시대 사상의 생산과 보급을 규제하게 된다. 따라서 지배계급의 사상이 그 시대의 지배적인 사상이라는 것은 자명하다.[2]

그러나 지배적 사상에만 계급적 기반이 있는 것은 아니다. 사회를 비판하는 반체제 사상에도 계급적 기반이 있기는 마찬가지다. "특정 시기에 혁명적 사상이 존재한다면 혁명적 계급도 반드시 존재한다."[3] 사실, 마르크스주의는 유력하고 성공한 이데올로기는 모두 직간접으로 계급(이나 계급 일부)의 이해관계를 나타낸다고 본다. 그래서 《공산당 선언》의 3부에서 마르크스는 여러 '사회주의' 경향들의 계급적 뿌리를 파헤쳐서 봉건귀족 사회주의, 프티부르주아 사회주의, 부르주아 사회주의를 규명했다. 또, 《철학의 빈곤》에서는 프루동에 대해 다음과 같이 말했다. "프루동은 부르주아지와 프롤레타리아를 초월한 과학의 수호자가 되고 싶어 하지만 그는 자본과 노동, 정치경제학과 공산주의 사이에서 끊임없이 동요하는 프티부르주아일 뿐이다."⁴ 여기서 마르크스는 프루동 개인이 프티부르주아라고 말하는 것이 아니라 그의 이데올로기가 프티부르주아지의 관점을 나타낸다고 말하는 것이다.

이런 논리는 당연히 마르크스주의에도 적용된다. 마르크스주의에도 물질적 기반이 있고, 마르크스주의도 특정 사회 계급의 이해를 나타낸다. "경제학자들이 부르주아 계급의 과학적 대변자이듯 사회주의자와 공산주의자들은 프롤레타리아 계급의 이론가들이다."⁵ 또, 마르크스는 자신과 엥겔스 그리고 다른 공산주의자들이 노동계급의 "편을 든다"고 말할 뿐 아니라 자신들의 사상이 노동계급의 경험과 투쟁을 일반화한 것이라고 주장했다. "공산주의자들의 이론적 결론들은 결코 이런저런 세계 개혁가가 고안하거나 발견한 사상이나 원칙에 바탕을 두지 않는다. 그 결론들은 현실의 계급투쟁에서 비롯한 현실의 관계, 우리 눈앞에서 펼쳐지는 역사적 운동에서 비롯한 현실의 관계들을 일반적으로 표현한 것일 뿐이다."⁶*

여기서 몇 가지 중요한 철학적 쟁점들이 등장한다. 지배적 사상은 부르주아 사상이고 마르크스주의 사상은 노동계급의 세계관이라면, 전자가 아니라 후자를 택하는 것이 단순히 선호도 문제일 수도 있을 텐데 그렇다면 후자가 전자보다 더 진리에 가깝다고 말할 수 있을까? 둘 다 편향

---

* 나는 *What is the Real Marxist Tradition?*, pp19~30에서 마르크스주의의 핵심 사상들이 노동계급이라는 사회적 존재에서 비롯했음을 보였다.

되기는 마찬가지 아닐까? 중립적 관점에서 객관적으로 세계를 보는 것이 더 '과학적'이지 않을까? 이것은 아마도 학계의 대다수, 특히 '사회과학자'를 자처하는 사람 다수의 태도일 것이다. 그리고 엥겔스의 유명한 소책자 《사회주의: 공상에서 과학으로》에 나오듯이 마르크스와 엥겔스도 자신들의 사회주의가 과학적이라고 주장하지 않았던가?

우선 밝힐 점은 내 경험으로 볼 때 학계나 주류 사회과학자들 대다수는 중립성을 강조하지만 결코 중립적이지 않다는 것이다. 이들도 우리처럼 정치적·이론적 견해와 개인적 편향을 지니고 있을 뿐 아니라 흔히 이것들을 공공연히 드러낸다(정말이지 학생들은 교수들의 이런 성향을 너무 잘 알아서, 이 점을 과제에 반영해야 높은 점수를 얻는다는 사실도 알고 있다). 이렇게 말한다고 해서 해당 교수들이나 학계가 위선적이거나 거짓말을 일삼는다는 뜻은 아니다. 이들은 자신의 편견을 편견으로 인식하지 못할 뿐이다. 이데올로기가 가장 힘을 발휘하는 때는 상식으로 통용될 때다.

그러나 이것이 근본적 문제는 아니다. 이런 학자와 사회 이론가들이 아무리 열심히, 아무리 진심으로 중립적 태도를 지키려 해도 실패하고 만다. 왜냐하면 이들도 인간이기에 사회적 제약과 정서에서 결코 자유로울 수 없을 뿐 아니라 가장 중요하게는 그런 중립적 태도 자체가 존재하지 않기 때문이다. 레닌은 그 점을 다음과 같이 밝혔다.

계급투쟁을 바탕으로 하는 사회에서 '불편부당'한 사회과학은 존재할 수 없다. 사고의 자유를 표방하는 공식 과학은 **모두** 임금노예제를 **옹호**한다. 반면에 마르크스주의는 임금노예제에 대해 가차 없는 전쟁을 선포했다. 임금노예제 사회에서 과학에 불편부당함을 기대하는 것은, 이윤을 낮춰 노동자의 임금을 인상하는 문제에서 기업인들에게 공명정대함을 기대하는 것만큼이나 어처구니없는 순진한 태도다.[7]

대학 교수든 항만 노동자든, 일류 경제학자든 실직한 편부모든, 우리는 모두 계급으로 나뉜 사회에 살고 있다. 사회를 대하는 진정으로 중립적인 태도를 지키려면 사회의 외부에서, 세계의 외부에서 전체를 조망할 수 있는 관점을 찾아야 한다. 이것은 불가능하다. 그렇다고 해서 모든 관점이 대등하다는 것은 아니다(마르크스주의는 마르크스주의 관점, 즉 프롤레타리아의 관점이 역사와 현재 사회를 올바로 이해한다는 측면에서 부르주아의 관점이나 프티부르주아의 관점보다 훨씬 우월하다고 주장한다).

그 이유는 프롤레타리아와 프롤레타리아 관점을 채택한 사람들은 사회변혁 투쟁에 참여하게 되고 따라서 사회를 이해하는 데, 즉 사회가 어떻게 돌아가고, 과거에는 어떻게 변했으며 지금은 어떻게 바뀔 수 있는지를 철저히 이해하는 데 결정적 이해관계가 있기 때문이다. 호모 하빌리스*가 최초로 도구를 사용하고 사냥을 시작한 때부터 지금까지, 세계를 변화시켜 인간의 기본적 필요를 충족시키려는 노력이 지식의 토대였다. 프롤레타리아가 자신을 해방시키려면 자본주의의 일부가 아니라 체제 전체를 변혁해야 한다는 사실은 이 점을 더 분명히 보여 준다. 반면에 부르주아지의 관점은 자본주의 사회를 보호하려는 계급, 따라서 자본주의

---

* '손재주가 있는 사람'이란 뜻으로, 최초로 석기를 사용했다고 알려진 직립 원인.

사회에 대한 비판적 인식을 가로막는 계급의 관점이다. 이런 관점은 자체적으로든 대외적으로든 자본주의가 영원한 체제인 양 선전해야 한다. 그래서 자본주의의 역사적·일시적 성격을 선뜻 인정할 수 없다. 봉건귀족이 15~16세기에 봉건제의 종말을 스스로 인정할 수 없었듯이 말이다.

부르주아지의 사회적 존재 자체가 그들이 존재하려면 노동자들을 계속 착취해야 한다는 사실이나 자본주의는 해소할 수 없는 모순들 때문에 위기에 빠진다는 사실을 인식할 수 없게 만든다(그래서 경제 위기가 닥칠 때마다 항상 실수나 정책 실패, 그릇된 관행 탓을 하는 것이다). 부르주아 국가와 법의 본질에 대해서도 마찬가지다. 부르주아지는 둘 다 '국민의 이익'을 구현하는 기구나 제도 따위로 볼 수밖에 없다. 반면에 노동계급은 파업, 피켓라인, 공장점거, 시위 등의 투쟁에 나서면서 국가와 법에 의해 계속 억압받기 때문에 이 둘의 진정한 본질을 이해해야 할 절박한 필요가 있다.

자본주의 사회를 지배할 수도 없고 변화시킬 수도 없는 프티부르주아 계급의 관점은 세계를 이해하는 토대가 되기에는 훨씬 더 취약하다. 오히려 이 관점은 한편으로 보편적 사랑과 뉴에이지 신비주의를 바탕으로 계급 화해와 사회 개혁을 설파하는 가장 비현실적이고 공상적인 착각에 빠지거나 다른 한편으로 가장 잔인하고 후진적인 인종차별 사상과 파시스트 이데올로기에 휩쓸리기 쉽다.

프롤레타리아 관점이 사회적 진리를 이해하는 데 가장 뛰어난 관점이라는 마르크스주의의 주장은 '진리'의 의미를 둘러싼 오래된 철학 문제(플라톤과 아리스토텔레스까지 거슬러 올라가는)를 떠올리게 한다. 많은 진리론이 있지만 가장 유력한 이론은, 특히 유물론자들 사이에서 유력한 이론은 사실이나 현실과 일치하면 '진리'라는 것이다. 4장 앞부분에서 썼지만, 사실 유물론에서는 어떤 진술이나 이론이 '참'이 되려면 그것은 '현실'과 어떻게든 일치해야 한다. 더욱이 이런 진리대응설은 일상 어법과도 일치한다. 이를테면 "이 소문은 사실이냐?", "진실만을 말할 것을 맹세합니다", "분명한 사실은 우리가 빈털터리가 됐다는 것이지"에서 보듯 말이다. 그리고 이 대응설이 중요한 이유는 비트겐슈타인의 주장대로 단어의 의미는 그 단어가 어떻게 쓰이느냐에 따라 결정되기 때문이다(물론 계급 사회에서는 특정한 이데올로기적 함의가 있는 단어의 의미를 두고 논쟁이 벌어질 수 있고 그런 논쟁은 그치지 않을 것이다).

그럼에도 대응설에는 분명한 난점들이 있다. 첫째, 진술이 현실과 일치한다는 것을 어떻게 아는가? 이 점은 특히 직접적 감각을 통해 즉시 검증할 수 없는 진술에서 문제가 된다. 또, 감각이 때로는 오류나 착각에 빠질 수도 있다. 둘째, 매우 협소하고 일상적인 물음들을 벗어나면 세계에 대한 '참된' 진술은 현실의 특정 측면이나 어느 정도까지만 현실을 '반영'하거나 현실과 '일치'한다. 예를 들어 (스틸) 사진은 장면이나 인물을 어느 정도까지는 정확히 나타낼 수 있지만 입체적이고 역동적인 감각적 현실의 풍부하고 복잡한 모습을 포착할 수는 없다. 그래서 지구가 둥글다는 진술은 지구가 평평하다는 진술보다 상대적으로 참인 것이지 절대적으로 참인 것은 아니다. "지구는 회전타원체, 즉 북극과 남극을 잇는 축을 따라 자전하므로 두 극점에서 평평하고 적도 부분이 볼록한 공 모양"이라는 진술은 지구가 둥글다는 진술보다 더 진리에 가깝지만 여전히 지구 표면의 지형 변화들(산, 언덕 등) 때문에 현실과 절대적으로 일치하는 것은 아니다. 사실, 진술과 현실이 정확하게 일치할 수 없는 이유는 지구 모양이 계속 변하기 때문이다. 심지어 지구의 크기나 둘레를 측정하거나 그 결과를 읽거나 쓰는 동안에도 변하기 때문이다.

마르크스는 진리의 문제가 근본적으로 실천의 문제라고 주장함으로써 이런 난점들을 극복했다. 한편으로 어떤 사상이나 이론이 실천에서 효과가 있다면 이것은 오로지 그 사상이나 이론이 현실의 특정 측면과 일치하기 때문일 수밖에 없다(현실 전체를 완벽하게 설명하지 않거나 설명할 수 없을지라도 말이다). 따라서 마젤란이 세계 일주에 나섰을 때 선단이 절벽에서 떨어지지 않고 마침내 포르투갈로 돌아왔다는 것은 지구가 평평하지 않고 둥글다는 것을 입증한다. 비록 '둥글다'는 것이 대강의 어림짐작이지만 말이다. 다른 한편으로 인간의 실천이 확대될수록 실천은 기존 지식의 한계에 부딪히게 되고 그러면 기존 이론의 문제점이 드러나게 된다. 그래서 새로운 사상과 이론의 발전이 시작되고 이번에는 이 새 사상과 이론이 실천에서 검증받고 '입증'돼야 하는 처지에 놓인다. 이런 식으로, 실천이 이론을 낳고 이 이론은 실천의 검증을 거치고 그래서 다시 새로운 이론이 발전하고 이 이론이 다시 실천에서 검증되는 과정이 끝없이 전개된다.

레닌은 《철학노트》에서 헤겔을 설명하며 이런 전개를 다음과 같이 표현했다.

생명 활동으로 뇌가 생겨난다. 자연은 인간의 뇌에 반영된다. 인간은 실천과 기술을 통해 이 반영이 올바른지 검증하고 적용해서 객관적 진리에 도달한다.[8]

그런데 레닌은 또, 자신이 말한 '반영'이 단순한 기계적 과정이 아님을 밝히려고 다음과 같이 자세히 설명했다.

인식은 사고가 대상을 향해 끊임없이 무한히 접근하는 것이다. 인간의 사고에 자연이 반영되는 것을 '생명이 없는 것'으로, '추상적'으로, 운동이 없는 것으로, 모순이 없는 것으로 이해해서는 안 되고, 모순이 생겨나고 해소되는 과정, 영원한 운동 과정으로 이해해야 한다.[9]

또한 "인간의 지식은 직선이 아니라(또는 직선적으로 발전하지 않고) 나선형으로 원을 그리며 무한히 접근해 가는 곡선이다."[10]

이런 과정은 또, 자연과학이 발전하는 양상이기도 하다. 자연과학의 발전은 절대적 진리가 단지 누적되기만 한 것이 아니라 레닌이 말한 접근이 꾸준히 진행되면서, 불완전하지만 더 포괄적인 설명과 특정 조건에서만 성립하는 '진리'나 '법칙'들을 찾아낸 결과다. 엥겔스는 다음과 같이 보일의 법칙을 예로 든다.

유명한 보일의 법칙을 보자. 그 법칙은 온도가 일정할 때 기체의 부피와 압력은 서로 반비례한다는 것이다. 르뇨는 이 법칙이 어떤 경우에는 맞지 않는다는 것을 깨달았다. … 그런데 르뇨는 과학자였으므로 … 연구를 계속해서 보일의 법칙은 대체로 진리에 가깝지만 특히 기체가 압력에 의해 액화될 수 있는 상태, 즉 기체의 액화가 시작되는 수준까지 압력이 커지면 이 법칙은 맞지 않는다는 사실을 깨달았다. 따라서 보일의 법칙은 특정 조건에서만 진리임이 입증됐다. 그렇다면 이 법칙은 이런 조건에서는 절대적·궁극적 진리인가? 어느 물리학자도 그렇게 주장하지 않을 것이다. 물리학자는 단지 이 법칙이 일정한 압력과 온도의 한계 안에서 그리고 일정한 기체에 대해서만 적용된다고 주장할 것이다. 그리고 이렇게 협소한 한계 안에서도 미래의 연구 결과에 따라 더 협소한 한계나 수정된 견해가 나타날 가능성을 배제하지 않을 것이다.[11]

그런데 자연과학과 사회과학 사이에는 중요한 차이가 있다. 자연과학과 사회과학 둘 다 자본주의 사회의 영향을 크게 받는다. 두 분야 모두 무엇을 (사회적) 쟁점이나 연구 대상으로 선정할지, 지원 기금은 어떻게 배분할지, 무엇을 무시하거나 은폐할지 등은 체제의 우선순위에 좌우되는 문제들이다. 따라서 현대 사회에서는 의학이나 기후 연구보다 군사적 활용 가능성이 높은 과학 연구에 크게 편중된다. 그렇지만 부르주아지에게는 정확한 자연과학이 필요하다. 이 점은 지극히 반동적인 목적에 자연과학을 이용할 때도 마찬가지다(B-52 폭격기는 폭격 지점에 제대로 도달해야 하고, 핵 미사일은 정확히 발사돼서 오차 없이 폭발해야 한다). 따라서 이런 무기의 바탕이 되는 과학은 앞서 말한 의미에서 진리여야 한다. 사실 [가톨릭]교회의 계시종교와 봉건귀족에 맞선 부르주아지와 자연과학의 동맹은 르네상스 시기의 휴머니즘과 16~17세기 과학혁명(코페르니쿠스와 갈릴레오로 대표되는)까지 거슬러 올라간다.*

사회과학의 경우는 사정이 사뭇 다르다. 물론 부르주아지에게는 온갖

---

* 이에 대한 짧고 탁월한 분석으로 F Engels, "Introduction to Dialectics of Nature", *Selected Works*, Vol 2, pp62~80을 보시오.

정보와 통계 등이 필요하지만, 자연을 과학적으로 이해하는 것과 달리 사회를 과학적으로 이해할 필요는 없다. 부르주아지는 이윤의 원천을 과학적으로 이해하지 않고도 얼마든지 희희낙락하며 이윤을 얻을 수 있고, 축적된 경험과 계급 본능을 바탕으로 사회를 지배할 수 있다(여기서 '본능'이란 생물학적 본능이 아니라 내면화한 경험을 의미한다). 적어도 1848년 이후 주류 사회과학의 주요 기능은 정확하고 타당한 사회 분석이 아니라 기성 질서를 정당화하는 것이었다(이 기능 중 일부는 마르크스주의 사회 분석의 신뢰도를 깎아내리는 것이었다).

예를 들어 사회학의 핵심 쟁점 가운데 하나인 사회 계급 문제를 보자. 주류 사회학은 지난 100년 이상 이 문제를 파고들었고 막스 베버, 에밀 뒤르켐, 탤컷 파슨스, 로버트 머튼, 존 골드소프, 데이비드 록우드, 랄프 다렌도르프, 앤서니 기든스 등 수많은 학자들이 노력을 기울였지만, 일관되거나 일치된 계급론 근처에도 못 갔다. 심지어 계급 문제에 대한 실증적 연구조차 별로 없다. 그런데도 이런 상황은 문제로 여겨지지 않는다. 마르크스주의 계급론, 특히 노동계급 중심성 이론은 '불충분하다'거나 '낡았다'는 견해가 득세하기만 한다면(학계와 언론에서), 사회학을 공부하는 학생 대다수를 포함해 대부분의 사람들이 계급 문제에 대해 완전히 혼란스러워하는 것쯤은 문제도 되지 않는 것이다.

역사 문제에서도 마찬가지여서 역사유물론이 인정받지 못하는 한 역사에 대한 유력한 해석이 자유주의적 진보 이론이든, 철저한 경험주의적 해석이든, 거대 담론을 모두 적대시하는 포스트모더니즘 해석이든 별로 중요하지 않다. 부르주아지는 이런 이론이야 어떻든 자신들의 이해관계에 따라 행동하고 역사를 만들지만, 그래도 노동계급이 마르크스주의 역사

이론의 영향을 받거나 이를 행동의 지침으로 삼는 것을 매우 경계한다.

그러나 마르크스주의 역사 이론과 사회 분석은 현실의 실천적 필요, 노동계급의 필요에서 비롯했고, 따라서 실천에 초점을 맞춘다. 마르크스주의 역사 이론과 사회 분석은 세계를 변화시키는 투쟁의 행동 지침이 되며 따라서 실천의 검증을 거쳐야 한다. 이런 바탕에서 보면 마르크스주의가 과학적이라는 주장에는 분명한 근거가 있고, 노동계급의 이론이라는 특징 때문에 모순에 빠지기는커녕 오히려 그 때문에 과학적이 된다.

그렇다면 마르크스주의가 객관적 진리로 입증됐다고 주장할 수 있을까? 마르크스주의의 핵심 명제들 다수를 입증하는 실천적 경험은 확실히 풍부하다. 예를 들어 자본주의는 엄청난 불평등의 근원이다, 자본주의는 경제 위기에 빠지는 내적 경향이 있다, 자본주의의 수명이 길수록 인류의 생존 가능성은 희박해진다, 자본가계급과 노동계급의 이해관계는 근본적으로 대립한다, 국가는 자본가계급의 이익에 봉사한다, 노동력을 판매해 생계를 꾸리는 사람으로 정의되는 노동계급은 자본주의의 성장과 더불어 그 수가 늘어난다 등등. 이 명제들을 입증할 근거는 수많은 책에서뿐 아니라 세계 각지에서 노동하는 대중이 흘린 피에서도 찾을 수 있다. 역사유물론이 지닌 설명력, 역사를 종합적으로 풍부하고 일관되게 설명하는 능력 또한 많은 연구에서 입증됐다. 명백한 걸작을 몇 개만 꼽으면, 마르크스의 《루이 보나파르트의 브뤼메르 18일》과 《프랑스 내전》, 트로츠키의 《러시아 혁명사》, C L R 제임스의 《블랙 자코뱅》, 제프리 드 생 크루아의 《고대 그리스 세계의 계급투쟁》, 크리스 하먼의 《민중의 세계사》 등이 있다.

그러나 한 가지 점에서는 마르크스주의가 실천에서 진리로 아직 입증되지 않았는데, 이 점이 근본적으로 가장 중요하다. 즉, 노동계급은 자본주의를 전복하고(제한된 지역에서 일시적으로 전복하는 수준이 아니라) 계급 없는 사회를 만들어 인류를 해방할 능력을 아직 실천적으로 입증하지 못했다.

그것 때문에 마르크스주의를 의심할 수 있을까? 얼마든지 그럴 수 있다. 그러면 마르크스주의를 기각할 수 있을까? 결코 그럴 수는 없다. 첫째, 이런 문제에서 실천의 검증을 제한된 시간의 한계 안에서 판단할 수 없기 때문이다. 파리코뮌, 러시아 혁명, 독일 혁명, 스페인 혁명 등의 패배는 심각한 타격이었지만 마르크스주의 관점에서 이 패배들을 설명할 수 있고 실제로 설명했다. 또, 이 패배들이 노동계급의 역사적 무능력을 드러내는 증거가 되지는 않는다. 르네상스 시기 이탈리아와 16세기 스페인에서 부르주아지의 혁명이 실패했다고 해서 부르주아지가 봉건제를 전복할 수 없음이 입증된 것이 아니었듯이 말이다.

둘째, 여기서는 실천의 기준이 다른 식으로 논란이 되기 때문이다. 인간으로서 우리는 세계 안에서 행동하는 것 말고 달리 살 길이 없다. 석기시대 수렵·채집인들은 틀림없이 가장 쓸 만한 활·화살·돌도끼를 원했겠지만, 빈약한 도구로라도 알뿌리식물을 캐고 사냥에 나서야 했다(수확을 확신할 수 없을지라도). 그러지 않으면 굶어 죽을 수밖에 없었기 때문이다. 만약 대양에서 선박이 침몰한다면 일단 구명정에 몸을 실어야 한다. 육지에 닿을지 어떨지 확신할 수 없어도 말이다. 노동계급과 인류가 직면한 상황이 점차 이와 비슷해지고 있다. 우리는 세계적 위기에 처해 있으며 세계적 재난을 향해 가고 있다. 우리는 행동해야만 한다. 어떤 세계관의 도움으로, 어떤 이론을 지침 삼아 세계 변혁에 나서야 할까? 대답하자면, 마르크스주의가 지금까지 노동계급의 행동 지침으로 삼기에 가장 쓸 만한 것임이 실천적으로 거듭거듭 입증됐다고 할 수 있다.

노동계급의 행동 지침들 중 마르크스주의를 제외하면 국제적 규모에서 현실적인 것은 딱 두 가지뿐이다. 하나는 아나키즘이고 하나는 사회민주주의적 개혁주의다. 아나키즘은 항상 제대로 된 이론적 기반이 없었다(이 전통에는 《자본론》이나 심지어 《공산당 선언》 또는 앞서 말한 역사책들에 견줄 만한 저작이 없다). 그리고 아나키즘 실천의 역사에는 승리는 고사하고 내가 다른 책에서 밝혔듯이 승리 근처에라도 간 적이 없다.[12]

사회민주주의적 개혁주의는 분명한 형태로 등장하자마자 로자 룩셈부르크의 《사회 개혁이나 혁명이냐》(1900)에서 이론적으로 논박당했다. 그 후 세계 곳곳에서 사회민주주의 정부들이 아주 많이 들어섰다(독일, 프랑스, 스페인, 포르투갈, 이탈리아, 그리스, 스웨덴, 노르웨이, 오스트레일리아, 뉴질랜드, 브라질 등에서 그리고 영국에서는 노동당이 11차례나 집권했다). 그러나 어떤 정부도 자본주의에 진지하게 도전하지 않았다. 자본주의 호황과 번영의 시기에는 이 정부들이 때때로 제한된 개혁을 제공했지만 이마저도 자본주의 체제의 생존과 이해관계에 완전히 부합하는 개혁이었다. 경제 위기 때는, 이 정부들은 항상 자본가계급과 협력해서 노동계급을 공격했다. 이 글을 쓰는 지금 아일랜드에서 그리고 사회당 정부가 쫓겨나기 전까지 그리스에서 그랬듯이 말이다. 대중이 '차악'에 표를 던지는 덕분에 사회민주주의는 여전히 수명을 이어 가고 있다. 그러나 노동계급 투쟁의 지침이 되기에는 사회민주주의는 무대에서 퇴장한 지 오래다. 이런 상황 때문에 마르크스주의는 장폴 사르트르의 표현대로 "우리 시대 최고의 철학"으로 남아 있다.

11장_ 종교, 도덕, 정의

이 장에서는 서로 밀접한 세 가지 주제를 다룬다. 종교는 가장 흔히 보는 철학의 형식이고 에밀 뒤르켐이나 탤컷 파슨스 같은 사회학자들은 종교가 도덕의 주요 원천이라고 본다. 심지어 도덕은 종교 없이 존재할 수 없다고까지 말하는 사람들도 있다. 정의의 문제(정의란 무엇이며 정의로운 사회는 어떤 사회인가)는 도덕·정치 철학의 주요 쟁점일 뿐 아니라 일상적 정치 활동에서도 단골 소재다.

종교

"종교는 사람들의 아편"이라는 말은 가장 많이 인용되는 마르크스의 말일 뿐 아니라 가장 많이 오해를 사는 표현이기도 하다. 왜냐하면 이 말은 마르크스가 무신론자로서 종교를 비판했다는 사실을 가리키는 데 그치지 않고 말만 놓고 보면 마르크스가 전투적 세속주의자, 이를테면 리처드 도킨스의 선구자처럼 보일 수 있기 때문이다. 즉, 마르크스가 종교에 반대하는 운동을 정치 강령의 핵심으로 삼고 심지어 혁명 이후에는 종교를 금지하거나 '폐지'하려는 사람처럼 보일 수 있다는 것이다. 이 생각은 틀렸을 뿐 아니라, 뒤에 설명하겠지만 무척 해로운 정치적 결과를 낳을 수도 있다.

그러나 우선 마르크스의 종교 비판부터 살펴보자. 종교에 대한 마르크스의 회의는 가장 초기 저작들, 예를 들어 1841년에 에피쿠로스를 주제로 쓴 박사학위 논문의 머리말에서도 명백히 드러난다.[1] 그러나 본격적 종교 분석은 1843년에 쓴 《헤겔 법철학 비판》의 서문에서 최초로 그리고 가장 풍부하게 전개됐다. 또, 이 저작은 노동계급이 혁명의 주체임을 마르크스가 처음으로 밝힌 글이기도 하다. 마르크스가 이 글을 쓸 당시만 해도 종교는 여전히 사회와 대중의 의식을 강력히 사로잡고 있었지만 지식인들 사이에서는 그 영향력이 심각하게 손상돼 있었다. 그것은 주로 돌바크와 디드로 같은 18세기 프랑스 백과전서파나 다비드 슈트라우스와 루트비히 포이어바흐 같은 청년헤겔학파의 활동 때문이었다. 마르크스는 그리스도교와 종교 일반의 진리에 반대하는 이들의 주장을 대체로 수용하면서 다음과 같은 말로 글을 시작한다. "독일에서 **종교 비판**은 본질적으로 끝났다. 그리고 종교 비판은 모든 비판의 전제다."[2] 이어서 포이어바흐의 《그리스도교의 본질》을 그대로 이용해 다음과 같이 주장한다. "반종교적 비판의 기초는 인간이 **종교를** 만들지 종교가 인간을 만들지 않는다는 것이다."

이 주장은 종교 일반에 대한 치명적 비판이다. 모든 종교가 인간이 만든 것, 즉 사회적 산물이라면, 또 시간이 흐르면서 여러 종교 사이에서 그리고 종교 내 계파들 사이에서 나타난 교리의 차이가 주로 그 종교가 탄생하고 발전한 사회적 조건의 차이 때문이라면 모든 종교가 저마다 주장하는 진리는 다 허물어지고 만다. 그러나 마르크스는 리처드 도킨스나 크리스토퍼 히친스와 달리 이 점을 수백 페이지에 걸쳐 장황하게 설명하지 않고(도킨스나 히친스는 이 문제에서만큼은 18세기 유물론자들보다 이론적으로 나은 점이 없다*) 왜 인간은 종교를 만들어야 한다고 느끼는가 하는 문제로 곧장 나아간다.

종교는 아직 역경을 딛고 자립하지 못한 인간이나 이미 자신을 다시 잃어버린 인간의 자기의식이자 자각이다. 그런데 인간은 세계의 바깥에 웅크린 추상적 존재가 아니다. 인간은 인간의 세계, 즉 국가, 사회다. 이 국가와 사회는 세계에 대한 전도된 의식인 종교를 만들어 낸다. 왜냐하면 이 국가와 사회가 전도된 세계이기 때문이다.³

이것은, 앞서 봤듯이 당시 《1844년 경제학·철학 수고》도 같은 해에 쓰였다) 마르크스의 핵심 관심사였고 그가 역사유물론적 종교 분석의 출발점으로 삼은 소외("자신을 잃어버린" 인간)를 가리킨다. 이 사회에서 인간이 종교를 만든 이유는, 3장에서 설명했듯이 자기 노동으로부터, 자

---

* 도킨스와 히친스에 대한 마르크스주의적 비판은 J Molyneux, "More Than Opium: Marxism and Religion", *International Socialism* 119 (summer 2008) 참조.

기 노동의 생산물로부터, 자기 자신으로부터 소외된 채, 비록 자신이 만들었지만 통제할 수 없고 오히려 낯선 힘으로서 자신을 지배하는 세계에 살기 때문이다. 인간은 이 사실을 알지 못해서, 초월적 힘이나 힘들(일신교의 신, 다신교의 신들, 영혼, 운명 등)이 인간을 지배한다고 상상하지만 사실 이런 초월적 힘이나 힘들은 인간의 두려움·희망·염원이 투사된 것일 뿐이다.

그다음으로 마르크스는 박사학위 논문을 몇 개나 써도 될 만한 주제와 사상들을 단 하나의 문장에 담아 종교의 다양한 사회적 기능을 설명한다. "종교는 세계를 설명하는 일반 이론이고, 세계에 대한 백과사전식 개요이고, 이해하기 쉬운 세계의 이치이고, 세계의 정신적 체면이고, 세계의 열광이고, 세계에 대한 도덕적 승인이고, 세계를 근엄하게 보완하는 것이고, 어디서나 위안과 정당화를 제공하는 보편적 토대다."[4] 이 문장만으로도 마르크스가 종교에 대한 편협하고 일방적인 주장, 즉 종교는 한낱 "지배계급의 도구"라는 '환원론적' 견해를 제시한 것이 아님을 알 수 있다(물론 종교가 지배계급의 도구 노릇을 하는 것은 흔히 볼 수 있는 현상이다). 그다음 구절은 마르크스가 '환원론자'가 아니었음을 더 분명히 보여 준다.

종교적 고통은 현실의 불행의 **표현**이자 현실의 불행에 대한 **항의**다. 종교는 천대받는 피조물의 한숨이고, 몰인정한 세계의 인정이고, 정신을 상실한 현실의 정신이다. 종교는 사람들의 **아편이다**.[5]

"사람들의 아편"이라는 구절을 문맥에 비춰 보면, 마르크스는 종교를 지배자들이 사람들을 기만하고 조종하는 수단으로만 이해하지 않았음이 분명하다. 종교는 사람들이 현재 상황에 타협하는 수단이기도 하지만 현실의 불행을 표현하고, 이에 항의하는 것이기도 하다는 사실을 마르크스는 이해하고 있었다. 이 점이 무척 중요한 이유는 역사적으로 종교가 이 두 가지 구실을 동시에 하는 사례가 많았기 때문이다. 즉, 특정 사회에서 흔히 서로 모순되는 구실을 했다는 것이다.

실제로 이런 분열은 그리스도교의 역사에서 계속 나타났다. 《신약성경》에는 "행복하여라, 마음이 가난한 사람들! 하늘 나라가 그들의 것이다. ⋯ 행복하여라, 온유한 사람들! 그들은 땅을 차지할 것이다"라는 구절도 있지만 "황제의 것은 황제에게 돌려주라"는 구절도 있는데, 이것은 로마 제국에서 가난한 자들의 종교였던 그리스도교가 제국의 통치 종교로 변했다는 사실을 보여 준다. 그 후 중세시대에 봉건귀족, 군주와 유착해서 지배하던 로마 가톨릭은 카타리파나 후스파 같은 이단 교파들과 대립했으며, 이런 이단의 출현은 맹아 상태의 부르주아지가 최초로 등장했음을 알리는 사건이었고 나중에 마르틴 루터의 프로테스탄트 종교개혁으로 발전했다. 또, 이 프로테스탄트 자체는 1525년 독일 농민전쟁에서 농민들을 분쇄하는 편에 선 루터의 보수적 프로테스탄트와 토마스 뮌처가 이끄는 혁명적 프로테스탄트로 분열했다.[6]

최근 사례로는 남아프리카공화국의 아파르트헤이트 시절 인종격리에 찬성한 네덜란드 개혁교회와 인종격리에 반대한 데스몬드 투투 주교의 그리스도교를 들 수 있다. 미국에서는 인종격리와 인종차별에 반대한 마틴 루서 킹의 그리스도교와 보수적인 인종차별적 우파들의 그리스도교를 들 수 있다. 남아메리카에서는 과두 지배 체제를 지지하는 반동적 가톨릭 성직자들과 빈민에 크게 공감하는 급진적 '해방신학'을 들 수 있다. 계급·민족·인종 갈등이 벌어지는 곳이라면, 특히 그 갈등이 첨예하다면, 똑같은 종교가 양편 모두에게 받아들여지기 십상이다.

마르크스가 이런 분석에서 내린 결론은 다음과 같다. "따라서 종교에 반대하는 투쟁은 간접적으로 내세에 반대하는 투쟁이 되는데, 내세의 향기가 바로 종교다."[7] 간단히 말해 종교를 없애려면 세계를 변혁해서, 사람들이 더는 종교에 의지하지 않도록 만들어야 한다는 것이다. 도킨스 같은 사람들이 간과한 이 사실을 마르크스는 여러 은유를 써서 거듭 강조한다.

사람들의 허구적 행복인 종교가 폐지돼야 사람들이 실제로 행복해 질 것이다. 행복의 조건에 대한 허상을 버리라는 요구는 허상이 필요한 조건을 버리라는 요구다. 따라서 종교 비판은 종교가 후광 노릇을 하는 현세에 대한 맹아적 비판이다.

비판은 사슬에 꽂혀 있던 가상의 꽃들을 뽑아냈다. 인간이 환상이나 위안 없는 사슬을 계속 차고 있도록 하기 위해서가 아니라 그 사슬을 벗어 던지고 살아 있는 꽃을 얻도록 하기 위해서였다. … 그러므로 진리의 내세가 사라진 뒤에 현세의 진리를 확립하는 것은 역사의 과제다. 인간의 자기소외의 신성한 형태가 폭로된 뒤에, 신성하지 않은 형태 속에 있는 자기소외를 폭로하는 것은 역사에 기여하는 철학의 당면 과제다. 따라서 천상에 대한 비판은 지상에 대한 비판으로, 종교에 대한 비판은 법에 대한 비판으로, 신학에 대한 비판은 정치에 대한 비판으로 바뀐다.[8]

마르크스는 "천상에 대한 비판"이 어떻게 "지상에 대한 비판"과 "정치에 대한 비판"으로 바뀌는지(이것은 곧 정치경제학에 대한 비판으로 발전한다) 보여 줬기 때문에 더는 철학적·이론적으로 종교를 다루지 않았다. 비록 이후 마르크스의 저작에 종교적 암시와 은유가 여기저기 흩어져 있기는 하지만 마르크스는 종교 자체를 결코 이론적 쟁점으로 다루지 않았다.*

이제 남은 문제는 마르크스의 종교 분석에서 현대의 정치와 혁명적 실천에 대한 시사점을 찾는 것이다. 이것이 필요한 이유는 그동안 종교 문제가 서서히 정치적 중요성을 잃어 가는 듯했지만 지난 20여 년 동안 종교 일반의 문제, 특히 이슬람이라는 종교 문제가 정치적으로 중요해졌기 때문이다.

우선, 마르크스의 종교 분석 전체에서 알 수 있는 것은 진정한 마르크스주의는 현재든 미래의 사회주의 사회에서든 종교나 종교 활동의 금지를 암시하지도 옹호하지도 않는다는 점이다. 1874년 프랑스 사회주의자 루이 블랑키의 추종자들이 종교 금지를 내세우자 엥겔스는 다소 조롱하는 투로 그런 금지는 아무 소용도 없을 것이고 오히려 "박해는 달갑지 않은 신념을 부추기는 데 가장 효과적"이라면서 이를 일축했다.⁹ 마르크스주의자들은 종교를 금지하기는커녕 종교가 국가와 무관한 사적인 문제로 남아야 하고 자본주의에서든 사회주의에서든 종교의 완전한 자유

---

* 엥겔스는 종교를 마르크스보다 더 많이 다뤘지만 주로 《반뒤링론》이나 역사 연구들(《독일 농민전쟁》이나 《초기 그리스도교의 역사》 등)에서 간단히 다룰 뿐이다. 이런 저작들에서 엥겔스는 겉보기에 종교적인 운동도 사실은 현실의 물질적 이해관계를 표현하는 것으로 봐야 한다는 사상을 발전시키고 예증한다.

가 보장돼야 한다고 주장한다. 이것은 볼셰비키의 정책이기도 했는데 레닌은 이 점을 다음과 같이 분명하게 설명했다.

> 국가는 종교에 관여하지 말아야 하며 종교 단체는 국가와 아무 관계도 없어야 한다. 누구나 자신이 좋아하는 종교를 아주 자유롭게 고백할 수 있어야 할 뿐 아니라 종교가 없다는 것도, 즉 모든 사회주의자가 보통 그렇듯이 무신론자라는 것도 자유롭게 고백할 수 있어야 한다. 신앙을 이유로 시민을 차별하는 일은 결코 용납할 수 없다. 공식 문서에 시민의 종교를 명기하는 것도 무조건 폐지돼야 한다.[10]

마르크스주의자는 종교의 사회적 근원(소외·착취·억압)이 사라져서 종교가 점차 사멸하는 것만이 진정한 종교의 폐지라고 생각한다.

둘째, 마르크스주의자는 분쟁이나 충돌·투쟁·운동을 평가할 때 그러한 갈등에서 겉으로 드러난 종교가 아니라 관련 계급과 사회 세력들, 특히 누가 억압자이고 누가 피억압자인지를 판단 근거로 삼는다. 예를 들어 진지한 마르크스주의자라면 1916년 아일랜드의 부활절 봉기를 평가할 때 봉기의 지도자나 참여자 다수는 가톨릭교도이고 영국은 개신교 국가라는 사실에서 출발하지는 않을 것이다. 맬컴 엑스가 400년 동안 억압당한 미국 흑인들의 분노를 그 누구보다 설득력 있게 드러냈다는 측면에서가 아니라 그가 한때 지녔던 반동적이고 기이한 종교관을 근거로 그를 판단한다면 이는 완전히 핵심을 놓친 셈이다(맬컴 엑스는 일라이저 무함마드가 이끌던 '네이션 오브 이슬람' 단체의 회원이었을 때, 백인은 야쿱 박사가 6000년 전 파트모스 섬에서 만든 악마의 후예라고 믿었다).

현재처럼 이슬람 혐오가 팽배한 상황에서는 이런 판단 기준이 무슬림으로 태어난 사람들의 이른바 이슬람주의 운동이나 투쟁을 평가할 때도 여전히 그리고 특별히 중요하다는 것을 강조해야겠다. 2011년에 일어난 아랍 혁명들(튀니지와 이집트에 이어 리비아·바레인·예멘·시리아에서 일어난 봉기와 혁명적 항쟁)은 무엇보다 독재와 억압에 반대하는 대중의 봉기, 즉 민주주의 혁명(노동자 혁명으로 발전할 잠재력이 있는)이었다. 이 혁명을 일으킨 사람들이 무슬림이든 아니든, 수니파든 시아파든 수피파든 그리고 그들의 다수가 무슬림형제단에 표를 던졌든 아니면 다른 이슬람주의 단체에 표를 던졌든, 이는 아랍 혁명의 성격과 무관하다. 심지어 탈레반과 알카에다 같은 이른바 '이슬람 근본주의' '테러' 단체의 주된 동기도 종교 교리가 아니라 경제적·정치적 쟁점들, 특히 서구 제국주의에 대한 전반적 분노다.*

따라서 종교를 전쟁과 분쟁의 주요 원인으로 드는 흔한 주장은 마르크스주의 관점에서 보면 과거에도 틀렸고 지금도 틀렸다. 엥겔스는 16세기의 역사적 상황에 대해 다음과 같이 썼다.

> 16세기의 이른바 종교 전쟁에서도 대단히 노골적인 물질적 계급 이해관계가 작용했으며, 이 전쟁들도 나중에 영국과 프랑스에서 일어난 충돌들과 마찬가지로 계급 전쟁이었다. 16세기의 계급투쟁이 종교 갈등처럼 보이고, 여러 계급의 이해·필요·요구가 종교적 외피 속에 감추어져 있었다 해도

---

* 이슬람주의의 성장을 탁월하게 분석한 선구적인 마르크스주의 문헌은 C Harman, "The Prophet and the Proletariat" 참조.

그것은 실제 상황을 거의 바꾸지 못하며 당시 독일의 상황으로 쉽게 설명된다.[11]

나는 20세기의 아일랜드에 대해 다음과 같이 쓴 적 있다.

아일랜드의 분쟁이 근본적으로 또는 일차적으로 종교 분쟁이라는 관점은 명백히 오류일 뿐 아니라 반동적이기까지 하다. 심지어 그 주역들이 공개적으로 발표한 성명서나 그들의 의식을 살펴봐도 오류다. 비록 공화주의자 다수가(전부가 아니라) 가톨릭 신자였다고 해도, 공화주의자가 가톨릭 교리를 위해 투쟁했다고 말하는(또는 생각하는) 공화주의자는 아무도 없을 것이다. 공화주의자들은 아일랜드의 독립과 단결을 위해 투쟁했기 때문이다. 연합주의자 측을 보면 사정이 더 모호한 것은 사실이다. 연합주의자 측에서 종교적 편견이 훨씬 더 큰 구실을 했기 때문이다. 그렇지만 연합주의자 측이 공개적으로 내건 목표도 '국민국가' 차원의 목표, 즉 아일랜드가 '영국의 일부'로 존속하는 것이었다. 더욱이 이런 국민국가적 염원들이 서로 충돌하는 이면에는 화체설*이나 교황 무오류설 같은 교리상의 차이가 아니라 착취·빈곤·차별·억압 같은 현실의 사회·정치 쟁점들이 있다는 것은 아주 분명하다. 아일랜드 분쟁을 근본적으로 종교 갈등으로 보는 것이 반동적인 이유는 아일랜드인을 멍청한 미개인 취급하는 전형적 인종차별 견해와 다를 바 없기 때문이다(어쨌든 '우리'는 수백 년 전에 그런 종교 분쟁을 끝냈다는

---

* 성찬식 때 먹는 빵과 포도주가 순간적으로 그리스도의 몸과 피로 변한다고 하는 그리스도교 학설 ― 옮긴이.

식으로 말이다). 또, 종교 분파들 사이의 다툼을 영국이 공정하게 중재해야 한다는 식으로 영국의 지배를 정당화하는 데도 이용되기 때문이다.[12]

마찬가지로 이스라엘과 팔레스타인 분쟁에서 마르크스주의적 관점은 종교는 결코 이 분쟁의 원인이 아니라는 것이다. 양편의 초기 지도자들이 대부분 세속주의자였고 다수가 무신론자였다는 사실도 그렇지만 진정한 핵심은 제국주의, 영토, 민족 억압이다. 이런 상황에서 팔레스타인인들과의 연대는 마르크스주의자의 기본적 태도로서, 설령 이스라엘인들이 불교 신자이고 팔레스타인인들이 조로아스터교 신자라고 해도 또는 그 반대여도 변할 수 없는 태도다.

셋째, 마르크스주의자는 자본주의에서든 사회주의에서든 세속주의를 지지한다. 그렇지만 세속주의(이를테면 민족자결권도 마찬가지다)를 다른 무엇보다 중요한, 예를 들어 인종차별 반대나 제국주의 반대보다 중요한 절대적 원칙으로 삼을 수는 없다. 다른 문제에서처럼 세속주의 문제에서도 전체적 관점(노동계급과 혁명의 전반적 이익)이 결정적 기준이다. 그리고 지배계급이 세속주의자(와 페미니스트 등)의 주장을 이용해 제국주의 전쟁과 점령을 얼마든지 정당화할 수 있다는 점도 깨달아야 한다. 아프가니스탄 전쟁 때 그랬고 지금 이란을 겨냥한 위협을 정당화하듯이 말이다.

이런 논쟁은 대개 히잡(과 부르카와 여러 이슬람 의상) 문제에 집중됐다. 마르크스주의자는 신앙과 종교 행위의 자유를 옹호하기 때문에, 이 논쟁에서 쟁점은 마르크스주의자가 (또는 어느 누구든) 무슬림 여성의 옷차림에 대해 어떻게 생각하느냐가 아니라 무슬림 여성은 법률적·신체적·사회적으로 위협받지 않고 옷을 입을 권리가 있느냐 하는 것이라고 본다. 전체적 관점에서 보면, 히잡 등의 착용을 금지하고 제한하고 악마화하려는 시도는 (그 근거가 세속주의든 페미니즘이든 그 밖의 어떤 것이든) 모두 인종차별주의자들에게 유리한 상황을 조성할 뿐이고, 객관적으로는 무슬림 여성의 사회적 고립과 그들에 대한 압박을 강화한다는 점에서 그 자체가 인종차별적이다. 또, 십중팔구 무슬림 여성들 사이에서 자신의 정체성을 드러내는 수단으로서 히잡 착용을 부추길 것이다.

마르크스의 종교 분석에서 나오는 결론은 노동자 혁명이나 사회의 사회주의적 변혁이 시작되기 전에 노동자 전체나 다수가 반드시 세속주의나 무신론을 받아들여야 하는 것은 결코 아니라는 것이다. 대대적인 혁명적 투쟁 전에 대중의 의식이 그렇게 변하는 것은 사실 불가능하다. 1845년 마르크스와 엥겔스가 썼듯이 노동계급은 오로지 혁명적 투쟁을 겪으며 "낡은 오물을 모두" 씻어 낼 수 있다. 종교적 관념은 마르크스주의의 과학적 사회 분석을 가로막는다. 그렇지만 혁명적 운동과 혁명적 정당은 신앙을 가진 노동자도 환영해야 한다. 레닌도 철학적으로는 종교에 반대하며 철저하게 비타협적 태도를 취했지만 이 문제에서는 마찬가지로 다음과 같이 주장했다. "우리는 신앙이 있는 노동자들의 사회민주당 가입을 인정해야 할 뿐 아니라 이들의 입당을 계획적으로 추진해야 한다. 우리는 이들의 신앙을 조금이라도 모욕하는 것조차 철저하게 반대한다." 그는 오직 다음과 같은 단서를 달았을 뿐이다. "우리가 이들의 가입을 추진하는 이유는 이들을 당 강령의 정신으로 교육하고자 함이지 강령에 반대하는 적극적 투쟁을 허용하려는 것이 아니다."[13]

따라서 이 모든 것은 1844년에 마르크스가 처음 내린 결론, 즉 종교를 지양하려면 종교를 낳은 사회를 변혁해야 한다는 주장을 상기시킨다.

도덕

도덕과 종교의 밀접한 연관 때문에 도덕법칙은 절대적이고 영원불변이라는 생각이 널리 퍼져 있다. 도덕이 신의 계시라는 생각을 거부하는 칸트 같은 철학자들조차 흔히 추상적 논증을 이용해 절대적 도덕법칙을 연역하려 했다.

마르크스주의자는 당연히 도덕률이 절대적이라거나 영원하다는 생각을 거부한다. 첫째, 모든 사상이 그렇듯 도덕도 인간이 역사적·사회적 발전 과정에서 만들어 낸 것이고 따라서 특정 시점의 사회적 필요와 상황에 크게 영향받기 때문이다. 둘째, 착취자와 피착취자, 즉 계급의 차이가 근본적 토대인 계급사회, 다시 말해 착취계급과 피착취계급의 필요와 이해관계가 서로 충돌하는 계급사회에서는 도덕도 계급적 성격을 띠기 때문이다. '계급을 초월한' 도덕은 존재할 수 없다는 것이다.

엥겔스는 다음과 같이 썼다.

따라서 우리는 도덕의 세계에도 역사와 민족의 차이를 초월한 항구적 법칙이 있다는 구실로 도덕적 독단론을 마치 궁극적인 영원불변의 도덕률인 양 강요하려는 시도를 모두 반대한다. 따지고 보면, 오히려 이제까지 도덕 이론은 모두 특정 사회의 경제 상황의 산물이었다. 그리고 지금까지 사회는 계급 적대 사회였으므로 도덕도 항상 계급 도덕이었다. 도덕은 지배계급의 지배와 이해관계를 정당화했고, 피억압 계급이 충분히 강력해지면 이 지배에 대한 분노와 피억압 계급의 미래 이해관계를 대변했다.[14]

트로츠키도 마찬가지 생각이었다.

모세·예수·무함마드의 시대로 돌아가고 싶지 않은 사람, 뒤죽박죽이 된 절충주의를 못마땅하게 여기는 사람이라면 도덕이 사회 발전의 산물임을 인정할 수밖에 없다. 또한 도덕은 불변하는 것이 아니고, 도덕은 사회적 이해관계를 옹호하고, 사회적 이해관계는 서로 모순되고, 여느 이데올로기 형태와 마찬가지로 도덕에도 계급적 성격이 있다는 사실을 인정할 수밖에 없다.[15]

도덕법칙이 사회 상황에 좌우되는지 아니면 영원불변인지를 가늠할 수 있는 두 가지 선례가 있다. 첫째, 가장 유명하고 역사적으로 가장 영향력 있는 도덕법칙 사례가 있다. 이른바 신의 계시라는 십계명이다.

사실 십계명의 역사성 문제는 그 내용을 자세히 살펴보지 않아도 그리스도교 성경의 수많은 번역과 판본 중에서 어느 것을 선택할 것인지만 놓고 봐도 분명히 알 수 있다. 1611년 킹제임스판 성경에 나오듯이 "이웃의 집", "이웃의 아내", "남종이나 여종이나 소나 나귀나 할 것 없이 네 이웃의 소유는 무엇이든" 탐내지 말아야 하는가? 아니면 1966년 굿뉴스판 성경에 나오는 대로 "다른 남자의 집, 그의 아내, 그의 노예, 그의 소, 그의 당나귀, 그가 소유한 것은 무엇이든 탐내지 말아야" 하는가?

사실 어떤 번역본을 선택하든 십계명의 내용을 보자마자 우리는 당연히 십계명의 사회적 조건과 역사적 성격을 분명히 알 수 있다. 두 판본 모두 당시 사회에서는 아내가 남편의 소유물이 되고 집안에 당나귀나 나귀는 물론 노예나 종을 부렸다는 사실을 보여 준다. 마찬가지로 나머지 계명에서도 그런 성격을 볼 수 있다. 첫째 계명은 "너희 하느님은 나 야훼다. 바로 내가 너희를 이집트 땅 종살이하던 집에서 이끌어 낸 하느님이다. 너희는 내 앞에서 다른 신을 모시지 말라"인데 이 계명은 이른바 '유일'신이 다른 신들과 경쟁하는 상황, 즉 이스라엘 민족이 저마다 고유한 신을 모시는 다른 민족과 전쟁을 벌이는 매우 특수한 역사적 상황을 분명히 보여 준다.(이 상황은 여호와가 복수심에 불타 다음과 같이 선포한 이유를 알 수 있게 해 준다. "나 야훼 너희의 하느님은 질투하는 신이다. 나를 싫어하는 자에게는 아비의 죄를 그 후손 삼대에까지 갚는다.") "위로 하늘에 있는 것이나 아래로 땅 위에 있는 것이나, 땅 아래 물속에 있는 어떤 것이든지 그 모양을 본떠 새긴 우상을 섬기지 말라"는 둘째 계명은 보편적 법칙이기는커녕 그리스도교인들도 거의 지키지 못하는 계명이다.

　가족주의 가치관을 옹호하는 계명들("부모를 공경하라"와 "간음하지 말라")과 안식일을 지키라는 계명("엿새 동안 힘써 네 모든 생업에 종사하라")은 더 말할 필요도 없을 것이다. "살인하지 말라"와 "도둑질하지 말라"는 여섯째와 여덟째 계명은 가장 보편적이라고 할 만한 계명이다. 그러나 사실, 이 계명들도 면밀히 따져 보면 그렇지 않다. 여섯째 계명을 문자 그대로 받아들이면, 전쟁을 금지하는 듯하지만 당시 상황을 보면 이 계명을 그런 의미로 해석할 수 없을 것이다. 당시 이스라엘 민족은 상당히 호전적이었으며, "너희 하느님 야훼께서 그 성을 너희 손에 부치실

터이니, 거기에 있는 남자를 모두 칼로 쳐 죽여라"(신명기 20장 13절)에서 보듯이 ["살인하지 말라"는] 계명을 내려 준 바로 그 신이 거듭거듭 노골적으로 전쟁을 승인하기 때문이다. 그러나 전쟁을 예외로 치더라도 다른 예외적 상황은 무수히 많다. 다른 사람(아이, 여성, 다수의 사람)이 살해당하는 것을 막으려고 사람을 살해하는 것은 허용되는가? 국가의 사형제도는 허용할 수 있는가? 그렇다면, 국가가 사형에 처할 수 있는 죄는 무엇인가? 살인? 반역? 가축 절도? 살인을 저지를 수 있다고 의심되는 사람을 경찰이 살해하는 경우는 어떤가?

다시 말해 절대적 도덕법칙으로 제시된 규범조차 환경에 크게 제약을 받고 환경에 크게 좌우된다는 것은, 그 법칙을 지킨다고 자처하는 바로 그 사람들, 즉 과거와 현재의 유대인과 그리스도교인 압도 다수에게도 사실이다. 더욱이 역사적으로 보면 전쟁·혁명·계급투쟁에서 서로 적대적인 사람들은 누가 죽어 마땅한지 그리고 죽어 마땅한 사유에 대해 근본적으로 생각이 달랐고 앞으로도 다를 것이다.

"도둑질하지 말라"는 계명은 '영원한 진리'가 되기에 가장 적합한 것처럼 보인다. 절도가 악이라면 소유는 당연히 선이 된다. 엥겔스도 다음과 같이 지적했다. "동산의 사적 소유가 발전한 순간부터 이 사적 소유가 존재하는 사회에서는 모두 도둑질하지 말라는 도덕적 명령이 통용돼야 했다."[16] 그러나 앞서 본 대로 사적 소유는 인류 역사에서 비교적 최근에 등장한 것이다. 더욱이 절도 개념은 소유 개념에 의존하므로 소유 형식이 변하면 '절도'의 기준도 변한다. 인간을 노예로 '소유'할 수 있는 사회에서는 인간을 훔치는 것도 가능하다(열째 계명에서 보듯 인간을 탐낼 수도 있다). 그러나 인간을 소유할 수 없는 사회에서는 인간을 훔칠 수도 없다. 그 주인 몰래 훔치는 것이 아니라 그 자신의 의지에 반해 납치할 수 있을 뿐이다.

공교롭게도 절도의 의미 변화라는 문제가 청년 마르크스의 사상이 사회주의로 발전하는 데서 중요한 구실을 했다. 1842년 라인란트 의회가 '목재 절도 처벌법'을 제정하자 당시 〈라인 신문〉 주필이던 마르크스는 신문에서 이 법을 다뤘다. 농민들이 땅에 떨어진 나무를 주워다가 땔감으로 쓰는 것은 수백 년 동안 인정된 자연스러운 권리였다. 그런데 이제 땅에 떨어진 나무는 지주의 소유물이고 그것을 주워가는 행위는 절도죄로 규정하는 법이 제정된 것이다. 관습적 권리와 새로운 법의 충돌 때문에 프로이센에서 절도죄로 기소된 사람 여섯 명 중 다섯은 이렇게 나무를 훔친 혐의였다. 마르크스는 나중에 자신이 이 문제를 계기로 '물질적 이해관계'와 '경제적 문제'를 처음으로 탐구하게 됐다고 회상했다.[17] 사실 이 사건은 농촌 지역에서 발전하던 자본주의 사회관계의 징후였으며 유럽 전역에서 벌어진 공유지 인클로저나 스코틀랜드의 하일랜드 거주민 강제 추방 같은 현상의 일부였다.

절도의 도덕성을 둘러싼 논쟁의 계급적 성격은 매우 분명하다. 18세기 영국 민요는 그 점을 잘 보여 준다.

마을 공유지에서 거위를 훔친
보통 사람은 법대로 감옥에 가고
거위에게서 공유지를 훔친
진짜 악당은 법망을 빠져나가네

이 점은 또, 자본가가 볼 때 공장을 점거한 노동자는 정당한 소유자에게서 공장을 '훔친' 셈이지만 사회주의자가 볼 때는 자본주의 자체가 노동자의 노동시간을 합법적으로 '훔치는' 체제라는 데서도 분명히 드러난다. 그리고 굶주린 아이들을 먹이려고 슈퍼마켓에서 음식을 훔친 빈민은 도덕적으로 정당하지 못하다고 누가 주장하겠는가? 슈퍼마켓 주인과 자본가들은 분명히 그렇게 주장할 것이다.

추상적 논증을 이용해 근본적·보편적 도덕법칙을 확립하려는 시도 가운데 가장 유명하고 영향력 있는 것은 이마누엘 칸트의 '정언명령'이다. 그것은 "네 의지의 준칙이 보편적 법칙이 될 수 있도록 행동하라"는 것이다.[18] 언뜻 보면 이 명령은 십계명보다 더 그럴듯하게 들린다. 아주 추상적이기 때문이다. 그러나 이 명령을 실제로 적용하려 드는 순간, 즉 이 명령에서 구체적 행동 지침을 끌어내려는 순간 정확히 똑같은 문제에 직면하게 된다.

살인하지 말라는 명령은 누구나 사람을 죽여서는 안 된다고 분명히 바랄 것이라는 점에서 정언명령을 따르는 것처럼 보인다. 안타깝게도 이 명령은 실제로 인간의 생명을 빼앗아야 하는 도덕적 딜레마 상황에서는 아무 쓸모가 없다. 예를 들어 사람들은 자기 방어를 위해 살인할 권리가 인정돼야 한다고 바랄 수 있다. 그러나 그렇다고 해서 공격받은 사람은 모두 자기방어를 위해 살인해도 된다는 것을 보편적 법칙으로서 바랄까? 당연히 그러지 않을 것이다. 우리가 물총이나 땅콩으로 공격받은 사람이 [자기 방어를 위해] 상대를 살해하는 것은 바람직하지 않다고 여긴다면, 공격의 성격과 정도를 가늠해야 한다는 것은 당연하다. 이 문제는 또, 공격받은 사람이 누구인지에도 달려 있지 않을까? 노예가 자신을 학대하는 주인을 살해할 권리나 탈출하려는 노예를 붙잡으려다가 노예가 반격하자 그를 살해한 노예 주인의 권리를 우리는 어떻게 평가해야 할까? 한마디로 정언명령도 찬찬히 따져 보면 결코 보편적 법칙이 아니라 십계명과 마찬가지로 사회적 맥락과 계급적 관점의 차이라는 문제, 단서, 고려 사항에 종속된다는 것을 알 수 있다. 트로츠키가 다음과 같이 평가한 것도 옳았다. "정언명령이 철학의 천상에서 숭고한 자리를 차지하고 있는 것은 사실이지만, 이 명령에는 구체적인 것이 전혀 포함돼 있지 않기 때문에 무조건적 명령이 될 수 없다. 정언명령에는 껍질만 있을 뿐 내용이 없다."[19]

마르크스주의는 영원하거나 절대적인 도덕적 진리 개념을 거부하기 때문에 부도덕한 사상이라는 비난에 시달렸고 특히 "목적이 수단을 정당화한다"는 원칙을 신봉한다고 비난받았다. 즉, 마르크스주의는 혁명이나 사회주의라는 '목적'을 위해서라면 살인·테러·절도·거짓말 같은 사악한 행위조차 허용한다는 것이다. 방금 인용한 《저들의 도덕, 우리의 도덕》에서 트로츠키는 이런 주장을 설득력 있게 논박했다. 트로츠키는 두 가지를 핵심적으로 지적했다. 첫째, 마르크스주의에 대해 이런 비난을 퍼붓던 자들도 거의 모두 자신의 목적과 목표를 실현해야 할 때는 '목적이 수단을 정당화한다'는 원칙을 채택한다는 것이다.(가장 명백한 사례로는 전쟁이 있다. 전쟁은 그 목적 — 국가 안보, 자유, 평화 등 — 에 의해서만 정당화할 수 있기 때문이다. 그런데 정치에서 폭력의 사용을 거부하는 사람들이 일관되려면 모든 무기, 군대, 경찰, 감옥, 법원도 거부해야 한다. 그 결과에 개의치 않고 말이다.) 둘째, 트로츠키는 "수단을 정당화할 수 있는 것은 오로지 목적뿐이다. 그러나 목적 자체도 정당해야 한다"고 말했다.[20] '혁명'이라는 목적 자체는 인간 해방이라는 또 다른 '목적'의 수단이다.

우리의 대답은 이렇다. 진정으로 인간 해방에 이르려는 목적은 허용될 수 있다. 그 목적은 혁명을 통해서만 달성할 수 있으므로 프롤레타리아 해방의 도덕에는 반드시 혁명적 성격이 있다. … 허용될 수 있고 의무로서 받아들여질 수 있는 수단은 오로지 다음과 같은 수단들뿐이다. 즉, … 혁명적 프롤레타리아를 단결시키고, 그들에게 억압에 대한 비타협적 적개심을 가득 불어넣고, 공식적 도덕과 그 도덕을 앵무새처럼 떠들어 대는 민주주의자들을 경멸하도록 가르치고, 역사적 사명 의식을 고취하고, 투쟁에서 용기와 자기희생 정신을 고양시키는 수단 말이다. 바로 이 때문에 모든 수단을 다 허용할 수는 없다. 우리가 목적이 수단을 정당화한다고 말할 때 그 결론은 다음과 같다. 즉, 위대한 혁명적 목적은, 노동계급의 내분과 반목을 조장하고, 대중의 참여 없이도 행복해질 수 있다는 착각을 퍼뜨리고, 대중의 자신감과 자기 조직에 대한 신뢰를 떨어뜨리고 오히려 '지도자' 숭배를 부추기는 저열한 수단과 방법을 거부한다. … 물론 이런 기준이 각각의 구체적 경우에 허용될 수 있는 것과 없는 것을 바로 알려 줄 수는 없다. 그렇게 자동으로 해답을 얻을 수는 없다. 혁명적 도덕의 문제는 혁명적 전략·전술의 문제와 떨어뜨릴 수 없는 것이다.[21]

그러나 문제는 마르크스주의에 반대하는 사람만이 아니다. 많은 마르크스주의자들도 마르크스주의는 일체의 도덕 개념을 거부하며 그러는 것이 옳다고 주장하거나 아니면 마르크스주의에는 '윤리학'이 없으므로 모종의 보편적 도덕철학(아마도 칸트나 아리스토텔레스의 철학)으로 보완해야 한다고 주장한다. 나는 두 견해에 모두 동의할 수 없다.

첫째, 마르크스와 엥겔스는 자신들이 "결코 도덕을 설교하지 않는다"

고 간혹 말했지만[22] 그들의 저작 전체에는 명시적으로든 암묵적으로든 도덕적 판단이 명백히 배어 있다. 마르크스가 파리코뮌을 탁월하게 설명한 《프랑스 내전》에는 코뮌을 파괴한 아돌프 티에르 일당에 대한 도덕적 비난과 경멸이 넘쳐 난다. 잠시 마르크스의 길고 통렬한 고발을 인용하겠다.

아돌프 티에르의 오랜 정치 경력에서 실천적으로 유용한 조처는 단 하나도 (아무리 사소한 것이라도) 없었다. 티에르는 부를 탐하는 데서만, 그리고 그 부를 생산한 사람들을 혐오하는 데서만 한결같았다. 그가 루이 필립 치하에서 처음 장관이 됐을 때는 욥만큼 가난했지만 물러날 즈음에는 백만장자가 돼 있었다. 그가 마지막으로 장관을 지낼 때 … 하원에서 횡령 혐의로 모든 사람의 조롱거리가 되자 그는 눈물을 흘리며 하소연하는 데 만족했다. 눈물의 하소연은 쥘 파브르나 여느 악어들처럼 티에르가 자유자재로 다룰 줄 아는 상품이었다. [정부가 도피한] 보르도에서 재정 파탄이 임박하자 티에르가 프랑스를 구원할 요량으로 취한 첫 조처는 자기 자신에게 연봉 300만 프랑을 책정한 것이었다. … 소소한 국정 농단의 대가, 위증과 배반의 달인, 의회 정쟁에서 졸렬한 책략과 교활한 술수와 비열한 배신의 고수, 권좌 밖에서는 주저 없이 혁명을 부채질하더니 국가수반이 되자 혁명을 피로 물들이며 진압한 자, 사상의 자리에는 계급적 편견이, 마음속에는 허영이 가득한 자, 공직 생활만큼 악명 높은 사생활도 역겹기 짝이 없는 자, 그가 바로 티에르다.[23]

마르크스는 다음과 같이 결론 내린다.

노동자들의 파리는 코뮌과 함께 새로운 사회를 알리는 영광스러운 선구자로서 영원히 찬양될 것이다. 코뮌의 순교자들은 노동계급의 위대한 심장에 아로새겨질 것이다. 코뮌을 교살한 자들에게는 이미 역사의 낙인이 찍혔으며 그들의 사제가 드리는 어떤 기도도 그들을 구원할 수 없을 것이다.[24]

마르크스는 《자본론》에서 자본가들이 "잉여가치에 굶주린 늑대인간"처럼 행동하고 그들의 "끔찍하고 가혹한 수탈은 … 아메리카 대륙의 원주민들을 잔인하게 몰살한 스페인인들조차 도저히 따라올 수 없을 정도다"라고 썼다.[25] 그리고 아동노동에 대한 악랄한 착취를 상세히 설명하면서 다음과 같이 덧붙였다. "자본은 노동자의 건강이나 수명 따위는 전혀 개의치 않는다. … 육체적·정신적 퇴보, 조기 사망, 끔찍한 과로의 고통으로 절규가 터져 나오면 자본은 이렇게 대꾸한다. 이 고통이 우리의 이윤을 증가시키는데 우리가 왜 그것 때문에 고민하겠는가!"[26] 이런 구절들은 마르크스와 엥겔스 저작에서 결코 드물거나 예외적인 구절들이 아니며 마찬가지로 레닌·트로츠키·룩셈부르크의 정치적·역사적 저작들에서도 강렬한 도덕적 평가들을 찾아볼 수 있다. 정말이지 역사유물론의 핵심 개념들 다수(소외, 착취자와 피착취자, 억압과 피억압)에는 뿌리 깊은 도덕적 의미들이 있다. '착취'는 도덕적 개념과 대립하는 과학적 개념이거나 과학적 개념과 대립하는 도덕적 개념이 아니라 과학적 개념인 동시에 도덕적 개념이다.

더욱이 앞서 본 대로 도덕을 둘러싼 논쟁에서 엥겔스와 트로츠키가 부르주아 도덕의 대안으로 내세운 것은 도덕의 부재가 아니라 프롤레타리아 도덕이었다.

오늘날 설파되는 도덕에는 어떤 도덕이 있는가? 우선 봉건적·그리스도교 도덕이 있다. … 그와 나란히 근대·부르주아 도덕이 있고 프롤레타리아의 미래 도덕이 있다. … 그렇다면 그중 어떤 도덕이 진정한 도덕인가? 절대적 궁극성에 비춰 보면 셋 다 아니다. 그러나 분명히 영속성을 보장하는 요소들이 가장 많은 도덕이라면, 현재로서는 현재의 변혁, 즉 미래를 대표하는 프롤레타리아 도덕이야말로 영속적 요소가 가장 많은 도덕이다.[27]

이런 주장에는 비일관성이나 혼란도 없고 비마르크스주의 도덕철학이나 마르크스주의 이전의 도덕철학에 의지할 필요도 없다. 도덕은 절대적 법칙이 아니라 사회적 조건의 산물로서, 인간의 행위에 큰 영향을 미치는 일반적 지침이다. 최초의 사회, 즉 계급 발생 이전의 수렵·채집 사회, 다시 말해 '원시공산제' 사회의 도덕은 당시 상황 때문에 구성원 공통의 필요나 모두 동의하는 필요에서 생겨났다. 그래서 당시의 도덕은 씨족(사람들이 상호의존 관계에 있고 근본적으로 공통의 이해관계를 갖는)의 생존과 번영에 기여하는 행위는 승인하고 씨족의 생존과 번영을 해치는 행위는 금지했다. 예를 들어 수렵·채집 활동으로 획득한 것의 공유를 장려하고 사적 소유·소비는 장려하지 않았다.

사회가 착취자와 피착취자로 분열하면서, 필요와 이해관계가 근본적으로 대립하는 계급들이 생겨났고 그 결과 대립하는 상이한 도덕들이 등장했다. 현대 사회에서는 부르주아 도덕과 프롤레타리아 도덕이 이렇게 대립하고 있다. 이 대립에서 마르크스주의는 노동계급의 도덕을 옹호한다(마르크스주의가 노동계급의 경제적·정치적 이익을 지지하는 것과 마찬가지다). 자본주의 내에서 압도 다수 인류의 이해관계를 대변하고 궁극적으로 인류 전체의 생존과 발전을 옹호하는 것은 노동계급이기 때문이다. 프롤레타리아 도덕은 현재까지 그리고 계급 없는 사회를 이루기 전까지 역사적으로 가능한 최고 수준의 도덕이다.

중요한 것은 여기서 말하는 노동계급의 도덕이 결코 노동자들의 가장 흔한 행동과 사고방식이 아니라는 것이다. 노동계급 남성 일부는(물론 중간계급 남성 일부도) 가정에서 야만적인 폭력을 휘두르지만, 마르크스주의 관점에서 가정 폭력을 도덕적으로 용납하지는 않는다. 또, 노동계급의 도덕은 마르크스나 마르크스주의자들이 노동계급의 속성이라고 보거나 노동계급이 따라야 할 것으로 제시한 규칙들도 아니다. 오히려 노동계급의 도덕은 노동계급이 자본주의 안에서 자본주의에 맞서 싸우며 역사적으로 발전시킨 가치·규범·교훈이 집적된 것이고, 그래서 마르크스주의자들은 그것을 지지하고 옹호하는 것이다.

가장 이해하기 쉬운 사례는, 파업 중에 "작업장으로 복귀하지 말라"는 노동계급 원칙이다. 이것은 명백히 모든 노동자들이 준수하거나 지지하는 규칙은 아니다(모두 이를 준수한다면 피케팅을 할 필요조차 없을 테니 말이다). 그런데 마르크스주의자나 사회주의자 현장 조합원만이 아니라 많은 노동자들도 이 지침을 '도덕적' 원칙으로 받아들이고 '느낀다'는 사실은 계급투쟁에 큰 보탬이 된다.* 더욱이 "작업장으로 복귀하지 말라"는 원칙은 마르크스나 마르크스주의자들이 제시하고(내가 실수했을 수도 있지만 마르크스의 어느 저작에서도 이런 구절을 보지 못했다) 노동

---

* 물론 그런 지침이 모두 그렇듯이, 계급의식적 노동자와 사회주의자가 작업장으로 복귀해야 하는 대단히 드문 예외적 경우들도 있다.

계급이 수용한 원칙이 아니었다. 오히려 이 규칙은 노동계급 스스로 투쟁에서 발전시킨 것이었다. 그것이 노동계급의 필요에 부합하는 원칙이었기 때문이다. 마르크스와 엥겔스는 자신들이 파업과 노동조합을 지지한 최초의 사회주의자라는 사실을 자랑스러워했지만 파업과 노동조합은 이들의 발명품이 아니었다. 노동자들은 마르크스가 태어나기 오래전부터 이미 존재했다.

또 다른 사례로 인종차별 반대가 있다. 물론 인종차별 반대는 정치적 원칙이지만 도덕적 쟁점이기도 한데, 이 점은 인종차별을 논하는 용어나 논조에서 분명히 드러난다. 또, 인종차별 반대 역시 마르크스주의가 최초로 내걸거나 만든 것이 아니다. 이 점은 이미 1842년에 '차티스트 전국 집행위원'으로 선출된 차티스트운동의 흑인 지도자 윌리엄 커파이를 봐도 알 수 있다. 인종차별 반대는 또, 의식적 마르크스주의자나 사회주의자들에게서만 볼 수 있는 태도가 아니다. 이 점은 런던을 이리저리 다녀보기만 해도 알 수 있다. 이미 강조했지만 인종차별 반대는 중간계급이나 부르주아지보다는 노동계급 사이에서 훨씬 일반적인 태도다. 위로부터 주입되는 인종차별 압력 때문에 인종차별 반대는 저절로 생겨날 수 없고, 투쟁 속에서 계급적 단결을 이룰 강력한 필요에서 생겨나는 것이다.

성도덕 문제는 훨씬 복잡한 문제이고 여기서 다루는 것보다 더 자세히 논의할 가치가 있다. 그런데 오늘날 성의 관계에 대한 진보적이고 상대적으로 '자유로운' 태도의 사회적 뿌리는 노동계급 사이에 널리 퍼진 관행과 태도라 할 수 있다. 파리코뮌은 이 점을 아주 분명히 보여 준다 (마르크스주의가 파리코뮌에 미친 영향은 보잘것없었다).

파리코뮌은 내전에서 사망한 국민방위대원의 부인과 자녀들을 모두 보살폈고, 특히 정식 혼인 관계를 맺지 못한 여성과 혼외 자녀들도 보살필 것을 명시한 포고령도 공포했다. 코뮌은 파리의 노동계급 남녀 사이에서 흔한 결합 형태, 즉 교회나 국가의 공식 승인을 받지 않은 채 동거하는 상태를 법적으로 인정했다.²⁸

당시 코뮌의 지도자인 아르튀르 아르누는 다음과 같이 논평했다.

이것은 아마도 파리코뮌이 실행한 가장 대담한 조처 가운데 하나였다. 코뮌은 도덕 문제를 급진적으로 돌파했지 꺼리지 않았기 때문이다. … 이 포고령으로 … 여성의 법적·도덕적 지위는 남성과 절대적으로 평등해졌고, 그래서 진정으로 도덕적인 상황이 형성됐다. … 남녀의 결합은 책임 있는 두 개인에 의해 성사되는, 본질적으로 자유로운 행위여야 한다.²⁹

부르주아 도덕과 프롤레타리아 도덕, 저들의 도덕과 우리의 도덕은 명백히 다르다는 것을 잊지 말아야 한다. 부르주아 지도자이자 파리코뮌을 도살한 티에르는 다음과 같이 말했다. "여태껏 사회에 크게 공헌한 그리스도교는 노예와 마찬가지로 연약한 여성을 남성이 존중해야 한다고 가르친다."³⁰ 반면 어느 노동계급 여성은 '코뮌여성클럽'의 한 연설에서 다음과 같이 말했다. "여성 시민 여러분, 결혼은 옛날부터 인간이 저지른 가장 큰 실수입니다. 결혼하면 노예가 됩니다. … 결혼 상태는 도덕과 끊임없이 충돌하는 범죄입니다."³¹

대체로 마르크스주의가 옹호하는 노동계급 도덕은 "한 사람에게 부당한 것은 모두에게 부당하다"는 구호에서처럼 연대와 단결의 가치를 강조한다. 물론 연대와 단결의 대상은 다른 노동자들뿐 아니라 억압당하고 천대받는 사람들 전체다. 그러나 부르주아 도덕은 개인의 성취와 개인의 책임을 강조하며, 가정의 테두리를 벗어나지 않거나 기껏해야 국민국가의 틀을 벗어나지 못한다. [부르주아지의] 계급 전사였던 마거릿 대처는 다음과 같이 말했다.

> 제가 보기에는 그동안 너무 많은 사람들이 문제가 생기면 당연히 정부가 나서서 해결해 줘야 한다고 생각하게 됐어요. "생활이 어려우니 보조금을 받아야겠어", "집이 없으니 정부가 주택을 마련해 줘야 해." 이들은 자신의 문제를 사회에 떠넘깁니다. 그런데 아시다시피 사회 따위는 존재하지 않아요. 존재하는 것은 남녀 개인, 그리고 가족뿐이에요.[32]

노동계급 도덕의 관점에서 보면, 자본축적을 추구하는 기업주와 은행가들은 탐욕스럽지만 임금 인상을 위해 싸우는 노동자들은 마르크스가 말한 "자기 확신의 필수적 형식"과 "우리 모두를 위한 투쟁"에 뛰어든 것이다. 부르주아 도덕의 관점에서 보면, 그렇게 투쟁하는 노동자들이 탐욕스럽고 기업주들은 부를 누릴 자격이 있다.

"계급 적대를 초월한 진정한 인간적 도덕"은 계급 없는 사회에서나 실현 가능하다.[33] 그런 사회의 도덕은 어떤 모습일까? 《공산당 선언》에서 마르크스는 그런 사회는 "개인의 자유로운 발전이 … 모든 사람의 자유로운 발전의 조건이 되는" 사회이며 "능력만큼 일하고 필요한 만큼 가져가는" 원칙에 따라 운영될 것이라고 말한다. 그러나 이런 일반적 특징 이상을 말하기는 매우 어렵다(비록 그런 일반적 특징이 중요하기는 하지만 말이다). 그것은 우리가 미래의 주택이나 교통수단을 구체적으로 얘기하기가 쉽지 않은 것과 마찬가지다. 성도덕에 대해 엥겔스가 쓴 다음의 글은 더 포괄적이고 도덕에 관한 이 절을 마치기에 적합할 듯하다.

머지않아 자본주의 생산이 전복된 후 성의 관계가 어떻게 바뀔지에 대해 지금 우리가 추측할 수 있는 것은 주로 부정적인 것들, 즉 대부분 장차 사라질 것들이다. 그렇다면 새로운 것은 무엇이 있을까? 그 해답은 새로운 세대가 자라나야 얻게 될 것이다. 즉, 살면서 돈이나 다른 사회적 영향력을 이용해 여성의 복종을 얻어 낸다는 것이 무엇인지 결코 알지 못하는 남성 세대, 진정한 사랑 말고 다른 고려 사항 때문에 남성에게 자신을 허락한다는 것 또는 경제적 곤란을 염려해 사랑하는 사람을 거부한다는 것이 무엇인지 결코 알지 못하는 여성의 세대라면 해답을 알 것이다. 이런 세대가 등장하면 이들은 오늘날 사람들이 도덕적 의무라고 생각하는 것 따위는 거의 신경 쓰지 않을 것이다. 이 세대는 자신의 고유한 관행과 그에 상응하는 개인 윤리를 만들어 낼 것이다. 그리고 그걸로 끝일 것이다.[34]

정의

도덕의 사회적 발전과 계급적 성격에 대해 지금까지 살펴본 것은 모두 정의라는 특별한 문제에도 해당된다. 정의의 개념에는 경제학·정치학·도덕의 쟁점들이 섞여 있다. 여기서는 매우 간략하게 정리하고 넘어가겠다.

계급 사회의 역사 내내 정의의 성격은 이중적이었다. 한편으로 강자의 정의가 있다. 기필코 실현된다는 정의, 범법자들은 결코 그 심판을 피할 수 없다는 정의, 법원과 법무부가 책임지고 집행하는 정의, 지배계급의 국가를 이데올로기적으로 은폐하는 구실을 하는 정의가 있다. 다른 한편으로 피억압자들이 끊임없이 요구하는 정의가 있다. "정의는 순교자들의 편이다", "정의는 스티븐 로런스의 편이다", "정의는 트레이본 마틴의 편이다", "정의가 없다면 평화도 없다." 대체로 이 서로 다른 정의관은 흔히 경찰의 곤봉 끝이나 감옥 문 앞에서는 완전히 정반대였다.

이런 사실에도 불구하고, 그리고 어느 정도는 이런 사실 때문에 부르주아 정치철학은 지난 400여 년 동안 합리적 추론을 써서 국가권력의 정당한 근거를 마련하려고 상당히 애를 썼다. 역사적으로, 로크·루소·흄 등이 전개한 사회계약설이 이런 근거로 제시됐다. 사회계약설은 정당한 사회·정치 질서의 바탕에는 시민과 정부 사이에 또는 시민들 사이에 원초적(또는 원초적이라고 생각되는) 합의, 즉 계약이 있다고 주장했다. 사회계약설은 처음 등장했을 때는 명백히 진보적이고 심지어 혁명적인 사상이었다. 왜냐하면 봉건영주의 오랜 지배와 절대왕정의 왕권신수설에 반대했기 때문이다.

부르주아 혁명이 진행되고 다양한 부르주아 민주주의 형태가 등장하자 사회계약설은 부르주아 사회와 자본주의 국가를 정당화하고 현실의 임금노예제를 은폐하는 반동적 구실을 하기 시작했다. 자본주의 사회든 다른 형태의 계급사회든 결코 시민들 사이의 모종의 원초적 계약이나 합의를 바탕으로 세워지지 않았고, 오늘날 자본주의 사회에서 통치자와 피통치자 사이의 계약처럼 보이는 것, 즉 보통선거는 속임수에 지나지 않는다. 왜냐하면 의회에는 결코 실질적 권력이 없기 때문이다. 실질적 권력은 사뭇 다른 계약, 즉 자본과 임금노동 사이의 계약에 바탕을 두고 있으며 이 계약이 결코 자발적 계약이 아닌 이유는 노동자들은 경제적으로 자신의 노동력을 판매할 수밖에 없는 처지이기 때문이다. 따라서 오늘날 사회계약설은 자본주의 체제 옹호론과 다를 바 없다.*

그런데 마르크스가 말한 완선히 발전된 사회주의, 즉 공산주의 사회를 정의로운 사회로 봐야 할까? 내 생각으로는 그렇게 봐서는 안 된다. 오히려 정의를 넘어선 사회로 봐야 한다. 그 사회가 정의를 넘어선다는 의미는 첫째, 국가가 사멸함에 따라 정의를 집행하는 특수한 기구(경찰, 법원, 감옥 등)도 사라지고 아마 처벌 자체도 거의 사라질 것이라는 뜻이다. 설령 처벌이 존속하더라도 사회의 자기방어에 필요한 최소 수단에 그칠 것이며, 정의나 공정함 또는 '응분의 대가'를 요구하는 일은 없을 것이다. 둘째, 그 사회는 '공평한' 임금 또는 부의 '정당한' 분배라는 개념을 넘어설 것이다. 마르크스는 《고타강령 비판》에서 "정당한 분배"와 "균등한 권리"라는 생각 자체를 비판하면서 다음과 같이 결론을 내린다.

---

* 현대판 사회계약설의 대표자는 《정의론》(1971)의 저자인 미국 자유주의 정치철학자 존 롤스다. 롤스는 정의로운 사회의 원리들을 밝히려고 시도하는데, 가상의 "원초적 입장(사회 구성원들이 자신의 조건이나 처지 또는 자신에게 유리한 것을 모르는 상황)"에서 사람들이 이른바 합의 과정을 통해 도달할 수 있는 원리들을 찾아내려 한다. 롤스는 애초부터 자유주의적 자본주의의 가정들을 자신이 확립하려는 모델의 전제로 삼기 때문에 그의 이론은 자유주의적 자본주의의 해법에 지나지 않는다고 비판하는 마르크스주의 견해로는 J Molyneux, "The Ideology of Justice: A Marxist Critique of Rawls", http://johnmolyneux.blogspot.co.uk/2012/05/ideology-of-justice-marxist-critique-of.html 참조.

공산주의 사회의 더 높은 단계에서는, 즉 개인이 분업에 종속되는 예속 상태가 사라지고 그와 함께 정신노동과 육체노동의 대립도 사라지고 나면, 노동이 생계 수단일 뿐 아니라 삶의 첫째 욕구가 되고 나면, 개인의 전면적 발전과 함께 생산력도 증대해 집단적 부의 모든 원천이 흘러넘치고 나면, 그때에야 비로소 부르주아적 권리의 편협한 지평이 완전히 극복되고 사회는 다음과 같은 깃발을 치켜들 것이다. 능력만큼 일하고 필요한 만큼 가져간다.[35]

같은 글에서 마르크스는 고타강령의 중심이 '분배'에 있다고 비판하면서 오히려 "생산의 물질적 조건"의 소유와 통제에 초점을 맞춰야 한다고 주장한다.[36]

따라서 미래 공산주의 사회의 근본 특징은 정의가 아니라 자유와 인간의 의식적 통제일 것이다.

12장_ 루카치, 그람시, 알튀세르

게오르그 루카치, 안토니오 그람시, 루이 알튀세르는 학술계에서 가장 이름난 20세기 마르크스주의 철학자들이다. 대학에서 사회과학이나 인문학 학과를 다닌 활동가라면 누구나 이들의 이름을 들어 봤을 것이다. 따라서, 이 책은 이런저런 철학자들보다는 주로 철학의 여러 주제와 쟁점을 다루지만 이 철학자들에 대해서는 언급해야 할 듯하다. 물론 이 작은 책에서 그들을 철저하게 다룰 수는 없겠지만 말이다.

여기서는 이들의 주요 사상을 간단히 요약하고 나서, 지금까지 내가 일반적으로 설명한 마르크스주의 철학의 근본 특징들에 비춰 그들의 사상을 어떻게 이해해야 하는지 살펴보겠다.

루카치

루카치(1885~1971)는 헝가리 태생의 철학자로 처음에는 독일 관념론 철학, 특히 헤겔의 영향과 사회학자 막스 베버의 영향을 받은 낭만주의적 반자본주의자였는데 제1차세계대전과 러시아 혁명의 영향으로 마르크스주의자로 전향하고 1918년 헝가리 공산당에 입당했다. 그는 단명한 헝가리 소비에트공화국(1919년 3~8월)에서 문화·교육 인민위원을 지냈고 혁명이 패배한 뒤 빈으로 망명했다. 1923년에는 논문 모음집《역사와 계급의식》을 펴냈는데, 이 책은 이후 많은 사람들에게 '서구 마르크스주의'의 원조로 여겨지게 된다.

1924년 루카치는《레닌 — 그 사상의 통일성 연구》를 저술했는데, 공산주의인터내셔널 5차 대회에서 주요 볼셰비키 지도자인 지노비예프에게 '수정주의자'라는 비판을 받았다. 1928년에는 헝가리의 호르티 독재를 전복할 전략을 제시한 "블룸 테제"를 발표했다.* 그러나 이때는 스탈린주의의 극단적 초좌파주의 노선인 '제3기' 정책이 막 시작된 때여서 "블룸 테제" 또한 비난을 면치 못했다. 이때부터 루카치는 정치 일선에서 물러나 연구와 문예 비평에 전념했다. 1930~45년에는 모스크바의 마르크스엥겔스 연구소에서 일했는데 스탈린의 숙청에서 겨우 살아남을 수 있었다(망명한 헝가리 공산당원 대다수는 당시 목숨을 잃었다). 1945년 헝가리로 돌아온 루카치는 헝가리 공산당 정부에 참여했으며, 1956년에는 헝가리 혁명으로 잠시 자유화 물결이 일자 임레 너지 정부에 참여했다.

---

* 블룸은 루카치의 필명이었다 — 옮긴이.

소련군 탱크가 헝가리 혁명을 진압할 때 가까스로 목숨을 구했으면서도 루카치는 평생 동안 헝가리 공산당을 지지했다. 그러나 만년에는 점차 스탈린을 비판했다.

루카치의 철학을 간략하게 설명하는 일이 만만치 않은 이유는 그의 지적 편력이 시기마다 달랐기 때문이다. 루카치는 스탈린주의 앞에서 전술적 후퇴와 굴복을 여러 차례 했으며 그의 거듭된 철학적 전환과 자기비판에는 진심과 편의주의가 모두 있는 듯하다. 여기서는 루카치의 가장 중요하고 영향력 있는 저작인 《역사와 계급의식》, 그리고 이와 밀접한 관련이 있는 《레닌 — 그 사상의 통일성 연구》만을 다루겠다.

루카치는 《역사와 계급의식》을 쓸 때 두 가지 서로 연관된 목적을 염두에 뒀다. 첫째는 마르크스에 대한 이해를 발전시켜, 독일 사회민주당과 제2인터내셔널의 마르크스주의에서 두드러진 기계적 유물론과 경제결정론을 비판하고 극복하겠다는 것이었다. 둘째는 볼셰비즘, 즉 혁명적 정당에 관한 레닌주의 이론과 실천에 철학적 토대와 정당성을 부여하겠다는 것이었다.

그래서 루카치는 혁명 과정에서 프롤레타리아의 의식이 하는 구실을 집중적으로 탐구했다. 루카치는 자본주의 사회가 생산력 발전의 자동적 결과로 또는 경제 위기와 그에 따른 자본주의 붕괴의 결과로 사회주의로 바뀔 것이라는 생각을 일절 거부했다.

프롤레타리아 의식의 변화는 결코 저절로 이뤄지지 않는다. 낡은 직관적·기계적 유물론은 파악할 수 없었지만 프롤레타리아에게는 명백한 두 가지 진실이 있다. 하나는 프롤레타리아는 오직 자기 자신의 행동을 통해서만 변화하고 해방될 수 있다는 것이고 다른 하나는 "교육자 자신도 교육을 받아야 한다는 것이다." 객관적 경제 발전은 단지 프롤레타리아가 생산과정에서 차지하는 위치를 만들어 낼 뿐이다. 물론 이 위치가 프롤레타리아의 관점을 결정한다. 그러나 그런 객관적 발전은 프롤레타리아에게 사회변혁의 필요성과 기회를 제공할 뿐이다. 사회변혁 자체는 프롤레타리아 자신의 (자유로운) 행동의 결과로만 실현될 수 있다.[1]

《레닌》에서 루카치는 그 점을 다음과 같이 설명한다.

따라서 레닌의 조직관은 두 가지 점에서 기계적 숙명론과 결별했다. 첫째, 프롤레타리아 계급의식을 계급이 처한 상황의 기계적 산물로 바라보는 관점과 결별했다. 둘째, 혁명 자체를 경제적 힘들(숙명적으로 붕괴하기 마련인)의 기계적 작용으로만 보는 생각과도 결별했다. … 프롤레타리아의 태도, 결의, 계급의식 수준은 프롤레타리아의 경제적 상황에서 필연적·숙명적으로 발전해 나오는 것이 아니다.[2]

루카치가 이렇게 프롤레타리아의 계급의식은 결코 저절로 발전하는 것이 아니라고 강조하는 배경에는 그의 '사물화' 이론이 있다. 사물화란 "인간들 사이의 관계가 사물의 성격을 띠고 따라서 '허구적 객관성'이 성립되는" 과정을 말한다.[3] 이 개념의 바탕에는 마르크스가 분석한 상품 물신성이 있다.

따라서 상품이 신비한 이유는 인간 노동의 사회적 성격이 상품 형태에서는 노동 생산물에 부여된 물적 성격으로 나타나기 때문이며 따라서 생산자의 총노동과 생산자 사이의 관계가 생산자들 사이의 사회적 관계가 아니라 노동 생산물들 사이의 사회적 관계로 보이기 때문이다. … 이것은 사람들이 보기에 사물들 사이의 관계라는 환상적 형태로 나타나지만, 사실은 사람들 사이의 특정한 사회관계일 뿐이다.[4]

그리고 루카치는 다음과 같이 덧붙인다. "여기서 가장 중요한 점은, 이런 상황 때문에 인간 자신의 활동, 인간 자신의 노동이 인간과 무관하고 객관적인 어떤 것, 인간에게 낯선 자율성에 힘입어 인간을 지배하는 어떤 것이 된다는 사실이다."[5] 루카치는 30년 이상 묻혀 있던 소외라는 주제(카우츠키와 플레하노프는 물론이고 레닌·트로츠키·룩셈부르크에게도 알려지지 않은)를 재발견해서 다시 마르크스주의에 도입한 것이다. 더욱이 루카치는 《1844년 경제학·철학 수고》를 읽지 않은 상태에서 그런 일을 해냈다(이 책은 1930년에야 출판됐다). 그는 또 다음과 같이 주장한다. "사물화는 자본주의 사회에 사는 모든 사람에게 필연적·직접적 현실이다."[6] 그리고 사물화와 소외의 효과로 사회의 여러 현실, 특히 착취라는 현실이 은폐되고 사람들이 자본주의 경제학의 '법칙들'을 수동적으로 받아들이는 태도가 조장된다. 이 법칙들은 마치 인간이 통제할 수 없는 어떤 것처럼 보인다.* 부르주아지는 이데올로기적·실천적으로 이 상황

---

* 여기서 지적하고 싶은 것은 지난 4년 동안 세계경제 위기를 겪으며 우리는 모두 자본주의 옹호자들이 끊임없이 떠들어 대고 사회민주주의자들과 노동당 추종자들이 앵무새처럼 따라 외친 주문, 즉 은행 구제금융, 복지 삭감, 긴축 말고 대안은 없다는 말을 귀에 못이 박히게 들었다는 사실이다. '시장의 법칙'을 거스르는 정책은 진지하게 논의조차 할 수 없다는 것이 그들의 논거였다.

을 벗어날 수 없고 그들의 사회적 존재 자체가 자본의 논리, 즉 자본주의 경쟁·축적 논리와 떼려야 뗄 수 없는 관계가 있다고 루카치는 주장한다. 오로지 프롤레타리아의 관점으로 봐야만 사물화를 넘어서고 극복할 수 있다는 것이다.

그렇지만 노동자 대다수의 실제 의식은 사물화의 영향을 크게 받으며, 이런 영향과 부르주아지의 선전 효과로 말미암아 많은 노동자들은 프롤레타리아 계급의 독자적 이해관계를 명확히 깨닫기가 무척 어렵다고 루카치는 주장한다. "따라서 프롤레타리아는 무기력한 숙명론에 빠져서 또는 … (국가를 이상적이고 문화적인 긍정적 존재로) '도덕적'으로 인정해서 부르주아 사회의 '법칙'에 굴복하고 만다."[7] 따라서 "혁명의 미래를(그리고 인류의 운명도) 좌우할"[8] 계급의식을 정의할 때 루카치는 '진정한' 계급의식과 "계급을 이루는 개인들의 정서와 사고의 총합이나 평균"을 엄격히 구분한다. 도리어 "계급의식은 사실, 생산과정에서 차지하는 특정 지위에 '걸맞은' 적절하고 합리적인 반응이다."[9]

이 정의는 다음과 같은 의문을 낳는다. 프롤레타리아에게 "걸맞은 적절하고 합리적인 반응"은 누가 판단하는가? 루카치의 대답은 공산당이다. 루카치는 당이 "프롤레타리아 계급의식의 가시적 구현체"라고 말한다.[10] "공산당이 독립적 조직으로 존재해야 하는 이유는 프롤레타리아가 자신의 독자적 계급의식을 역사적으로 자각할 수 있게 하기 위해서다."[11] 공산당이 프롤레타리아 계급의식의 담지자로서 이런 역사적 구실을 한다는 근거는 무엇인가? 첫째, 공산당은 올바른 이론(역사유물론)을 이용해 사회 '전체'를 파악할 수 있기 때문이다. 둘째, 당은 내부 규율이 있고 당원들의 적극성을 최대한 끌어내기 때문이다.

규율을 통해서만 당은 집단의 의지를 실천으로 전환할 수 있다. … 공산당은 모든 부르주아 정당이나 기회주의적 노동자 정당보다 더 고차원의 조직 형태다. 이 점은 공산당이 당원들에게 더 중대한 요구를 한다는 데서 드러난다.[12] 당내 활동은 자본주의의 영향에 맞선 … 끊임없는 투쟁이다. 당의 결정적 무기는 모든 당원을 단결시키고 당원이 당을 위해 **자신을 다 바쳐서** 활동하도록 만드는 능력뿐이다.[13]

루카치의 철학적 기여를 평가할 때 다음 세 가지는 인정해야 한다. 첫째, 서양 철학의 전통 전체, 특히 헤겔에 대한 이해와 식견이 깊다. 둘째, 제2인터내셔널 마르크스주의의 경제결정론과 숙명론을 철저하게 비판하려 했던 것은 올바르고 필요했다. 셋째, 마르크스의 자본주의 비판에서도 핵심적이지만 자본주의 변혁에서 인간이라는 주체가 하는 구실을 이해하는 데서도 핵심적인(전에도 그랬고 지금도 그렇다) 사물화와 소외라는 (한동안 잊혀진) 주제들을 복권한 것은 무척 중요하다. 특히 이 마지막 업적 덕분에 《역사와 계급의식》은 20세기 마르크스주의 철학에 가장 중요한 기여를 한 저작 가운데 하나가 됐다.

그러나 내가 보기에 루카치의 견해에는 심각한 문제가 있다는 점도 인식해야 한다. 《역사와 계급의식》에서 마르크스주의에 대한 루카치의 전반적 설명에는 젊은 시절 지닌 관념론의 영향이 명백히 남아 있다. 즉, (추상적으로) 의식에 지나치게 집중하면서 더 구체적인 계급투쟁 분석을 놓치고 있다. 더욱이, '걸맞은' 계급의식을 당이 제공한다는 개념은 계급의식을 특정 시점에 노동자들이 생각하는 것의 산술적 평균으로 이해하지 않았다는 점에서는 올바르지만, 노동계급 자신이 투쟁 과정에서 이 계급의식을 발전시키고 창조하는 구실을 한다는 것과 당이 계급에게 배워야 한다는 것을 과소평가한다.

이것은 혁명적 정당에 대한 관념론적·엘리트주의적 관점의 원인이기도 하고 결과이기도 하다. 이 점은 당원들이 "자신을 다 바쳐서" 활동하게 만드는 당 개념에서도 드러난다. 그러나 대중적인 노동자 정당에서 다수의 평당원들은 그렇게 활동할 수 없을 것이다. 왜냐하면 그들은 공장·사무실·콜센터에서 하루에 8시간씩 일해야 하고 가족도 있고 취미 생활 등도 해야 하기 때문이다. 또 그들은 아마 혁명이 한창 벌어지는 와중에 비로소 당에 가입할 것이다. 따라서 대중적 노동자 정당에서 "자신을 다 바쳐서" 활동할 수 있는 당원은 오로지 '간부'들, 즉 상층 지도자들뿐일 것이다(루카치는 이들을 당 자체로 보는 듯하다). 또, 당을 계급의식의 구현체로 보는 관점에서는 당이 오류를 범하거나 계급보다 뒤처졌을 때 당이 노동계급에게 호소할 여지가 거의 또는 전혀 없게 된다. 이 점은 레닌과 비교하면 흥미로운데, 1917년에 레닌은 번번이 대중이 당의 왼편에 있다고 주장했고 10월에는 볼셰비키 중앙위원회가 무장봉기로 전환하기를 미적거리자 "수병들에게 호소하겠다"고 위협했다.[14]

루카치의 이론에 숨어 있는 관념론은, 마르크스주의의 정통은 오직 '방법'뿐이라는 견해에서도 드러난다. 그는 "최근 연구 결과로 마르크스의 주장들이 모두 그릇된 것으로 판명됐다" 해도 상관없다고까지 말했다.[15] 그러나 예를 들어 자본주의의 내부 모순이 극복됐다거나 프롤레타리아가 더는 혁명적 계급이 아니라고 밝혀진다면 마르크스주의는 종합적 이론으로서 논박당한 것이 분명하다. 이렇게 마르크스주의를 방법으로 환원하는 주장은 《역사와 계급의식》의 맨 처음 논문이자 가장 이른 시기인 1919년 3월에 쓴 논문에 나오는데 이후 몇 년 동안 루카치는 더는 이렇게 명시적으로 주장하지는 않았다고 할 수 있지만 그의 사고에 이 경향은 계속 남아 있었던 듯하다. 그가 자연변증법을 부정한 것에 대해서도 마찬가지로 말할 수 있다. 이 문제는 앞서 변증법을 다룬 5장에서 이미 살펴봤지만, 루카치는 1925~26년에 쓴 《추수주의와 변증법》에서는 자연변증법 부정론을 다음과 같이 거부했다.

> 사회가 자연에서 나왔다는 것은 자명하다. 자연과 자연법칙이 사회보다 앞서(즉, 인간보다 앞서) 존재했다는 것도 자명하다. 변증법이 사회보다 앞선 자연의 발전 원리로서 유용하지 않다면 사회 발전의 객관적 원리로서도 결코 유용할 수 없다는 것은 자명하다.[16]

대체로 말해서, 루카치의 철학적 기여를 가장 잘 이해하려면 마르크스의 "포이어바흐에 관한 테제" 중 첫 번째 테제의 도움이 필요하다.

> 이제까지 모든 유물론(포이어바흐의 유물론도)의 주요 결점은 대상·현실·감성을 오로지 객체로 또는 관조적으로만 파악할 뿐 인간의 감성적 활동, 실천으로 파악하지 않고 주체적으로 파악하지 않는다는 것이다. 따라서 **활동**의 측면은 유물론과 대비되는 관념론에서 추상적으로 발전했다. 물론 관념론은 현실적·감성적 활동 자체를 파악하지 못한다.

카우츠키와 제2인터내셔널의 기계적 유물론을 "이제까지 모든 유물론"에 비유할 수 있다면 루카치의 유물론은 "관념론에서 추상적으로 발전한 **활동**의 측면"으로 볼 수 있다. 마르크스·엥겔스·레닌·트로츠키·룩셈부르크·그람시와 비교하면 확실히 루카치는 노동계급 운동의 "현실적·감성적 활동"에 오랫동안 깊숙이 관여하지 않았으며 따라서 이 점이 그의 철학에서 드러났다.

그람시

안토니오 그람시(1881~1937)는 이탈리아 마르크스주의자로서, 정치적·지적 발전이 어찌 보면 루카치와 비슷하다. 그람시도 루카치처럼 청년 시절에 헤겔 철학의 영향을 받았는데, 특히 당대의 뛰어난 이탈리아 철학자 베네데토 크로체의 저작을 통해 그랬다. 또, 루카치처럼 러시아 혁명을 보고 혁명적 마르크스주의에 투신했으며 제1차세계대전이 끝나자 이탈리아를 비롯해 유럽 전역에서 일어난 혁명적 투쟁에 참여했다. 이탈리아 노동자들이 공장을 점거하고 공장평의회를 건설한 '붉은 2년'(1919~20년) 동안 그람시는 토리노의 노동운동에 깊이 관여했고, 그가 편집한 신문 〈오르디네 누오보(신질서)〉는 공장평의회 운동의 정치적 표현체가 됐다. 1921년 그람시는 이탈리아 사회당을 탈퇴하고 이탈리아 공산당 건설에 참여했다.

노동자들의 공장점거 운동이 실패하자 들이닥친 반동의 물결은 무솔리니와 파시스트 일당의 권력 장악으로 최고조에 달했다. 그람시는 모스크바로 망명을 떠났다가 1924년 이탈리아 공산당 내에서 아마데오 보르디가가 이끄는 교조적인 '초좌파'에 맞서 투쟁을 벌인 끝에 당 지도자가 돼 귀국했다. 그러나 머지않아 파시스트 국가에 의해 감옥에 갇히고 20년 형을 선고받았다. 안 그래도 약했던 그람시의 건강은 감옥에서 완전히 무너졌고 석방될 때쯤 그는 위독한 상태였다. 그람시는 1937년에 사망했다. 그러나 그는 감옥에 있는 동안 나중에 《옥중 수고》로 불리게 될 글들을 썼는데, 이 《옥중 수고》는 그람시가 마르크스주의 철학에 기여한 가장 중요하고 유명한 작품이다.

《옥중 수고》는 르네상스, 현대 이탈리아 연극, 미국의 포드주의 등 다양한 주제의 많은 단편들로 이뤄진 무척 포괄적인 저작이다. 여기서 그 내용들을 간략하게라도 요약하는 것은 불가능하다. 그러나 내 생각으로 《옥중 수고》의 가장 중요한 주제는 러시아 혁명 이후 이탈리아와 유럽에서 혁명이 패배한 원인을 성찰하는 것이므로 이 문제에 대한 그람시의 핵심 사상을 요약하는 것은 가능하겠다.

그람시의 견해는 서로 연관된 두 부분으로 나눌 수 있다. 첫째는 러시아와 서유럽의 객관적 차이에 대한 분석이다. 둘째는 주관적 요인, 즉 유럽 사회주의 운동의 지도자와 정당들의 실천, 이데올로기, 철학에 대한 비판이다.

그람시는 러시아의 경제적·사회적 후진성 때문에 서유럽 사회에 전형적인 시민사회와 국가의 관계가 러시아에는 존재하지 않았다고 주장한다.

러시아에서는 국가가 전부였으며 시민사회는 이제 막 등장해 견고하지 않았다. 그러나 서유럽에서는 국가와 시민사회 사이에 적절한 관계가 존재했으며 국가가 휘청거리자 시민사회의 견고한 구조가 즉시 모습을 드러냈다.

국가는 성곽 밖의 해자였을 뿐이고 그 너머에 요새와 토루로 이뤄진 강력한 체제가 버티고 있었던 것이다.[17]

또 그람시는 다음과 같이 말했다.

가장 선진적인 국가들에서는 … '시민사회'의 구조가 매우 복잡해졌고, 직접적 경제 요인(경제 위기, 불황 등)의 파국적인 '엄습'에도 시민사회는 견딜 수 있었다. 시민사회라는 상부구조는 현대전의 참호 체계와 비슷하다. 전쟁에서도 때로는 격렬한 포격으로 적군의 방어 체계가 완전히 파괴된 듯하지만 사실 파괴된 것은 고작 외곽 방어선인 경우가 있다. … 심각한 경제 위기 때 정치에서도 비슷한 일이 벌어진다. 경제 위기가 닥쳤다고 해서 공격자가 적시적소에서 전광석화처럼 공격을 감행할 능력이 생기는 것은 아니다. 하물며 투지가 생길 리는 만무하다. 마찬가지로, 방어자도 사기가 꺾이지 않고, 비록 폐허가 됐어도 진지를 포기하지 않고, 자신의 힘과 미래에 대한 자신감도 잃지 않는다.[18]

이런 생각은 그람시가 '헤게모니'를 강조한 것과도 관련 있다. 경제적 지배계급은 사회를 지배할 때 무력의 요소뿐 아니라 문화적·도덕적·지적 지도의 요소인 헤게모니에도 의지하며, 이 헤게모니 덕분에 억압적 권력뿐 아니라 동의에 의해서도 사회를 지배할 수 있다. "어느 사회집단이 누리는 우위는 '지배'와 '지적·도덕적 지도'라는 두 측면으로 나타난다. … 한 사회집단은 통치권을 쟁취하기 전에도 '지도력'을 발휘할 수 있고 실제로 발휘해야 한다."[19]

그람시는 러시아에서는 제정이 압도적 구실을 한 반면 부르주아지는 상대적으로 사회적 힘도 없고 발전도 더뎠기 때문에 국가의 억압적 권력이 산산조각 나자(1917년 2월 혁명 때 단 며칠 만에 실제로 그랬다) 러시아 자본주의는 신속한 '정면공격'에 취약했다고 생각한다. 반면 서유럽에서는 부르주아지가 수백 년 동안 점진적으로 발전했고 이데올로기적·제도석으로 훨씬 더 깊이 사회에 뿌리내리고 있었기 때문에 정면공격을 더 잘 막아 낼 수 있었다.

이 분석은 혁명적 전략·전술에 무척 중요했다. 이런 분석을 바탕으로 그람시는 이탈리아 공산당 내에서 반파시즘 공동전선을 한사코 거부한 보르디가 등 '좌파' 경향을 비판했고(그들은 '정상적'인 부르주아 지배 형태와 파시즘의 차이를 전혀 인정하지 않았다), 독일 공산당 내 '좌파'와 공산주의인터내셔널 내의 일부 초좌파 경향들이 신봉한 "공세 이론"도 비판했다. 그람시는 자신이 말하는 "이중의 관점"을 옹호했는데, 이것은 "강제와 동의, 권위와 헤게모니, … 선동과 선전, … 전략과 전술 등"을[20] 결합하고 동맹 건설을 추구해야 한다는 견해였다. 이탈리아의 경우에는 특히 북부의 도시 프롤레타리아와 남부의 농민 사이의 동맹 건설이 필수적이라는 것이었다.[21] 또, 그런 관점에 입각해 그람시는 지식인들이 이데올로기적 헤게모니를 쟁취하고 유지하는 데서 중요한 구실을 한다며 다음과 같이 썼다.

여기서 우리는 지식인 개인뿐 아니라 그 집단에도 주목한다. 소수의 지식인이 개인적으로 프롤레타리아의 강령과 원칙을 시시하고 프롤레타리아와 한데 섞여 일체감을 느끼는 것은 확실히 프롤레타리아에게 중요하고 유익하다. … 그러나 지식인 대중 사이에서 유기적 균열이 일어나는 것(이것은 역사의 특징이기도 하다)도 중요하고 유익하다. 즉, 현대적 의미의 좌파 경향, 다시 말해 혁명적 프롤레타리아를 지향하는 경향이 집단으로 형성되는 것도 중요하고 유익하다. 프롤레타리아와 농민 대중의 동맹이 이뤄지려면 이런 집단이 형성돼야 한다.[22]

그러나 그람시가 훨씬 더 강조한 것은 이른바 "유기적 지식인"층을 창출하는 것이었다. 사회 계급은 모두 "경제적 생산과정에서 하는 필수 기능"을 바탕으로 출현하고 "그들은 자기 자신을 창출할 때 하나 이상의 지식인 계층도 유기적으로 창출한다. 그러면 이 지식인층은 그 사회 계급에 동질성과 자의식을 부여하는데" 이는 경제적 차원뿐 아니라 사회적·정치적 차원에서도 이뤄진다고 그람시는 주장한다.[23] 부르주아지의 경우 이런 지식인 계층에는 산업 기술자, 경제학자, 법률가, 문화 전문가 등이 있다. 노동계급에게도 이런 구실을 하는 지식인이 필요한데 그들은 바로 노동계급의 역사적 구실을 명확히 이해하는 노동자 투사들이다. 그람시는 다음과 같이 썼다.

인구에서 차지하는 비중이 갈수록 커지는 계층의 지적 수준을 높이려고 끊임없이 노력[해야 한다. ─ 몰리뉴] … 새로운 유형의 지식인 집단을 창출하려고 노력해야 한다는 것이다. 즉, 대중 속에서 직접 배출되고 대중과 밀접한 관계를 유지하면서 이를테면 뼈대 노릇을 하는 지식인들을 말이다.
이것은 … 필수적 과제이며, 실현되기만 한다면 당대의 '이데올로기 지형'을 정말로 바꿔 놓을 것이다.[24]

그람시가 보기에 이 헤게모니 투쟁 전략에는 근본적으로 경제주의적이지 않은 혁명적 정당의 지도가 필요하고 그래서 《옥중 수고》에서 그는 제2인터내셔널의 마르크스주의나 보르디가의 종파주의적 초좌파주의와 공산주의인터내셔널의 '좌파' 사이에서도 흔히 찾아볼 수 있고 러시아 공산당 내에서도 여전히 영향력이 있는 경제결정론과 숙명론을 철학적으로 비판한 것이다.

경제결정론과 숙명론이 득세한 그러한 상황이 벌어졌던 원인은 패배의 시기, 즉 "투쟁의 주도권을 쥐고 있지 못할 때는 … 기계적 결정론이 도덕적 저항의 엄청난 힘이 되기" 때문이다. 그래서 현실적 소망에 불과한 것이 "확신에 찬 행위"와 역사적 필연성에 대한 신념이라는 외피를 두르게 되고 이런 신념이 마치 "참회 종교의 예정설이나 신의 섭리 같은 구실"을 하게 된다. 그러나 상황이 변해 피억압자들이 사회를 운영하겠다고 나설 때가 되면 "기계론은 … 당면한 위험이 된다."[25]

그람시는 결정론의 수동성뿐 아니라 결정론에 내재하는 엘리트주의도 들춰냈다. 즉 피억압자들이 지도하거나 투쟁할 수 있다는 신념이 결정론에는 빠져 있다는 것이다.

또, 그람시는 마르크스가 "포이어바흐에 관한 테제" 중 두 번째 테제에서 주장한 것처럼 "역사와 인간을 초월한 객관성"이 가능하다는 생각을 거부한다. 그런 생각은 "신神 개념의 유물"일 뿐이고 "객관적인" 것은 언제나 "인간의 처지에서 객관적인" 것이라고 주장한다. 따라서 인간의 처지에서 객관적인 지식은 쟁취해야만 하는 대상이며 인류가 계급 없는 사회에서 하나가 됐을 때 비로소 완전히 실현될 수 있는 것이다.

마찬가지로 그람시는 과학적 예견에 대한 기계적 유물론의 주장도 거부한다.

사실, '과학적으로' 예견할 수 있는 것은 오직 투쟁뿐이고 투쟁의 구체적 계기들은 예견할 수 없다. 투쟁의 구체적 계기들은 세력들 사이의 대립이 낳은 것으로서 끊임없이 변할 수밖에 없다. 또 투쟁의 구체적 계기들 내부에서 양이 끊임없이 질로 전화하므로 이 계기들을 고정된 양으로 환원할 수도 없다. 사실, 우리는 우리가 행동하는 만큼만 예견할 수 있고, 자발적으로 노력한 만큼, 그래서 '예견한' 결과가 실현되도록 구체적으로 기여한 만큼만 '예견'할 수 있다. 따라서 예견은 과학적 인식 행위가 아니라 기울인 노력의 추상적 표현, 집단 의지를 창출하는 실천 방법이다.[26]

그람시는 기계적 유물론이 마르크스주의에서 인간주의와 혁명성을 제거한다는 사실을 보여 준다. 부르주아적 또는 감상적 의미에서 인간주의를 제거한다는 것이 아니라 더는 현실의 역사적 인간을 근본 전제로 삼지 않는 초역사적 원리로 마르크스주의를 격상시킨다는 의미에서 제거한다. 또, 혁명적 실천의 중요성을 파악할 수 없게 해서 혁명적 개입과 주도력을 약화시킨다는 의미에서 혁명성을 제거한다는 것이다.

그람시에게 "실천철학은 … 역사의 절대적 인간화"였다."[27] 이런 철학적 견해와 '붉은 2년' 동안 노동자 투쟁에 직접 깊이 관여한 경험을 결합시킨 덕분에 그람시가 정식화한 계급의식 이론은 루카치*와 달랐고 오히려

---

* 또는 《무엇을 할 것인가》에서 사회주의를 노동계급 "외부에서" 도입해야 한다고 주장한

마르크스와 엥겔스가 《독일 이데올로기》(당시 그람시는 이 책을 읽을 수 없는 처지였다)에서 밝힌 계급의식 분석에 훨씬 더 가까웠다. 그람시는 '보통' 노동자의 현재 의식과 노동계급 전체의 현재 의식은 '상식'의 요소들(흔히 과거에서 물려받거나 지배계급의 영향으로 형성된)과 '양식'의 요소들(실천적 경험과 행동을 바탕으로 하는)로 이뤄진 "복합적" 또는 "모순된" 의식이라고 주장했다.

'대중 속의 활동적 인간'은 실천적 활동력이 있지만 자신의 실천 활동을 이론적으로 명확히 의식하지는 못한다. 그래도 그 실천 활동이 세계를 변화시키는 한에서는 그 안에 어떤 형태로든 세계에 대한 이해가 포함돼 있다. 사실, 그의 이론적 의식은 역사적으로 그의 행동과 모순될 수 있다. 따라서 그에게는 두 가지 이론적 의식이 있다(또는 하나의 모순된 의식이 있다)고까지 말할 수 있다. 하나는 그의 활동에서 간접적으로 드러나는 의식인데, 현실 세계를 실천적으로 변혁하는 과정에서 그와 동료 노동자들을 실제로 단결시키는 의식이다. 다른 하나는 겉보기에만 명확하거나 말로 표현되는 의식인데, 과거에서 물려받아 무비판적으로 흡수한 의식이다.[28]

따라서 혁명적 계급의식의 발전은 외부에서 개발된 원칙을 '끼워 맞추는' 문제가 아니라 이 모순된 요소들 사이의 균형을 결정적으로 바꾸려고 노력하는 문제가 된다. 즉, 새로운 세계관(그 씨앗은 이미 노동계급 속

초기의 레닌과도 달랐다. 레닌은 나중에 견해를 바꿨다. J Molyneux, *Marxism and the Party*, London, 1978, p59[국역: 《마르크스주의와 정당》, 책갈피, 2013] 참조.

에 존재한다)의 의미를 명확히 하고 체계화하는 과정인 것이다. 여기서 지식인과 이론이 필수적 구실을 하지만, 이 과정은 양방향 과정이다. 가르치려면 '교육자'도 계급에게 배워야 하기 때문이다. 바로 여기서 그람시가 말한 "근본적 이론 문제"가 제기된다.

> 현대 이론[마르크스주의 — 몰리뉴]은 대중의 '자발적' 정서와 대립할 수 있는가?(여기서 '자발적'이라 함은 그런 정서가 … 대중의 전통적 세계관인 '상식'과 마찬가지로 일상 경험을 통해 형성됐음을 의미한다.) 그럴 수 없다. 둘 사이에는 '양적' 차이가 있을 뿐 '질적' 차이는 없다. 말하자면 한편이 다른 편으로 바뀌고 또 그 반대일 수도 있는 상호 '환원'이 가능하다.[29]

그람시는 조직과 자발성, 지도자와 대중, 당과 계급 사이의 변증법적 상호 관계를 거듭거듭 강조한다.

> 강조하지만 역사에서 '순수한' 자발성은 존재하지 않는다. 그런 것이 존재한다면 '순수한' 기계적 자동성일 것이다. 가장 자발적인 운동에서는 '의식적 지도'의 요소가 확인되지 않거나 이렇다 할 기록이 남아 있지 않을 뿐이다.[30]

그람시는 (오늘날의 아나키스트나 자율주의자들처럼) 대중의 자발성과 마르크스주의적 지도를 대립시키는 사람들뿐 아니라 자발성을 경멸하는 사람들도 비판했다.

이른바 '자발적' 운동을 무시하거나 심지어 경멸한다면, 즉 그 운동을 … 의식적으로 지도하지 못한다면 … 흔히 매우 심각한 결과가 발생한다. 하위 집단의 '자발적' 운동이 일어나면 거의 언제나 지배계급 우파도 반동적 운동을 일으키기 마련이다.[31]

자발적 빈란을 의식적으로 지도하지 못한다면 극우파가 득세할 기회를 제공하게 된다는 것이다. 그람시는 자발성과 지도의 올바른 관계를 보여 주는 사례로 자신이 속했던 토리노의 〈오르디네 누오보〉 그룹의 활동을 거론한다.

[토리노의 공장평의회] 운동을 이끈 지도부는 창조적이고 옳았다. 그들의 지도는 '추상적'이지 않았다. 학술적이거나 이론적인 공식을 기계적으로 답습하지도 않았고 실제 행동인 정치를 이론적 탐구와 혼동하지도 않았다. 그 지도는 현실의 인간들, 즉 특정한 역사적 관계 속에서 형성돼 특정한 감정, 관점, 단편적 세계관 등을 가진 사람들에게 적용됐다. 이런 감정, 관점, 단편적 세계관 등은 물질적 생산 조건과 (그 조건 안에 우연히 집약된) 다양한 사회 요소들이 '자연 발생적으로' 맞물린 결과였다. 우리는 '자발성'이라는 이 요소를 무시하지도 않았고 하물며 경멸하는 일은 더더욱 없었다. 오히려 자발성을 교육하고 지도하고 외부의 악영향에서 지켜 냈다. 그 목적은 자발성의 요소를 현대 이론과 연결하기 위해서였다. 그러나 생동하는 방식, 역사적으로 효과적인 방식으로 둘을 연결하려 했다. … 대중은 그 운동을 통해 자신들이 역사적·제도적 가치의 창조자들, 국가의 창건자들이라는 '이론적' 의식을 얻었다.[32]

그리고 이탈리아 혁명의 실패, 국가와 시민사회, 헤게모니 문제, 숙명론과 경제주의 비판, 계급의식의 본질, 자발성과 지도의 관계 등에 대한 그람시의 사상은 모두 혁명적 정당(그람시가 마키아벨리의 《군주론》에 빗대 "현대 군주"라고 부른)의 본질적 구실에 대한 분석으로 귀결된다는 점을 강조해야겠다. 왜냐하면 바로 이 점이 번번이 무시되기 때문이다.

그람시 저작에 대한 평가를 복잡하게 만드는 역사적 사실도 지적해야겠다. 즉, 1970~80년대에 그람시는 학계에서 극진한 환대를 받았는데(지금도 상당하다) 그런 환대의 바탕에는 중대한 왜곡이 있었다. 한편으로 그람시의 독창성이 과장됐다. 예컨대, "헤게모니" 개념을 그람시가 최초로 고안한 것처럼 다들 이야기했다. 마치 선배 마르크스주의자들(마르크스·엥겔스·레닌·트로츠키 등)은 자본주의 지배가 결코 힘으로만 유지되는 것이 아니라 중요한 이데올로기적 요소도 항상 포함한다는 사실을 알지 못했다는 듯이 말이다. 사실 그람시 자신은 헤게모니 사상이 레닌의 것이라고 밝힌 바 있다. "현대 실천철학의 가장 뛰어난 이론가[레닌 - 몰리뉴]는 다양한 경제주의 경향에 반대하며 … 무력 기구 국가론을 보완할 헤게모니 이론을 확립했다."[33]

다른 한편으로 그람시는 "강제와 동의", "지배와 동맹" 등 "이중의 관점"을 옹호했지만 학계는 흔히 '동의'나 '동맹'만을 강조한다. 이렇게 해서 그람시는 비타협적 혁명가가 아니라 개혁주의적인 '유러코뮤니즘'의 옹호자가 됐으며 심지어 그람시가 말한 지적·문화적 '투쟁'은 살아 있는 노동자들의 현실 운동과 거의 무관한 것이 됐다. 피터 D 토머스는 이 문제를 자세히 파헤친 책 《그람시 모멘트》에서 다음과 같이 말한다. "불굴의 공산주의자 투사를 … 전혀 해롭지 않은 말싸움꾼으로 바꿔 놓은 것은 …

분명히 최근의 지적 유행에서 가장 기괴하고 역겨운 사례다."[34] 그리고 크리스 하먼도 《그람시 대對 개혁주의》에서 이 점을 지적했다.[*]

그러나 이런 왜곡을 걷어 낸다고 해서 그람시의 사상에 문제가 없는 것은 아니다. 특히 국가와 시민사회의 관계를 논할 때 사용하는 (흔히 군사적) 은유와 유추에서 모호함과 때로는 모순이 발견된다. 이런 모호함이 감옥의 검열을 피하려 한 데서 비롯한 것인지, 특유의 간결한 문체에서 비롯한 것인지, 그람시의 사상 자체가 실제로 명확하지 않아서인지 가늠하기는 무척 어렵다.[**] 또 그람시는 기계적 유물론을 비판하면서 종종 관념론적 해석도 가능한 표현들을 사용한다. 예를 들어 "외부 세계가 객관적으로 실재한다는 사람들의 확신은 … 종교에서 기원한 것이다. … 왜냐하면 모든 종교는 신이 인간을 창조하기에 앞서 세계, 자연, 우주를 창조했다고 가르치며(과거에도 그랬고 지금도 그런다) 따라서 인간의 눈 앞에 있는 세계는 이미 만들어진 세계이기 때문이다"와 같은 언급도 있다.[35][***] 나는 이미 4장에서 이와 달리 사람들이 외부 세계의 실재를 확신하는 바탕에는 인간의 경험과 실천뿐 아니라 과학적 증거도 있다고 주장했다.

그렇지만 그람시가 마르크스주의의 철학적·이론적 전통에 기여한 공로가 무척 크다는 것은 여전히 사실이다. 레닌, 트로츠키, 룩셈부르크와

---

[*] 국역: 《곡해되지 않은 그람시》, 노동자연대다함께, 2004.

[**] 이러한 난점에 대한 상세한 분석으로는 P Anderson, "The Antinomies of Antonio Gramsci", *New Left Review* 100, 1976 참조.

[***] 그렇지만 그람시는 자연변증법 문제에서 루카치에게 동의하지 않았다는 사실을 지적해야겠다.

마찬가지로 그람시도 마르크스주의가 기계론적 개혁주의로 변질되는 것을 막았고(루카치도 어느 정도는 그랬지만 그람시보다는 덜 만족스럽다) 마르크스주의의 능동적이고 개입주의적인 혁명적 핵심을 되살렸다. 《옥중 수고》를 비롯한 그람시 저작 전체는 지극히 풍부하며 시사하는 바가 많다. 그람시의 다양한 철학적·역사적·전략적 통찰은 세계를 이해하고 변화시키는 투쟁에 크게 도움이 된다. 크리스 하먼이 혁명적 지도에 대한 그람시의 설명을 다음과 같이 평가한 것은 옳았다. "[그람시의 설명은] 21세기에 사회주의 운동의 헤게모니를 수립하는 데 기여하고자 하는 혁명가라면 반드시 지침으로 삼아야 한다."[36]

알튀세르

앞서 봤듯이 루카치와 그람시는 러시아 혁명과 제1차세계대전 종전 직후의 혁명적 상황에서 마르크스주의자로 성장했다. 그러나 프랑스 철학자 루이 알튀세르(1918~90)는 사뭇 다른 시대에 활동했다. 그는 1948년에 프랑스 공산당에 가입했다. 당시 프랑스 공산당은 유럽에서 가장 스탈린주의적인 정당으로 유명했다. 알튀세르의 저작에 가장 큰 영향을 준 것은 무엇보다도 국제 공산주의 운동의 위기였다. 그 신호탄은 1956년 1월에 열린 소련 공산당 20차 당대회(그 자리에서 서기장 흐루쇼프는 스탈린의 범죄를 맹렬히 비판했다), 1956년 10월 헝가리에서 일어난 반스탈린주의 봉기, 1960~63년에 수면 위로 드러난 소련과 마오쩌둥주의 중국의 분열이었다. 알튀세르는 다음과 같이 썼다.

20차 당대회와 흐루쇼프의 스탈린주의 비판이 없었다면 어떤 글도 쓰지 않았을 것이다. … 그리고 이것을 탈스탈린주의의 실패라고 … 스탈린주의에서의 우파적 탈선이라고 여기지 않았다면 이 책들을 결코 쓰지 않았을 것이다. … 내 목적은 스탈린주의에 대한 좌파적 비판을 최초로 시작하는 것이었다.[37]

그러나 페리 앤더슨은 다음과 같이 지적했다. "알튀세르가 글을 쓰게 된 진정한 동기는 … 중소 분쟁 때문이었다."[38]

흐루쇼프의 스탈린 비판으로 소련과 동유럽뿐 아니라 서방 공산당 안팎에서도 스탈린주의 비판의 물꼬가 터졌다. 이런 비판은 대개 마르크스의 소외 개념과 초기 저작들을 폭넓게 인용하면서 마르크스주의적 인간주의를 내세웠다. 적어도 한 가지는 명백해 보였다. 소련과 동유럽 인민들이 여전히 소외돼 있다는 사실 말이다. 당시 소련의 정권은 소련이 사회주의에서 완전한 공산주의로 이행 중이고 프롤레타리아 독재는 더는 존재하지 않고 소련 국가는 이미 '전 인민'의 국가라고 선포했다.

알튀세르는 이런 사태 전개가 무척 못마땅했으며 이른바 '문화대혁명'을 겪고 있던 중국의 급진적 미사여구에 공감했다. 중국 지도자들은 소련 지도자들을 수정주의라고 비판했고 스탈린의 유산을 옹호하면서, 미국 제국주의에 더 강경한 것처럼 보이는 태도를 취했다.

매우 친소련적인 프랑스 공산당을 굳게 지지하던 알튀세르는 이 분쟁에 정치적으로 직접 개입하기를 꺼렸다. 오히려 마르크스주의적 인간주의를 이론적으로 비판함으로써 철학 수준에서 개입하는 것을 택했다. 두 주요 저작, 즉 에세이 모음집인 《마르크스를 위하여》와 (에티엔 발리

발리와 함께) 역사유물론을 새롭게 해석한 《자본론 읽기》에서 알튀세르는 마르크스주의는 "이론적 반인간주의"이며 결코 '인간 본성' 개념에서 출발하지 않는다고 주장했다.

누구든지 마르크스의 이론적 반인간주의에 대해 공개적으로 말할 수 있고 말해야 한다. … 인간에 대한 철학적(이론적) 신화는 잿더미가 됐다는 절대적 전제 조건을 빼놓고는 인간을 조금이라도 안다고 할 수 없다.[39]

알튀세르는 이런 생각을 뒷받침하고자 마르크스의 초기 저작, 특히 《1844년 경제학·철학 수고》는 진정한 마르크스주의의 일부가 아니라고 주장했다. 왜냐하면 당시 마르크스는 (부르주아 관념론인) 헤겔 철학의 변증법과 포이어바흐의 (부르주아적) 인간주의의 영향에서 벗어나지 못했기 때문이라는 것이다. 더 정확히 말하면, 알튀세르는 마르크스가 1845년 《독일 이데올로기》를 썼을 때 단절(알튀세르의 용어로는 '인식론적 단절')이 일어났다고 주장했다.

1845년 마르크스는 역사와 정치의 토대를 인간의 본질에 두는 모든 이론과 근본적으로 결별했다. 이 독특한 단절에는 서로 뗄 수 없는 세 요소가 있었다.
첫째, 사회구성체, 생산력, 생산관계, 상부구조, 이데올로기, 최종심급에서 경제에 의한 결정, 다른 수준들에 의한 구체적 결정 등 근본적으로 새로운 개념들을 바탕으로 하는 역사·정치 이론의 구성.
둘째, 모든 철학적 인간주의의 이론적 주장을 근본적으로 비판하기.

셋째, 인간주의를 이데올로기로 규정하기 …

모든 철학적 인간학, 즉 인간주의와의 이런 단절은 결코 부차적 사항이 아니다. 이것은 마르크스의 과학적 발견이다.⁴⁰

이것의 결과는 소외론을 마르크스주의에서 삭제하는 것이었다. 알튀세르는 《1844년 수고》의 마르크스를 "마르크스와 가장 거리가 먼 마르크스"라고 묘사한다. 그리고 성숙기 마르크스의 '과학적' 저작들, 특히 《자본론》에서는 소외론이 포기됐다고 주장한다.

알튀세르는 루카치나 그람시 등과 달리 마르크스가 헤겔에게 받은 영향을 최소화하기 시작했고 그래서 마르크스주의 변증법은 헤겔 변증법을 유물론적으로 뒤집은 것이라거나 "신비한 껍질에 싸인 합리적 핵심"을⁴¹ 발견한 것이라는 견해를 부정했다. 알튀세르는 다음과 같이 주장했다. "헤겔의 체계에서 변증법이 차지하는 위치를 열매 속의 씨앗에 비길 수 있다"거나 "헤겔 변증법이 손쉽고 기적적인 '추출'을 통해 헤겔 변증법이 아니라 마르크스주의 변증법이 될 수 있다고는 도저히 생각할 수 없다."⁴² 알튀세르가 이렇게 말할 수밖에 없었던 이유는 역사를 절대이념이 (소외된 형태로) 전개되는 과정으로 보는 헤겔의 견해와 역사는 (소외된) 인간이 만든다고 보는 견해를 모두 거부하고 싶었기 때문이다. 오히려 알튀세르는 역사는 "주체 없는 과정"이고 혁명은 핵심 모순(생산력과 생산관계, 또는 자본과 노동 사이의)의 산물이 아니라 상대적으로 자율적인 다양한 모순들이나 요인들이 "중층결정"된 결과라고, 그리고 경제는 오직 "최종심급"에서만 결정적이라고 주장했다.⁴³

알튀세르는 "최종심급"이라는 표현을 엥겔스가 먼저 썼다고 하지만 앞서 봤듯이 엥겔스는 기계적 경제결정론을 한사코 거부하면서도 흔히 "경제의 운동은 결국 필연적인 것으로 밝혀진다"고 더 강하게 표현한다.[44] 다음과 같이 말하면 공정할 것이다. 즉, 알튀세르가 재해석한 역사유물론에서는 다양한 구조들(정치적·이데올로기적 구조 등)의 자율성이 강조되고, 경제(즉, 생산)의 구실이 상당히 축소되며, 알튀세르가 말한 "경제주의"(경제의 구실을 지나치게 강조하는 경향)가 인간주의와 함께 제2인터내셔널과 20세기 마르크스주의를 끊임없이 괴롭힌 원죄로 여겨진다.

알튀세르는 인간주의/경제주의를 반대했으므로 "인간이 역사를 만든다"는 생각 자체를 적대했다. 그는 "역사를 만드는 것은 대중"이라는 표현을 선호했고 이것이 '마르크스·레닌주의'에 어울리는 표현이라고 생각했다. 또 "계급투쟁은 역사의 동력"이라는 표현을 선호했는데, 이것을 《공산당 선언》의 테제"라고[45] 부르며 이 표현을 사용하면 역사의 주체라는 개념을 피할 수 있다고 주장했다. "따라서 역사에는 철학적 의미의 주체가 없으며 **동력**, 즉 계급투쟁만이 있을 뿐이다."[46] 이 때문에 알튀세르는 생산관계보다 생산력의 구실을 폄하하기도 했다. 역사유물론의 전통적 해석들에서는 생산관계를 형성하거나 생산관계에 주된 영향을 미치는 것은 근본적으로 생산력의 발전이지만, 알튀세르가 볼 때 이런 생각은 '경제주의'일 뿐이고 핵심 요인은 생산관계(착취와 계급투쟁)였다.

> 생산관계의 구조가 생산 행위자들이 차지하고 담당하는 위치와 기능을 결정한다. 생산 행위자들은 이런 위치를 차지하고 있을 뿐이다. … 그러므로 진정한 주체는 … 이런 위치를 차지했거나 기능을 맡은 사람들이 아니고, 즉 "구체적 개인들," "살아있는 인간들"이 아니라, 오히려 이런 위치와 기능을

정의하고 분배하는 것이다. 다시 말해, 진정한 '주체'는 이렇게 정의하고 분배하는 것, 즉 생산관계다."[47]

알튀세르가 도입한 또 다른 '혁신'은 '과학'과 '이데올로기'를 다시 개념화하는 것이었다. 그는 성숙한 마르크스가 새로운 과학, 즉 "'사회구성체'의 역사에 대한 과학"을 확립했다고 주장했다.

더 엄밀히 말해, 마르크스는 새로운 '대륙', 즉 역사라는 대륙을 '개척해' 과학적 지식을 얻었다고 할 수 있다. 탈레스가 수학의 '대륙'을, 갈릴레오가 물리적 자연의 '대륙'을 개척해 과학적 지식을 얻었듯이 말이다.[48]

알튀세르는 과학이 상당히 자율적으로 발전하며(과학은 실천에 기여하지 않는다) 그 검증은 과학 자체의 내부 절차에 달려 있다고 봤다. 알튀세르는 과학을 "수행하는" 활동을 "이론적 실천"이라고 불렀다. 따라서 "역사유물론이 역사에 대한 과학이라면 변증법적 유물론, 즉 마르크스주의 철학은 과학적 실천에 대한 이론이다."[49]* 과학만이 '진정한' 지식을 낳는다는 것이다.

반면에 알튀세르가 이론적으로 거부하는 개념들, 특히 인간주의와 소외는 '이데올로기'의 지위로 격하됐다. 알튀세르가 보기에 "이데올로기와

---

* 알튀세르는 나중에 마르크스주의 철학에 대한 이런 관점을 수정해서 마르크스주의 철학을 "이론의 영역에서 벌어지는 계급투쟁"(L Althusser, *Essays in Self-Criticism*, p37)이라고 불렀다. 알튀세르의 거듭된 '자기비판'과 수정에 대해서는 뒤에서 간단히 언급하겠다.

… 과학의 차이는 이데올로기에서는 실천적·사회적 기능이 이론적 기능 (지식의 구실)보다 중요하다는 점이다."[50] 그렇지만 이데올로기는 "인간과 세계 사이의 체험된 관계 또는 이 무의식적 관계가 반영된 형식"이고,[51] 일상생활과 정치에서 정당한 구실을 한다. 그래서 알튀세르는 다음과 같이 주장했다.

> 이처럼 이데올로기는 모든 사회적 전체의 유기적 일부다. 이 특수한 구성물이 없다면 인간 사회는 존속할 수 없을 것이다. … 인간 사회에서 이데올로기는 사회의 역사적 호흡과 생명에 필수적인 원소나 공기처럼 분비된다. 오로지 이데올로기적 세계관만이 이데올로기 없는 사회를 상상할 수 있고, 이데올로기 자체가(그 특정한 역사적 형태가 아니라) 흔적도 없이 사라지고 과학이 이데올로기를 대체한 유토피아적 세계를 인정할 수 있을 것이다. … 역사유물론은 심지어 공산주의 사회에서도 이데올로기는 존재하기 마련이라고 생각한다.[52]

다음으로 알튀세르는 마르크스주의 국가론을 발전시킨다면서 이데올로기적 국가기구라는 개념을 고안했다. 그는 마르크스주의 고전들은 국가기구의 억압적 기능에만 집중했지만, 사회적 생산관계의 재생산에서 국가가 어떤 기능을 하는지도 검토할 필요가 있다고 주장했다. 이데올로기적 국가기구ISAs가 개인들을 구체적 주체로 '부름', 즉 '호명'함으로써 이런 기능을 한다는 것이 알튀세르의 주장이었다.*

---

* '호명'이란 이데올로기적 국가기구가 개인들로 하여금 생산관계에서 각자 할당받은 구실(노동자, 관리자, 경영자 등)을 하도록 부르거나 호출해서, 그 개인들에게 마치 자신이 생산과정의 주체나 운영자라는 환상을 갖게 한다는 것이다.

모든 국가기구의 기능은 억압적인 동시에 이데올로기적이다. 차이가 있다면 (억압적) 국가기구는 대규모로 그리고 주로 억압적 기능을 하는 반면 이데올로기적 국가기구는 대규모로 그리고 주로 이데올로기적 기능을 한다는 것이다.[53]

그다음 알튀세르는 자신이 생각하는 이데올로기적 국가기구의 목록을 나열한다. 여기에는 교회, 교육제도, 가족, 법률제도, 정치제도(정당을 포함해서), 노동조합, 언론, 문화제도가 있다. 1970년대에 한동안 이 이론은 영어권 학계에서 가장 영향력 있는 알튀세르 사상이었으며, 흔히 그람시의 헤게모니 개념과 결부됐다.

알튀세르의 마르크스주의는 처음 등장한 이래로 지금까지 격렬한 논쟁의 대상이었다. 1960년대 프랑스와 1970년대 영국 대학가에 엄청난 영향을 미쳐서, 적어도 한동안 에티엔 발리바르, 니코스 풀란차스, 배리 힌데스, 폴 허스트 등은 이 이론을 옹호하고 적용한 반면 뤼시앵 세브, 자크 랑시에르, E P 톰슨, 크리스 하먼 등은 격렬하게 비판했다. 알튀세르는 강력한 비판에 직면하자 자신의 원래 견해들을 몇 차례 수정하거나 포기했다. 또, 그는 애초 자기 이론에 대한 비판을 논박하려다가 스스로 여러 오류와 약점을 발견하고 이를 시인해야 했던 듯하다. 그래서 그는 부르주아 사회학의 '구조주의'를 마르크스주의에 도입했다는 혐의는 부인하면서도 자신이 '스피노자주의자'이고* 또 스스로 "내 이론주의적 오류"라고 부른 것을[54] 인정했다.

---

* 바뤼흐 스피노자는 17세기 네덜란드 철학자로서 급진적 계몽주의의 선구자다.

앞서 루카치를 다룰 때와 마찬가지로 이렇게 상당히 압축적인 설명에서, 알튀세르의 갖가지 '고백'과 재검토를 낱낱이 추적할 수는 없다. 그런 고백과 재검토를 다 합쳐 놓으면 알튀세르의 체계 자체가 무너질 것이고, 특히 중요한 것은 초기의 알튀세르이기 때문에 여기서는 알튀세르의 사상적 궤적을 다 살펴볼 필요는 없다. 그레고리 엘리엇이 쓴 《알튀세르: 이론의 우회》는 알튀세르 사상이 거친 전반적 과정을 철저하고 성실하게 다룬 책인데, 이 책에서 엘리엇은 알튀세르주의에 대해 신중하게 균형 잡힌 평가를 내리고 있다.

그러나 알튀세르에 대한 내 평가는 엘리엇보다 훨씬 덜 '균형 잡힌' 것이다. 왜냐하면 내가 보기에 알튀세르가 주장한 마르크스주의의 '혁신'과 '발전'은 거의 모두 오류이고 그의 '체계' 전체가 대단히 스탈린주의적이기 때문이다. 나는 알튀세르를 '벌거벗은 임금님'에 빗댄 크리스 하먼이 옳았다고 생각한다.[55]

첫째 문제는 마르크스의 마르크스주의와 알튀세르가 말하는 마르크스주의는 서로 다르다는 점이다. 마르크스가 1845년의 이른바 단절 이후에 또는 성숙기의 저작들에서 소외 개념을 점차 폐기했다는 것은 사실이 아니다. 《자본론》에서 짧은 발췌문을 두 개만 인용해 보겠다.

> 종교에서 인간 두뇌의 산물이 인간을 지배하듯이 자본주의 생산에서는 인간의 손으로 만든 것이 인간을 지배한다.[56]

> 생산을 발전시키는 수단은 모두 생산자를 지배하고 착취하는 수단으로 변모한다. 그래서 노동자는 불구가 돼 신체의 일부만 남은 인간으로 전락하고, 기계의 부속물로 취급당하고, 노동의 보람을 모두 빼앗겨 노동을 혐오

스런 고역으로 여기게 된다. 또, 독립적인 과학의 힘이 노동과정에 도입될수록 노동자는 노동과정의 지적 잠재력에서 소외된다. 노동조건은 악화하고, 노동자는 노동하는 동안 전횡(그 비열함 때문에 더 가증스러운)에 시달려야 한다. 노동자의 일생은 노동시간으로 바뀐다.[57]

인용할 만한 구절은 차고 넘친다. 《마르크스의 소외론》을 쓴 이슈트반 메사로시는 마르크스의 모든 주요 경제 저작들에서 수많은 문장들을 인용하면서 이 문제에 대한 결정적 문헌 증거를 제시한다. 메사로시는 《정치경제학 비판 요강》(1859)에 대해 다음과 같이 썼다. "이 저작은 수백 페이지에 걸쳐 소외 문제를 종합적으로 분석한다."[58]

마르크스와 헤겔의 관계나 헤겔 변증법의 '전도'라는 문제에 대해 마르크스는 매우 분명하고 명쾌하게 진술한 바 있다.

내 변증법적 방법은 근본적으로 헤겔의 방법과 다를 뿐 아니라 정반대다. 헤겔에게는 인간 뇌의 활동, 즉 헤겔이 이념이라고 이름 붙이고 자립적 주체로까지 전환시킨 사고 과정이 현실 세계의 창조자이고 현실 세계는 이념의 외부 현상에 지나지 않는다. 나에게는 반대로 관념적인 것은 물질 세계가 인간의 뇌에 반영돼 사고 형태로 변형된 것에 지나지 않는다.
나는 약 30년 전 헤겔 변증법이 여전히 유행하던 시기에 헤겔 변증법의 신비한 측면을 비판했다. 그러나 내가 《자본론》 1권을 쓰고 있을 때에는, 독일 지식인들 사이에서 허풍이나 치고 배배 꼬이고 거만하고 보잘것없는 아류들[뷔히너, 뒤링 등 — 몰리뉴]이 일찍이 레싱 시대에 용감한 모제스 멘델스존이 스피노자를 '죽은 개' 취급했듯이 헤겔을 마찬가지로 취급하는 게 재밋거리가 돼 있었다. 그래서 나 스스로 이 위대한 사상가의 제자라고 공언하고, 가치론에 대한 장에서는 군데군데 헤겔의 고유한 표현 방식을 흉내내기까지 했다. 변증법은 헤겔이 신비화하기는 했지만, 변증법의 일반적 운동 형태를 포괄적으로 또 알아볼 수 있게 서술한 최초의 사람도 헤겔이다. 헤겔에게는 변증법이 거꾸로 서 있다. 신비한 껍질에 싸인 합리적 알맹이를 찾으려면 그것을 바로 세워야 한다.[59]

알튀세르는 "인간이 역사를 만든다"는 생각을 거부하며 '마르크스·레닌주의 테제'에서 "대중이 역사를 만든다"고 했지만 이 주장을 뒷받침할 만한 마르크스나 레닌의 인용문이나 참고 문헌을 제시하지는 않는다. 그러나 마르크스는 알튀세르가 말한 '단절' 이후에 쓴 《브뤼메르의 18일》에서 "인간은 자신의 역사를 만들지만 스스로 선택한 상황에서 만드는 것은 아니다"라고 썼다.

알튀세르는 역사는 주체 없는 과정이고 마르크스의 이론적 출발점은 '인간'이 아니라 특정 생산양식이나 사회구성체라고 주장한다. 그러나 마르크스와 엥겔스는 《독일 이데올로기》에서 다음과 같이 썼다. "우리가 출발점으로 삼은 전제들은 제멋대로 내세운 것도 아니고 독단도 아니며 오직 상상 속에서만 포기할 수 있는 현실의 전제들이다. 그것은 현실의 개인들, 그들의 활동, 그들의 물질적 생활 조건이다."

알튀세르는 사회적 생산관계가 생산력을 좌우하는 것처럼(그 반대가 아니라) 말한다. 그렇다면 생산관계를 결정하는 것은 무엇인가? 마르크스는 다음과 같이 말했다.

따라서 분명한 사실은 일정한 방식으로 생산 활동을 하는 특정 개인들은 이 특정한 사회적·정치적 관계에 관여하기 시작한다는 것이다. … 사회 구조와 국가는 특정한 개인들의 생활 과정에서 발전해 나온다.[60]

알튀세르는 ('과학'의 수준에 이를 수 있는 사람들을 제외한 나머지) 사람들은 이데올로기에 갇혀 있으며 심지어 완전한 공산주의 사회에서도 이데올로기는 사라지지 않을 것이라고 말했다. 그러나 《공산당 선언》에서 마르크스는 자본주의 때문에 "사람들은 마침내 자신의 실제 생활 조건과 타인과의 관계를 냉철하게 직시할 수밖에 없게 됐다"고 썼다.

이데올로기적 국가기구 문제에서는 알튀세르가 자기 이론의 근원이 마르크스라고 주장하지는 않지만, 이 이론은 분명히 '반反마르크스주의적'이다. 교회, 가족, 노동조합, 정당(모든 정당?)이 부르주아 이데올로기를 전파하는 구실을 할 수도 있지만, 이 기구들은 분명히 **국가기구**가 아니고 그런 식의 설명은 자본주의 국가의 힘을 엄청나게 과장하는 것이다. 특히 노동조합과 노동자 정당의 경우 이 기구들과 국가 사이에 중요한 모순이 있음을 완전히 무시하고 있다.

마르크스 사상에 대한 알튀세르의 체계적 오독보다 훨씬 중요한 것은 이런 오독을 하게 된 동기, 즉 스탈린주의다. 여기서 내가 말하는 스탈린주의는 1920년대 중반 이후 국제 공산주의 운동을 지배한 정치사상과 전통(스탈린주의의 이론적 출발점은 1924년 스탈린이 내세운 '일국사회주의'론이었다) 전체를 고수하고 소련 지도부에 충성하는 태도를 가리킨다. 예를 들어, 흐루쇼프는 스탈린 개인숭배를 비판했지만 크게 보면 여전히 철저한 스탈린주의자였고, 이점은 발데크 로셰와 조르주 마르셰를 비롯한 프랑스 공산당 지도자들도 마찬가지였다. 그리고 알튀세르가 마르크스를 오독한 것이 스탈린주의 때문이었다는 말은 단지 알튀세르가 정치적으로 스탈린주의 전통에 속했다는 것이 아니라(물론 그랬다는 것은 확실하다) 알튀세르의 체계 핵심에 스탈린주의를 **철학적**으로 옹호하려는 노력이 자리잡고 있다는 것이다.

알튀세르가 소외 개념과 인간주의를 반대한 근본 동기는 이 사상들의 확산이 위험하다고 보고 이에 맞서 동유럽에서뿐 아니라 국제적으로도 스탈린주의를 옹호하려는 것이었다. 또, 초기 마르크스를 폄하하는 알튀세르의 주장이 소련의 공식 견해와 별로 다르지 않았다는 점도 지적할 만하다. 여기서 가장 주목할 대목은 이 절節의 서두에서 인용한 알튀세르의 주장, 즉 자신이 "스탈린주의에 대해 최초로 좌파적 비판"을 했다는 것이다. 이것은 매우 기묘한 주장이다. 알튀세르가 진지하게 트로츠키를 연구했다는 증거는 없지만 트로츠키를 몰랐을 리도 없다. 더욱이 1970년대까지 스탈린주의에 대한 좌파적 비판은 여러 차례 있었다. 세르주, 셀린, 두나예프스카야, 제임스, 클리프, 도이처, 만델, 질라스, 마르쿠제, 프롬과 프랑크푸르트 학파, 루카치, 사르트르, 쿠론과 모젤레프스키 외에도 많은 비판이 있었다. 따라서 알튀세르의 주장대로라면, 특히 트로츠키의 비판을 포함해 이 모든 비판은 스탈린주의에 대한 우파적 비판이 되고 만다. 다시 말해 스탈린주의 노선의 반복(결국 거짓말)이라는 것이다.

또, 앞서 봤듯이(그리고 그레고리 엘리엇의 책에서도 상세히 드러나듯이) 알튀세르의 작업은 당시 유럽 좌파 사이에서 상당한 영향력이 있던 마오주의의 철학적 짝꿍으로 반쯤 인정받았다. 여기서 놓치지 말아야 할 것은 마오주의가 소련이나 서유럽 공산당들보다 훨씬 더 급진적 미사여구를 사용했지만 이는 눈속임에 불과했다는 사실이다. 다시 말해 중국의 비판은 진정한 좌파적 비판이 결코 아니었다. 한편으로 마오주의는 흐루쇼프에 반발해 스탈린과 스탈린주의를 옹호했으며 1956년 헝가리 혁명 진압도 열렬히 지지했다. 다른 한편으로 중국 마오주의 정권의 성격은 철저히 스탈린주의적이었다. 최소한의 노동자 민주주의도 없었고 일당 독재에 의문조차 품을 수 없었고 일국적 자본축적이 야만적으로 추진됐다.[61] 안타깝게도 알튀세르가(다른 많은 유럽 좌파 지식인들처럼) 중국 국가의 공식 선전이 아니라 중국에서 실제로 일어난 사건, 예를 들어 1958~61년의 대약진운동 당시 수많은 사람이 기아로 사망한 사건을 진지하게 살펴본 흔적은 전혀 없다.

알튀세르는 '경제주의'에 반대하고 모든 사회구성체에서 여러 '심급들'의 자율성을 강조했기 때문에, 스탈린의 오류와 심지어 범죄마저도 소련의 '사회주의적' 토대에 근본적 문제가 있음을 보여 주는 것은 아니라고 생각했다. 이와 비슷하게, 역사유물론에서 생산관계보다 생산력이 일차적 구실을 한다는 점을 폄하한 것도 다음과 같은 마오주의의 주장과 딱 들어맞는다. 중국은 경제적 후진성, 즉 낮은 생산력 수준에도 불구하고 완전한 공산주의 사회로 이행할 수 있다는 주장 말이다. 나중에 알튀세르는 트로츠키와 스탈린이 모두 생산력의 선차성을 강조하는 경제주의를 공유하므로 근본적으로 똑같다고 봤다.

이 점에서 알튀세르는 '학술적' 마르크스주의의 전형적 특징을 보여 준다. 즉, 철학적·방법론적 입장을 사회적 실천보다 우위에 두고 말을 행동보다 중시한다. 트로츠키주의와 스탈린주의 사이에 흐르는 '피의 강'

은 중요하지 않다. 즉, 스탈린과 그 일당이 크렘린에서 안락을 누리는 동안 트로츠키는 추방당하고 살해됐고 그 지지자들은 강제 노동 수용소에 투옥됐다는 사실, 또 스탈린과 트로츠키는 1923년 이후 노동계급의 중요한 투쟁이 벌어질 때마다 정치적 견해가 정반대였다는 사실도 중요하지 않다는 것이다. 둘 다 (말로) 생산력의 선차성을 인정했다는 사실이 가장 중요하다는 것이다. 그런데 이런 태도야말로 구제 불능의 철학적 관념론 아닌가. 알튀세르는 이 관념론적 태도 때문에 프랑스 공산당이 수십 년 동안 노골적으로 개혁주의를 실천하는 동안 프랑스 공산당을 마치 혁명적 정당인 양 묘사했다.

전체적으로, 알튀세르의 스탈린주의적 구조주의가 낳은 철학적 견해들은 실제 인간을 사회구조의 단순한 '담지자'나 산물로, 이데올로기의 포로로 환원했다(그리고 이 이데올로기는 실제로는 주체가 될 가능성이 없는 인간들에게 주체라는 환상을 유포한다고 봤다). 그래서 모든 인간의 해방을 향해 나아가는 단 하나의 길, 즉 노동계급의 혁명적 자기해방 프로젝트를 제약하고 위축시켰다.

또 하나 지적할 것은, 알튀세르의 '이론적 실천'과 매우 과장되고 으스대는 말투와 용어, 극단적 반反경제주의는 1970년대 말 이후 영국의 좌파 세대와 강단 '마르크스주의자들'의 필요에 안성맞춤이었다는 사실이다. 그들은 1968년에 혁명적 희망을 품었다가 1970년대 말에 환멸에 빠져 출세 길을 찾고 있었기 때문이다. 이들에게 알튀세르주의는 포스트구조주의, 포스트모더니즘, 포스트마르크스주의로 가는 유용한 발판이 됐다.

마지막으로, 이 책의 핵심 주제 중 하나, 즉 마르크스주의 이론과 혁명적 실천과 노동계급 투쟁 사이의 관계에 비춰 판단한다면 루카치, 그람시, 알튀세르, 이 세 사람 중에서 투쟁하는 노동자들과 가장 밀접한 관계를 맺었던 혁명가인 그람시의 철학적 기여가 가장 유익하고, 노동자들과 동떨어져 상아탑에 갇혀 있던 알튀세르의 철학적 기여는 가장 보잘것없다고 말할 수 있다.

13장_ 실천철학

안토니오 그람시는 무솔리니의 감옥에 갇혀 쓴 글에서 마르크스주의를 "실천철학"이라고 여러 번 말했는데, 그 말은 옳았다. 마르크스주의는 노동계급의 실천에서 비롯한다. 즉, 노동계급의 행동·노동과 투쟁이라는 관점에서 세계 역사를 일반화한 것이다. 마르크스주의의 목표는 단지 세계를 해석하는 것이 아니라 세계를 변혁하려는 노동계급의 투쟁을 이끄는 것이다. 마르크스주의의 핵심 사상은 모두 실천적 함의가 있다.

마르크스가 지적했듯이, 18세기의 조야한 유물론조차 분명한 사회주의적 함의가 있었다.

유물론은 반드시 공산주의나 사회주의와 연결된다는 사실을 … 이해하는 데는 무슨 대단한 통찰력이 필요하지 않다. 인간의 모든 지식, 감정 등이 감각 세계와 그 세계에 대한 경험에서 나오는 것이라면, 경험적 세계 속에서 정말로 인간적인 것을 경험하고 그것에 익숙해지도록 그 경험적 세계를 배치하는 것이 인간이 해야 할 일이다. … 올바로 파악된 이익이 모든 도덕의 원칙이라면, 인간의 사적 이익은 인류의 이익과 일치해야 한다. … 인간이 환경에 의해 형성된다면, 인간의 환경 또한 인간적인 것이 돼야 한다. 인간의 본성이 사회적이라면, 인간은 자신의 진정한 본성을 오직 사회 속에서만 발전시킬 것이다.[1]

더욱이, 마르크스와 엥겔스 자신들의 비非기계적 유물론은 인간의 역사에서, 따라서 역사를 만드는 인간의 행동에서 노동과 생산이 근본적 구실을 한다고 지적했다. 마찬가지로, 마르크스의 소외 이론은 사람들이 자신의 노동을, 따라서 노동 생산물을 소유하거나 통제하지 못하게 된 데서 소외의 근원을 찾는다. 그래서 (노동계급이) 생산 조건을 집단적으로 소유하고 통제하는 것이야말로 노동계급의 해방과 인간 해방의 열쇠라고 본다.

변증법은 모든 것이 변하고, 따라서 자본주의도 소멸할 수밖에 없다는 사실을 바탕으로 하고 있기 때문에 혁명적 함의가 있다. 마르크스는 다음과 같이 썼다.

[유물론적 변증법은 — 몰리뉴] 부르주아지와 그 이론적 대변자들에게 분노와 공포를 불러일으킨다. 왜냐하면 변증법은 현존하는 것을 긍정적으로 이해하면서도 그것의 부정, 곧 필연적 몰락도 인정하기 때문이며, 또 역사적으로 발전된 모든 사회 형태를 운동의 흐름 속에서 파악하고, 따라서 일시적인 것

으로 여기기 때문이며, 또 그 본질상 비판적·혁명적이어서 어떤 것에도 제약받지 않기 때문이다.[2]

레닌이 실천으로 보여 줬듯이, 변증법은 복잡한 정치 상황을 분석하고 혁명적 전략·전술을 발전시키는 데도 대단히 유용하다.

마르크스의 착취 이론은 자본가들이 어떻게 노동자들의 것을 빼앗아 가는지를 들춰내고 자본주의 생산의 운동 법칙을 파악하는 열쇠일 뿐 아니라 모든 작업장과 산업에서 자본가와 노동자의 이해관계가 근본적으로 충돌한다는 사실도 보여 준다. 따라서 노동자들은 착취에 맞서 저항하려고 (노동조합 등을) 스스로 조직할 것이고, 마르크스주의자는 이런 노동자들을 지지해야 한다는 실천적 함의가 착취 이론에 담겨 있는 것이다.

또, 착취 이론은 계급과 계급투쟁 이론을 뒷받침하기도 하는데, 이 계급·계급투쟁 이론이야말로 역사유물론의 핵심이다. 역사유물론은 역사와 사회를 다룬 수많은 걸작을 탄생시켰지만, 그 주된 목적은 지금 이곳의 계급투쟁을 이해하고, 생산력과 생산관계의 충돌이 어떻게 "사회혁명의 시대"를 낳는지를 이해하는 것이다.

마르크스의 국가론(국가는 자본가계급의 지배 수단이므로 노동계급은 국가를 그대로 인수해서 사용할 수 없다는 것)과 계급의식 이론(노동계급의 의식은 지배계급의 사상에 지배당하지만 투쟁 과정에서 변한다는 것)은 모두 혁명의 필요성과 직결된다.

이런 공산주의 의식의 대규모 산출뿐 아니라 공산주의 자체의 실현을 위해서도 사람들의 대대적인 변화가 필요한데, 이것은 오직 실천적 운동 속에서만, 즉 혁명 속에서만 가능하다. 그러므로 혁명이 필요한 이유는 다른 어떤 방법으로도 지배계급을 타도할 수 없기 때문일 뿐 아니라, 지배계급을 타도하는 계급이 오직 혁명을 통해서만 낡은 오물을 말끔히 씻어 버리고 새 사회의 토대를 놓는 데 적합해지기 때문이다.[3]

마찬가지로, 마르크스주의 도덕 이론은 자본주의 사회에서 우리가 접할 수 있는 최고의 도덕성은 노동계급의 필요와 이익, 노동계급의 해방을 바탕으로 한다는 결론으로 이어진다.

요컨대, 마르크스주의 철학에서 그리고 마르크스주의 전체에서 모든 길은 프롤레타리아 혁명으로 통한다. 여기서, 이 노동자 혁명이 일어나고 확실히 승리하려면 구체적·실천적으로 무엇을 할 수 있고 해야 하는가라는 물음이 나온다. 그리고 이것이 뜻하는 바는 우리, 즉 지은이인 나와 독자인 여러분이 오늘, 내일 그리고 앞으로 몇 주, 몇 달, 몇 년 동안 무엇을 해야 하는가라는 것이다.

첫째, 우리는 노동계급 운동, 즉 노동조합, 파업, 시위, 홍보 활동, 집회 등에 적극 참가해서 세계 자본주의에 맞선 저항을 발전시키고 노동자들과 피억압 대중의 자신감과 의식을 고양시키려고 항상 노력해야 한다. 둘째, 이 과정에서 우리는 또, 모든 나라에서 혁명적 노동자 정당을 건설해야 한다.

혁명적 노동자 정당이 필요한 분명한 이유는 많다. 자본가계급은 국가권력을 통제하는 덕분에 정치·경제적으로 매우 중앙집중화해 있다. 따라서 자본가계급을 물리치려면 노동계급에게도 중앙집중적 정치조직, 즉 정당이 필요하다. 지배계급은 언론, 교육, 기타 등등의 제도를 통제하는 덕분에 사회 전체에서 이데올로기적 헤게모니를 행사한다. 따라서 노동계급도 노동자 운동 안에서 부르주아 사상의 영향에 맞서 싸울 독자적 이데올로기 투쟁 기구가 필요하다. 즉, 당이 필요한 것이다. 노동계급의 의식과 자신감은 불균등하게 발전한다. 따라서 더 의식적이고 헌신적인 노동자들이 스스로 조직해서 개혁주의적인 노동조합 간부들과 노동당 정치인들(이미 운동의 대의를 저버리고 운동의 발목을 붙잡을 뿐 아니라 혁명적 상황에서는 운동을 배신할 게 뻔한)의 영향력에 맞서 노동자 운동의 지도력을 쟁취하려고 투쟁해야 한다. 이것 또한 모든 작업장과 지역사회에 뿌리내린 혁명적 당을 건설해야 한다는 것을 의미한다.

혁명적 당은 또, 이 책에서 논의한 많은 주제와 직결되는 철학적 문제이기도 하다. 루카치는 혁명적 당을 일컬어 "혁명의 가장 중요한 사상적 문제들 가운데 하나"라고 했다.⁴ 왜냐하면 혁명적 당이라는 문제는 역사를 만드는 데 개입하는 인간의 행동과 객관적 상황 사이의 변증법적 관계에 초점을 맞추기 때문이다. 혁명은 혁명가들이 만들어 내는 것이 아니다. 마르크스가 보여 줬듯이, 혁명은 사회의 객관적 모순, 즉 기존의 생산관계가 생산력 발전을 가로막는 족쇄가 되는 데서 비롯한다. 그리고 계급투쟁이 계속되다가 갑자기 확 끓어넘칠 때 혁명이 시작된다. 혁명은 노동계급 자신의 행동이므로, 혁명이 일어나면 그때까지 잠잠하던 수많은 노동자들이 수동성을 떨쳐 버리고 거리와 작업장에서 행동에 나서기 시작한다. 거의 언제나 혁명은 자발적으로 시작된다. 그리고 오랫동안 노동자들의 마음과 가슴 속에 조금씩 쌓여 온 분노와 원한, 좌절감이 갑자기 집단적 저항으로 분출할 때(변증법의 용어로 표현하면, 양이 질로 바뀔 때) 혁명이 시작된다. 어떤 지도부도 이런 일이 일어나도록 명령거나 강요할 수 없다. 혁명가들, 즉 '정상적' 시기에는 노동계급 내에서 소수일 수밖에 없는 사람들의 관점에서 보면, 혁명의 발발은 객관적 상황이다. 즉, 준비하고 부추길 수는 있어도 명령으로 일으킬 수는 없는 것이다.

그러나 혁명이 자발적으로 시작된다고 해서 자발적으로 끝나는 것은 아니다. 혁명은 처음에 대중이 역사의 무대로 뛰어들고 나서 몇 일, 심지어 몇 년 동안 계속되는 과정이다. 그 몇 달, 몇 년 동안 투쟁은 밀물과 썰물을 거듭하고, 노동계급도 전진과 후퇴를 반복하면서 정치적 교훈을 배우고 자신들의 생각을 명료하게 다듬는다. 이 시기에 의식적인 혁명적 사회주의자들에게 당이 없거나 그 조직이 허술하다면, 그들은 대중의 열광적 분위기에 휩쓸리거나 자신들의 의지력으로 혁명을 만들어 낼 수 있다는 주의주의적 착각에 사로잡힐 것이다. 그러면 때이른 권력 장악을 시도하다가 쉽게 분쇄당하고 말 것이다.

혁명은 승리로 귀결되기 전에 먼저 계급 간 세력균형이 거의 대등한 시기나 순간을 거쳐야 한다. 트로츠키는 히틀러가 권력을 잡기 직전의 독일을 거론하며 그런 순간을 다음과 같이 비유했다. "피라미드 꼭대기에 있는 공은 약간만 충격을 받아도 왼쪽이나 오른쪽으로 굴러떨어질 수 있다."⁵ 이런 상황에서는 혁명적 당의 구실과 주도력이 결정적으로 중요해진다(물론 그것은 항상 중요하다). 혁명의 승패를 좌우할 것이기 때문이다. 그리고 그런 순간에 기계적 결정론이나 숙명론은 재앙적이기 십상이다. 혁명적 위기가 그냥 지나가도록 내버려 둘 것이기 때문이다.

지금까지 노동계급이 국제적으로 자본주의 체제 전복에 가장 많이 근접했을 때는 제1차세계대전에서 비롯한 1917~23년의 혁명적 고양기였다. 이 시기의 가장 중요한 두 혁명은 러시아 혁명과 독일 혁명이었는데, 전자는 승리했고(1920년대 말에 스탈린주의 반혁명이 일어나기 전까지) 후자는 패배했다. 두 혁명 다 앞서 말한 국면들을 거쳤다. 둘 다 자발적으로 시작됐고(러시아에서는 1917년 2월에, 독일에서는 1918년 11월에), 둘 다 며칠 만에 자국 황제를 퇴진시켰다. 둘 다 때이른 무장봉기 시도가 있었고(페트로그라드에서는 1917년 7월에, 독일에서는 1919년 1월에), 둘 다 우익 쿠데타에 성공적으로 저항했다(러시아에서는 1917년 8월 말에 코르닐로프의 반란을 물리쳤고, 독일에서는 1920년 3월에 카프 쿠데타를 패퇴시켰다). 둘 다 노동계급의 다수가 권력 장악을 지지한 결정적 순간이 찾아왔다(러시아는 1917년 10월, 독일은 1923년 10월). 그러나 러시아에서는 레닌이 이끄는 볼셰비키가 1917년 7월에 전면적 충돌을 막고 살아남아 훗날의 투쟁을 도모할 수 있었지만, 독일에서는 신생 스파르타쿠스단이 1919년 봉기에 휩쓸리는 바람에 걸출한 지도자 로자 룩셈부르크와 카를 리프크네히트가 살해당하고 말았다. 그리고 1917년 10월 러시아에서는 레닌과 트로츠키를 비롯한 볼셰비키가 이끄는 러시아 노동자들이 소비에트 권력을 수립할 수 있었지만, 1923년 10월 독일에서는 독일 공산당 지도부가 손 놓고 있다가 결정적 순간을 흘려보내고 말았다.

이런 차이는 무엇 때문이었는가? 그 차이를 '객관적' 요인이나 사회학적 요인 탓으로 돌릴 수는 없다. 객관적으로는 러시아보다 독일이 사회주의를 위해 훨씬 더 잘 준비돼 있었고, 노동계급도 훨씬 더 크고 강력하고 잘 조직돼 있었기 때문이다. 더욱이 러시아보다 독일의 경제적·사회적 위기가 훨씬 더 심각했다. 당시 독일에서는 극단적 하이퍼인플레이션 때문에 노동자들이 임금으로 받은 돈을 수레에 싣고 집으로 가져가야 할 정도였다. 독일과 러시아의 차이는 혁명 지도부의 질적 차이였다. 2월 혁명이 터졌을 때 볼셰비키는 당원이 약 2만 6000명이었고, 14년 동안 매우 다양하고 복잡한 투쟁 단계들을 거치며 전략·전술 훈련이 잘 돼 있는 상태였다. 이와 달리, 스파르타쿠스단은 규모도 훨씬 작고 경험도 부족하고 조직도 훨씬 더 느슨했다. 그래서 주의주의적 초좌파주의 오류(제헌의회 선거 보이콧)와 숙명론적 수동성 사이에서 오락가락했다.

그래서 트로츠키는 독일 혁명의 실패를 분석한 글에서 다음과 같이 썼다.

> 볼셰비즘은 단지 원칙이 아니라 프롤레타리아 봉기를 위한 혁명적 훈련 체계다. 각국 공산당의 볼셰비키화란 무엇인가? 프롤레타리아 봉기를 위해 혁명적 훈련을 시키는 것이고, 그 봉기를 지도할 사람들을 선발하는 것이다. 그래야 각국에서 혁명적 순간이 닥쳤을 때 공산당이 사태에 휩쓸려 표류하지 않을 것이다. "바로 이것이 헤겔의 변증법, 책에서 배우는 지혜, 모든 철학의 의미다. … "[6]

독일 혁명이 패배한 후에도 노동계급은 체제에 맞서 거듭거듭 떨쳐 일어섰다. 특히 1925~27년 중국, 1936년 스페인, 제2차세계대전 직후의 이탈리아와 그리스, 1956년 헝가리, 1968년 프랑스, 1974~75년 포르투갈에서 그랬다. 그러나 아직까지는 돌파구를 뚫는 데 성공하지 못했다. 노동계급의 투쟁 능력이나 투쟁 의지가 부족해서가 아니라 충분히 강력한 혁명적 정당이 없었다는 것이 실패를 거듭한 주된 이유다.

지금 인류는 엄청난 위기에 직면해 있다. 1930년대 최악의 경제 위기가 닥치자 전 세계 지배자들은 그 대가를 노동자들이 치르게 만들기로 작정했다. 그뿐 아니라, 걷잡을 수 없는 재앙적 기후변화로 말미암아 수많은 사람들이 거의 상상할 수도 없는 끔찍한 고통을 겪을 위험이 다가오고 있다. 이 쌍둥이 위기는 엄청난 저항과 격변을 부를 것이다. 이 거대한 투쟁이 긍정적 결과를 낳도록 우리가 도울 수 있는 중요한 방법은 노동계급 속에서 그리고 노동계급 대중의 혁명적 정당을 국제적으로 건설하는 것이다.

이것은 마르크스주의 철학의 가장 중요한 실천적 결론이다. 그와 동시에, 이런 혁명적 정당을 건설하려면, 사회가 어떻게 돌아가고 역사가 어떻게 만들어지는지를 유물론적·변증법적으로 파악하는 마르크스주의 철학이 반드시 필요하다.

부록

하트, 네그리, 스탠딩, 지젝: 노동계급이여, 안녕?

[2008년] 세계경제 위기가 시작되고 최근에는 국제적 투쟁 물결이 고조되자 유럽과 북아메리카 전역에서 새 세대 활동가들이 나타났다. 이 활동가들의 다수에게 유력한 사상은 '연성軟性 자율주의'라고 부를 수 있는 사상이다. 이 '연성 자율주의'를 분명히 정의하기는 힘들다. 그러나 대중 집회의 직접민주주의에 헌신적이고, 흔히 전통적 노동조합운동과 노동운동의 정당들(혁명적 정당이 되고자 하는 조직도 포함해서)에 회의적이거나 심지어 적대적인, 반쯤 아나키즘적인 사상이라 할 수 있다. 이런 자발적 정서와 잘 맞을 뿐 아니라 그런 정서의 형성에 기여한 지식인들이 많은데, 그중에서도 가장 중요한 사람으로 마이클 하트와 안토니오 네그리를 꼽을 수 있다.

네그리는 이탈리아 공산당과 가까운 마르크스주의자(스탈린주의자)

에서 시작해, 1960년대 말과 1970년대에 주로 작업장 투쟁에 집중한 극좌파 정당 포테레 오페라이오(노동자의 힘)를 거쳐 급진적 자율주의로 옮겨 간 정치철학자다. 자율주의자가 된 네그리는 취업 노동자들은 체제에 매수돼서 가망이 없다고 여기고 '노동을 거부하자'는 생각을 혁명 전략으로 이론화했다. 네그리는 좌파 '테러' 조직 붉은여단에 연루됐다는 거짓 혐의로 기소돼 몇 년 동안 옥살이를 하기도 했다. 오늘날 그는 미국의 문학 이론가인 마이클 하트와 함께 많은 책을 지은 것으로 유명하다. 그중에서 가장 영향력 있는 책은 《제국》(2000)과 《다중》(2004)이다. 하트와 네그리는 '제국'이라는 새로운 세계 질서가 고전 마르크스주의에서 주장한 '제국주의'를 대체했거나 대체하고 있다고 본다. 그들이 말하는 '제국'은 대체로 국민국가를 초월하고 점차 국민국가에서 독립하고 있는 다국적기업들과 세계시장에 상응하는 경제적·사회적·정치적 권력의 포괄적 네트워크다.

하트와 네그리는 제국이 "분명히 다중 위에 군림하고 제국이라는 기계의 포괄적인 지배에 다중을 종속시키고 있"지만 다른 각도에서 보면 "그 위계질서는 뒤집어진다"고 주장한다.

> 다중은 우리 사회 세계의 진정한 생산력인 반면, 제국은 다중의 활력에 의존해 살아가는 포획 장치일 뿐이다. 마르크스가 말했듯이, 산 노동의 피를 빨아먹어야만 생존할 수 있는 축적된 죽은 노동의 흡혈귀 체제인 것이다.[1]

이 체계에서 다중은 '민중'과 '대중', 그리고 마르크스가 말한 '노동계급'을 대체하고 있는 새로운 사회적(혁명적) 주체다. 다중이 민중이나 대중과 다른 점은 "민중은 전통적으로 통일의 관점에서 파악된 것"이므로 "다양성을 통일성으로 환원하고 인구를 하나의 동일성으로 만들어 버린다"는 점, 그리고 "[대중의 본질은 무차별성이므로] 모든 차이는 대중 속에 가라앉아 익사한다. 인구의 모든 색깔은 회색으로 바래고 만다"는 점이다.

> 이와 달리, 다중은 다수다. … 문화, 인종, 민족, 성性, 성적 지향도 서로 다르고, 삶의 방식도 서로 다르고, 세계관도 서로 다르고, 욕구도 서로 다르다. … 다중에게는 사회적 차이들이 그대로 남아 있다. 다중은 요셉의 황홀한 외투*처럼 다채롭다.²

다중은 또, 다음과 같은 이유에서 노동계급과 구별된다.

> 노동계급이라는 개념은 뭔가를 배제하는 개념으로 사용돼 왔다. … 노동계급 개념은 [가장 좁은 의미로 사용될 때는] 산업 노동자들만을 가리킨다. 그래서 농업 노동자나 서비스 노동자나 그 밖의 부문에서 일하는 노동자들과 산업 노동자들을 분리시킨다. … [가장 넓은 의미로 사용될 때는] 모든 임금노동자를 가리킨다. 그래서 빈민, 무보수 가사 노동자, 그 밖에 임금을 받지 못하는 모든 사람들과 임금노동자를 분리시킨다. 이와 달리, 다중은 이들을 모두 포함하는 개방적 개념이다.³

이런 다중 개념의 매력은 분명하다. 다중 개념은 새롭게 급진화하는

---

* 그리스도교 구약성경 창세기에서 야곱이 아들 요셉에게 줬다는 화려한 외투 — 옮긴이.

청년 세대의 '공통 감각'*과 딱 맞아떨어진다. 그들은 포스트모더니즘의 정체성 정치와 자유주의적 개인주의(신자유주의에서 받아들인)가 뒤섞인 분위기에서 성장했을 뿐 아니라 그런 분위기를 발전시켰고, 또 일반적으로 계급 개념, 특히 노동계급 개념에 대한 가차없는 비판에 익숙하다(그래서 계급 개념은 분열적인 것이고 노동계급 개념은 시대에 뒤떨어진 것이라고 생각한다). 하트와 네그리가 다중 개념과 관련해서 '배제'와 '포함' 같은 유행어를 어떻게 사용하는지, 그리고 저속한 로이드 웨버 뮤지컬을 조심스레 언급하는 것을 눈여겨보라. 그들은 심지어 "인터넷은 다중의 최초 이미지나 모델로서 훌륭하다"고도 말한다.[4]

또, 이런 주장은 물질적 사회관계보다는 개념의 측면에서 전개된 것이고, 증거보다는 선언으로 뒷받침되고 있다는 점도 주의하라. 따라서 다음과 같이 말하는 것도 얼마든지 가능하고 또 그럴듯하게 들린다. "모든 차이는 다중 속에 가라앉아 익사한다", "노동계급은 다수다. … 문화, 인종, 민족, 성, 성적 지향 등이 서로 다르다."

그러나 다중 개념의 매력이 분명하다고 해서 '다중'으로 '노동계급'을 대체하려는 생각에 결함이 있다는 사실이 바뀌지는 않는다. 그 이유는 '다중'이 개방적이고 포괄적인 개념이다 보니 모름지기 진지한 혁명 전략이라면 반드시 고려해야 할 진정한 사회적 차이를 가리거나 지워 버리기 때문이다. 첫째, 다중 개념은 프롤레타리아와 프티부르주아의 진정한 이해관계 차이를 지워 버린다. 프티부르주아는 소규모 자영업자(와 착취

---

* common sense, 스피노자의 '공통 통념'common notion을 네그리가 변형시킨 용어인데, 일상생활에서는 '상식'이라는 뜻으로 쓰인다 — 옮긴이.

자) 또는 자본의 대리인 노릇을 하는 중간계급 관리자를 말한다. 그렇다고 해서 프티부르주아지나 중간계급의 일부와 노동계급의 동맹이 불가능하다는 말은 아니다. 프티부르주아지나 중간계급의 일부와 노동계급은 합병이 아니라 동맹을 해야 한다는 것, 그리고 여기서 누가 정치적 헤게모니(그람시의 표현을 빌리면)를 행사해야 하는가가 중요하다는 것이다. 프티부르주아지는 원래 사회주의·집단주의 계급이 아니다. 프티부르주아지는 노동계급에 이끌려 사회주의 쪽으로 올 수 있고, 그러면 투쟁은 더 강력해질 것이다. 예컨대, 동네 구멍가게 주인들이 파업을 지지하는 경우가 그렇다. 그러나 프티부르주아지나 관리자들이 노동자들을 이끌게 되면 반동적 방향, 심지어 파시즘 쪽으로 갈 가능성도 있다.

둘째, 사회적 힘의 차이를 흐린다. 학생, 실업자, 농민은 모두 사회주의를 위한 투쟁에서 중요한 구실을 한다(이들을 배제해야 한다고 생각한 진지한 마르크스주의자는 아무도 없었다). 그러나 그들의 힘과 사회적 비중은 취업 노동자들, 특히 대규모 작업장과 대도시에 집중된 노동자들과 똑같지 않다. 왜냐하면 후자는 생산을 멈춰서 기업주들의 이윤에 타격을 가할 힘이 있지만, 전자는 그런 힘이 없기 때문이다. 이것은 도덕적 판단이 아니라 전략적 판단이고, 노동자들을 '특권화'하는 주장이 아니다. 이것은 마치 거리 시위 때 달리기를 못하는 (나 같은) 연금생활자가 아니라 청년들이 경찰에 맞서 잘 싸울 수 있는 것과 마찬가지다. 또는 탱크를 탄 기갑 부대가 보병 소총 부대보다 더 강력한 것과 비슷하다.

2003년 2월 15일 런던에서는 이라크 전쟁에 반대하는 '다중'이 무려 200만 명이나 시위 행진을 벌였지만, 블레어는 이를 간단히 무시했다. 이 대중 시위가 대규모 파업 투쟁과 결합돼서 부르주아지를 경제적으로 압박하고 훨씬 더 심각한 사회 위기로 발전할 조짐을 보였다면 블레어가 이라크 전쟁을 밀어붙이기는 훨씬 더 힘들었을 것이다. 마찬가지로 2011년 이집트 혁명에서도 무바라크는 엄청난 거리 시위에도 불구하고 계속 권좌를 고수했지만 이 거리 시위가 대규모 파업 물결로 보강되자 마침내 물러날 수밖에 없었다. 다중은 광장을 점거할 수 있지만 노동자들은 작업장을 점거할 수 있다. 점거된 작업장은 우리 편의 '탱크'다. 노동자 평의회는 작업장에 기반을 둬야 한다(오직 작업장에만 기반을 둬야 한다는 말은 아니다). 작업장이야말로 노동자 권력과 노동자 민주주의(대표자 소환권 등을 행사할 수 있는 능력) 모두에서 핵심이기 때문이다.

그러나 여기에는 이런 전략적 고려 사항보다 더 많은 것이 관련돼 있다. 노동계급 개념은 마르크스주의 이론과 철학의 주춧돌이다. 이 주춧돌을 제거하면 집 전체가 무너지고 만다. 노동계급 개념이 없으면, (심리학적·관념론적 소외 이론들과 달리) 소외된 노동에 초점을 맞추는 마르크스주의 소외 이론도 다 허물어진다. 노동계급이 없으면, 노동가치설과 잉여가치 이론(즉, 착취 이론)도 해체되고, 이윤율 저하 경향을 포함해 《자본론》의 모든 주장도 해체되고 만다. 노동계급 개념은 역사유물론의 핵심인 계급투쟁 이론 전체의 중요한 일부다. 따라서 노동계급을 제거하면, 역사유물론 전체를 재구성해야 한다. 유물론적 변증법은 노동계급의 관점에서 발전시킨 철학이고, 역사적으로 노동계급이라는 사회적 기반이 등장하면서 생겨난 철학이다.

마르크스주의는 매우 통합적이고 일관된 세계관이다. 마르크스주의의 구성 요소들(철학, 역사 이론, 경제학, 사회학, 정치학)은 서로 맞물려 있고 상호 보완한다. 마르크스주의의 이런 일관성은 마르크스가 체계를 세우는 데 도가 튼 천재였기 때문이 아니라(사실 마르크스는 그런 체계를 결코 만들어 내지 않았다) 새로운 관점, 즉 노동계급의 관점으로 세계를 보는 데서 비롯한다. 이것은 마르크스주의가 끊임없이 변하는 현실을 잘 알기 위해 모든 방면에서 발전해야 할 필요가 없다는 말이 아니라, 노동계급이 마르크스주의의 토대이므로 만약 노동계급을 떼어 내면 이론 전체를 다시 구성해야 한다는 얘기다. 노동계급을 제거하고 그 자리에 다른 행위자를 갖다 놓는 것은 불가능하다. 그 행위자가 적군赤軍이든(스탈린), 농민이든(마오쩌둥), 게릴라 부대든(카스트로), 주변화한 집단이든(마르쿠제), 노동계급을 대리하는 당이나 테러 집단이든, 다중이나 프레카리아트든 마찬가지다. 그랬다가는 마르크스주의 전체가 무너질 것이다.

칭찬할 만하게도 하트와 네그리는 이 사실을 깨달은 듯하다. 그래서 《제국》에서 그들은 마르크스의 《자본론》, 레닌과 부하린의 제국주의론(《자본론》에 의존하고 있다) 등을 대체할 새롭고 일반적인 체제 이론을 만들어 내려 했다. 그러나 《제국》은 결코 《자본론》 같은 과학적 저작의 반열에 들지 못한다는 사실은 제쳐 두더라도, 하트와 네그리의 그런 시도는 거의 처음부터 실패했다. 《제국》의 핵심 주장은 이 새로운 권력 질서가 국민국가에 대한 의존에서 벗어나고 있다는 것이다. 이 이론은 항상 틀렸지만, 아프가니스탄 전쟁과 이라크 전쟁, 그리고 국가가 대대적으로 개입해서 은행들을 구제한 2008년 경제 위기로 그 오류가 분명히 입증됐다. 정치적으로 하트와 네그리는 민주주의를 "다중의 기획"이라고 부르며 (비록 모호하지만) 사회주의에서 민주주의로 후퇴했고,[5] 철학적으로 네그리는 마르크스에서 알튀세르의 반인간주의를 거쳐 스피노자(자본주의 발전 초기의 철학자)까지 후퇴했다.

가이 스탠딩은 노동계급을 대신할 세력으로 '다중'과는 다른 대안, 즉 프레카리아트precariat를 제시한다. 그는 다음과 같이 썼다. "모든 진보적 정치 운동은 새롭게 떠오르는 주요 계급의 분노·필요·염원을 바탕으로 건설됐다. 오늘날에는 프레카리아트가 바로 그런 계급이다." 스탠딩이 말하는 프레카리아트는 "지금 형성되고 있는 … 새로운 위험 계급"으로서 "좌절한 수많은 고학력 청년들을 포함해서 … 단기 취업을 하다 말다 하는 … 다수의 불안정한 사람들"로 이루어진다.[6]

현상을 묘사하는 것으로는 이 개념도 분명히 매력이 있다. 그렇게 불안정한 생활을 하는 사람들이 수없이 많으니까 말이다. 그러나 그렇다고 해서 프레카리아트 개념이 타당한 이론이 되는 것은 아니다. 스탠딩은 경제학자이지 철학자가 아니고 그의 연구 방법은 경험적이다. 이 문제와 관련해서는 중요한 사실관계 논쟁이 있다.[7] 지면 제약 때문에 여기서 이 논쟁을 자세히 다룰 수는 없고 스탠딩의 프레카리아트 개념에 내재한 근본적 약점만 짚고 넘어가겠다.

모름지기 특정 계급의 이름은 그 사회구조 속에서 다른 계급들과 맺는 관계를 통해서만 이해할 수 있는데, 스탠딩이 생각하는 전반적 사회구조는 일국에서든 국제적으로든 다음과 같다. 맨 꼭대기에는 소수의 엄청난 부자 계급인 플루토크라트plutocrat가 있고, 그 아래에는 안정된 풀타임 직종에 고용된 샐러리아트salariat가 있고, 그 아래에 프레카리아트가 있다. 이 모델에 결함이 있는 이유는 이해관계가 사뭇 다른 집단들, 예컨대 고위 경영자, 대학 총장, 의사 등과 간호사, 교사, 사회복지사, 공장 숙련 노동자 등을 똑같은 샐러리아트로 취급하기 때문이다. 즉, 중간계급 관리자들과 화이트칼라, 숙련 산업 노동자들을 한데 뭉뚱그린다는 것이다. 스탠딩의 개념은 또, 단결해야 할 사람들을 분열시키기도 한다. 즉, 화이트칼라·블루칼라 노동자들을 임시직·불안정 노동자나 실업자들과 분열시킨다.

스탠딩의 또 다른 오류는 '불안정성'을 계급의 근본적 결정 요인으로 본다는 것(그러나 불안정성은 항상 프롤레타리아의 존재 조건 가운데 한 측면이었고, 마르크스는《공산당 선언》과《자본론》에서 이런 불안정성을 자세히 묘사한 바 있다), 그리고 노동계급의 일부인 불안정 노동자들을 계급 전체와 분리시킨다는 것이다. '다중'에서 그랬듯이 '프레카리아트'에서도 [사회적] 힘이 결정적으로 중요한 문제가 된다. 불안정 노동자들은 정규직 노동자들보다 힘이 약하고, 불안정 노동자들의 힘만으로는(특히 취업 노동자들과 반목해서는) 자본주의를 전복하거나 스스로 해방할 수 없다. 따라서 새로운 전략과 전술을 요구하며 언뜻 단순한 삽입에 불과한 듯이 시작된 것('불안정' 노동자)이 다시 한 번 이론 전체와 목표 전체를 와르르 무너뜨린다. 결국 스탠딩이 주장하는 목표는 혁명이나 사회주의적 사회변혁이 아니라 사회민주주의의 부활이다. 즉, 사회민주주의가 과거에는 산업 노동계급을 '대표하고' 산업 노동계급을 대리해서 개혁을 성취했다면 이제는 프레카리아트를 대표하고 프레카리아트를 대리해서 개혁을 성취하도록 사회민주주의를 부활시켜야 한다는 것이다.

마지막으로, 대중적으로 인기 있는 '철학의 대가' 슬라보예 지젝을 보자. 요즘은 피상적 인상을 바탕으로 새로운 사회 계급 범주들을 고안해 내는 것이 널리 유행하고 언론은 이를 부추기는데, 지젝은 최근《런던 리뷰 오브 북스》에 쓴 글에서 이런 유혹을 이겨내지 못했다.[8] 그 글은 사회 계급에 관한 이론적 혼란을 잘 보여 주는 또 다른 사례다. 지젝은 엄밀한 의미의 자본가계급은 사라지고 있고, "프롤레타리아의 '최저임금'보다 훨씬 더 많은" 보수, 즉 "잉여 임금"을 받는 "봉급받는 부르주아지"가 자본가계급을 대체하고 있다고 주장한다. 그는 이 계급을 더 확대해서, 스탠딩이 말한 샐러리아트(와 사실은 막스 베버가 말한 교육받은 중간계급)와 마찬가지로 "관리자, 공무원, 의사, 변호사, 기자, 지식인, 예술가"도 '봉급받는 부르주아지'에 포함시키고, 결정적으로 "일자리가 보장된 특권층 노동자들(교사, 대중교통 노동자, 경찰)"과 "고등교육을 받더라도 앞으로는 잉여 임금이 보장되지 않을 거라는 두려움"에 떠는 "학생들"도 포함시킨다.

그래서 지젝은 최근의 대중 파업과 시위(2011년 11월 30일 영국에서 벌어진 대중 파업 등)가 이 '봉급받는 부르주아지'의 반란이라고 주장한다.

경제 위기의 시대에 '허리띠 졸라매기'로 고통을 겪을 게 뻔한 사람들은 봉급받는 부르주아지의 하층 집단이다. 그들이 프롤레타리아로 전락하지 않으려면 대안은 오직 정치적 항의에 나서는 것뿐이다. 그들이 비록 명목상으로는 야만적인 시장 논리를 직접 겨냥하고 있지만, 실제로는 (정치적으로) 특권화한 자신들의 경제적 지위가 점차 침식당하는 데 항의하고 있는 것이다. … 그들은 잉여 임금을 잃을까 봐 두려워서 항의에 나섰다. 이것은 프롤레타리아의 항의가 아니라 프롤레타리아로 전락하는 것에 대한 항의다. 정규직 일자리 자체가 특권이 돼 버린 오늘날, 누가 감히 파업을 벌이는가? 섬유 산업(의 잔재들) 등에 종사하는 저임금 노동자들이 아니라 일자리가 보장된 특권 노동자들(교사, 대중교통 노동자, 경찰)이다.[9]

대중교통·학교·공공 부문의 정규직 노동자가 모두 '봉급받는 부르주아지'라면 노동계급과 노동계급 투쟁에서 남은 것은 거의 없다는 사실은 분명하다. 그리고 이것은 비단 영국만의 문제가 아니다. 이집트에서 교사와 대중교통 노동자는 세무 공무원과 함께 중대한 파업들을 벌였고 이집트 혁명의 발전 과정에서 중요한 구실을 했다. 또, 지젝은 그리스에서 벌어진 엄청난 투쟁과 수많은 총파업도 '봉급받는 부르주아지'의 반란으로 보는 경향이 있다. 이것이 사실이라면 마르크스주의의 노동자 혁명론은 완전히 무너지고 말 것이다.

이 모든 사례는 노동계급, 즉 프롤레타리아 개념이 마르크스주의 이론과 철학 전체에서 핵심적·필수적이라는 사실을 보여 주고 강화시킨다. 마르크스주의는 프롤레타리아 혁명의 이론이다. 이 둘은 결코 떼려야 뗄 수 없다.

후주

머리말

1 K Marx and F Engels, *Selected Works*, Vol 2, Moscow, 1962, p168.

1장

1 K Marx, *The Eighteenth Brumaire of Louis Bonaparte*, in D McLellan, ed, *K Marx: Selected Writings*, Oxford, 1977, p300.[국역: 《루이 보나파르트의 브뤼메르 18일》, 비르투, 2012].

2장

1 3장의 계급투쟁에 관한 절 참조.

2 K Marx and F Engels, *The Communist Manifesto*, in D McLellan, ed, 위의 책, p230[국역: 《공산당 선언》].

3 예를 들어, K Marx, *The Poverty of Philosophy*, in D McLellan, ed, 위의 책, p212 참조[국역: 《철학의 빈곤》, 아침, 1989].

3장

1 William Blake, "London", 1794.

2 K Marx, *Early Writings*, London, 1963, p122.

3 같은 책, p122.

4   같은 책 p124.

5   같은 책, p124.

6   같은 책, pp124-125.

7   K Marx and F Engels, *The German Ideology*, in D McLellan, ed, 같은 책, pp160-161[국역: 《독일 이데올로기》, 청년사, 2007].

8   K Marx, *Early Writings*, 위의 책, pp127, 129.

9   John Bellamy Foster, Brett Clark and Richard York, *The Ecological Rift: Capitalism's War on the Earth*, New York, 2010을 참조.

10 K Marx, *Early Writings*, 위의 책, p130.

11 같은 책, p131.

12 K Marx, *The Holy Family*, in D McLellan, ed, 위의 책, p134[국역: 《신성가족》, 이웃, 1990].

13 K Marx, *Wage Labour and Capital*, in D McLellan, ed, 위의 책, pp261-262[국역: 《임금노동과 자본》, 박종철출판사, 1999].

14 K Marx and F Engels, *The Communist Manifesto*, in D McLellan, ed, 위의 책, pp226, 230[국역: 《공산당 선언》].

15 이 사건들에 대한 분석을 보려면 C Barker, ed, *Revolutionary Rehearsals*, London, 1987 참조[국역: 《혁명의 현실성》, 책갈피, 2011].

16 C Harman, "The Workers of the World", *International Socialism* 96 (autumn 2002), p6[국역: "세계의 노동계급", 《세계화와 노동계급》, 책갈피 2010].

17 http://monthlyreview.org/2011/06/01/the-rise-of-the-working-class-and-the-future-of-the-chinese-revolution

4장

1   K Marx, "Theses on Feuerbach", www.marxists.org/archive/marx/works/1845/theses/theses.htm

2   K Marx, *Preface to A Contribution to the Critique of Political Economy*, in D McLellan, ed, 위의 책, p389[국역: 《정치경제학 비판을 위하여》, 중원문화, 2012].

5장

1 F Engels, *Anti-Dühring*, Moscow, 1969, pp144-145[국역: 《반듀링론》, 새길아카데미, 2012].

2 L Trotsky, *In Defence of Marxism*, London, 1966, pp64-65.

3 R Luxemburg, *Reform or Revolution*, London, 1989, p21[국역: 《사회 개혁이냐 혁명이냐》, 책세상, 2002].

4 같은 책, pp74-75.

5 L Trotsky, *In Defence of Marxism*, 위의 책, p65.

6 *Trotsky's Notebooks, 1933-35: Writings on Lenin, Dialectics and Evolutionism*, New York, 1986, p80.

7 V I Lenin, *Collected Works*, Vol 38, Moscow, 1963, p359.

8 같은 책, p359.

9 F Engels, *Anti-Dühring*, 위의 책, pp162-163[국역: 《반듀링론》].

10 G Lukács, *History and Class Consciousness*, London, 1971, p24n[국역: 《역사와 계급의식》, 거름, 1999].

11 F Engels, *Dialectics of Nature*, London, 1941에 실린 Haldane의 서문 참조[국역: 《자연변증법》, 새길, 2012].

12 R C Lewontin and R Levins, *The Dialectical Biologist*, Harvard, 1985 참조.

13 K Marx, *Capital*, Vol 1, London, 1974, p292.

14 A Gramsci, *Selections from the Prison Notebooks*, London, 1982, p448[국역: 《그람시의 옥중수고》, 거름, 2006].

15 같은 책, p462.

16 F Engels, *Ludwig Feuerbach and the End of Classical German Philosophy*, Peking, 1976, p40[국역: 《루트비히 포이어바흐와 독일 고전철학의 종말》, 이론과실천, 2008]과 *Trotsky's Notebooks*, 같은 책, p102 참조.

17 F Engels, *The Dialectics of Nature*, 위의 책, p26 참조[국역: 《자연변증법》].

18 V I Lenin, *Collected Works*, Vol 38, 위의 책, p180.

19 같은 책, p195.

20 이 점에 대한 레닌의 주장을 확인하려면 *Left-Wing Communism: An Infantile Disorder* 참조[국역: 《공산주의에서의 좌익 소아병》, 돌베개, 1995].

21 예를 들어 L Trotsky, *The First Five Years of the Communist International*, Vol 2, London, 1973, pp91-96 참조.

6장

1 K Marx and F Engels, *Selected Works*, Vol 2, 위의 책, p167.

2 D McLellan, ed, 위의 책, p389.

3 D McLellan, ed, 위의 책, p161.

4 D McLellan, ed, 위의 책, p389.

5 D McLellan, ed, 위의 책, p300.

6 D McLellan, ed, 위의 책, p223.

7 K Marx and F Engels, *Selected Works*, Vol 2, 위의 책, p488.

8 같은 책, p167.

9 D McLellan, ed, 위의 책, p389.

10 D McLellan, ed, 위의 책, p176.

7장

1 *The Communist Manifesto*, in D McLellan, ed, 위의 책, p231[국역: 《공산당 선언》].

2 K Marx, *Capital*, Vol 1, 위의 책, p714.

3 같은 책, p714.

4 같은 책, p588.

5 F Engels, *Anti-Dühring*, Moscow, 1969, p338[*Socialism: Utopian and Scientific*의 오기인 듯하다].

6 V I Lenin, *Imperialism: The Highest Stage of Capitalism*, Peking, 1973, p106[국역: 《제국주의론》, 백산서당, 1986].

7 D McLellan, ed, 위의 책, p160.

8 K Marx and F Engels, *Selected Works*, Vol 2, 위의 책, p18.

9 *Capital*, Vol 3, Moscow, 1996, p776.

10 *Capital*, Vol 1, 위의 책, pp474-475.

11 http://www.marxists.org/archive/marx/works/1844/manuscripts/labour.htm

12 R Luxemburg, *The Junius Pamphlet*, 1915, http://www.marxists.org/archive/luxemburg/1915/junius/ch01.htm

8장

1 A Gramsci, *Selections from the Prison Notebooks*, London, 1982, p351[국역: 《그람시의 옥중수고》, 거름, 2006].

2 http://www.vatican.va/archive/ENG0015/_P1C.HTM

3 Thomas Hobbes, *Leviathan*, 1651, chapter 13.

4 John Stuart Mill, "On The Definition of Political Economy, and on the Method of Investigation Proper to It", *London and Westminster Review*, October 1836.

5 http://www.marxists.org/archive/marx/works/1847/poverty-philosophy/ch02c.htm[국역: 《철학의 빈곤》].

6 http://www.cleverley.org/areopagus/docs/aristotle/aribk1_4_6.html

7 Eleanor Burke Leacock, *Myths of Male Dominance*, Chicago, 2008, pp138-140.

8 R B Lee, *The !Kung San*, Cambridge, 1979를 J Molyneux, *Is Human Nature a Barrier to Socialism?* London, 1993, p18에서 재인용.

9 C Harman, "Engels and the Origins of Human Society", *International Socialism 65* (winter 1994), p113.

10 C Harman, 위의 책, p124 참조.

9장

1 K Marx and F Engels, *The German Ideology*, London, 1985, p42[국역: 《독일 이데올로기》].

2 D McLellan, ed, 위의 책, p389.

3 Engels, Letter to J Bloch, 21 September 1890 in K Marx and F Engels, *Selected Works*, Vol2, 위의 책, p488.

4   F Engels, *Ludwig Feuerbach and the End of Classical German Philosophy*, 같은 책, p3[국역: 《루트비히 포이어바흐와 독일 고전철학의 종말》, 이론과실천, 2008].

5   D McLellan, ed, 위의 책, p156.

6   같은 책.

7   K Marx, *Early Writings*, 위의 책, p166.

8   http://www.marxists.org/archive/marx/works/1845/holy-family/ch06_2.htm[국역: 《신성가족》].

9   K Marx and F Engels, *Selected Works*, Vol1, Moscow, 1962, p246.

10 A Gramsci, *Selections from the Prison Notebooks*, 같은 책, p336[국역: 《그람시의 옥중수고》].

11 같은 책, p337.

12 Hal Draper, "Marx and Engels on Women's Liberation", *International Socialism* 1:44 (July/August 1970), p21에서 재인용.

13 http://www.marxists.org/archive/eleanor-marx/works/womanq.htm

14 Eleanor Marx의 같은 글에서 재인용.

15 C Wilson, *Socialists and Gay Liberation*, London, 1995, p17에서 재인용.

16 V I Lenin, *What is to be Done?*, Collected Works, Vol 5, Moscow, 1961, pp412-423[국역: 《무엇을 할 것인가》, 박종철출판사, 1999].

17 S Rose, R C Lewontin, L J Kamin, *Not in Our Genes*, London, 1990, pp119-127[국역: 《우리 유전자 안에 없다》, 한울아카데미, 2009].

18 C Harman, "Engels and the Origins of Human Society", 위의 책, p186.

19 K Marx, *Economic and Philosophic Manuscripts of 1844*, London, 1981, p69[국역: 《경제학 철학 수고》, 이론과실천, 2006].

20 K Marx, *Capital*, Vol 1, 위의 책, p703.

21 K Marx, Letter to S Meyer and A Vogt, 9 April 1870, K Marx and F Engels, *Selected Correspondence*, Moscow, 1975, p221.

22 P Alexander, *Racism, Resistance and Revolution*, London, 1987, p6.

23 C L R James, *Modern Politics*, Detroit, 1973, p124를 Alexander, 같은 책, pp5, 8에서 재인용.
24 Margaret Thatcher on *World in Action*, 27 January 1978.
25 C Harman, *A People's History of the World*, London, 1999, pp29-30[국역: 《민중의 세계사》, 책갈피, 2004].

10장

1 K Marx and F Engels, *The German Ideology*, in D McLellan, ed, 위의 책, p164[국역: 《독일 이데올로기》].
2 같은 책 p176.
3 같은 책 p176.
4 K Marx, *The Poverty of Philosophy*, in D McLellan, ed, 위의 책, p213[국역: 《철학의 빈곤》].
5 같은 책 p212.
6 K Marx and F Engels, *The Communist Manifesto*, in D McLellan, ed, 위의 책, p231[국역: 《공산당 선언》].
7 V I Lenin, *Collected Works*, Moscow, 1977, Vol19, p21.
8 V I Lenin, *Collected Works*, Vol38, p201.
9 같은 책 p195.
10 같은 책 p363.
11 F Engels, *Anti-Dühring*, pp111-112[국역: 《반듀링론》].
12 J Molyneux, *Anarchism: A Marxist Criticism*, London, 2011 참조[국역: 《아나키즘: 마르크스주의적 비판》, 책갈피, 2013].

11장

1 K Marx and F Engels, *On Religion*, Moscow, 1955, pp13-15 참조.
2 같은 책 p41.
3 같은 책 p41.

4   같은 책 p41.

5   같은 책 p41.

6   종교의 구실에 대한 엥겔스의 분석은 *On Religion*의 *The Peasant War in Germany*, pp98-118 참조.

7   같은 책 p41.

8   같은 책 p42.

9   같은 책, p143.

10 V I Lenin, "Socialism and Religion", in *Collected Works*, Vol 10, Moscow, 1965.

11 K Marx and F Engels, *On Religion*, p98.

12 J Molyneux, "More than Opium: Marxism and Religion", pp62-63.

13 V I Lenin, "The Attitude of the Workers' Party to Religion", http://www.marxists.org/archive/lenin/works/1909/may/13.htm.

14 F Engels, *Anti-Dühring*, 위의 책, pp114-115[국역: 《반듀링론》].

15 L Trotsky, J Dewey and G Novack, *Their Morals and Ours*, New York, 1973, p21.

16 F Engels, *Anti-Dühring*, 위의 책, p114[국역: 《반듀링론》].

17 K Marx, Preface to *A Contribution to a Critique of Political Economy*, in *Selected Works*, Vol 2, 위의 책, p361[국역: 《정치경제학 비판을 위하여》].

18 I Kant, *Grounding for the Metaphysics of Morals*, 3rd edn, Indianapolis, 1993, p30.

19 L Trotsky, J Dewey, and G Novack, *Their Morals and Ours*, 위의 책, p22.

20 같은 책, p48.

21 같은 책 p48-49.

22 K Marx and F Engels, *The German Ideology*, 위의 책, p247[국역: 《독일 이데올로기》].

23 K Marx, *The First International and After*, London, 1992, p194.

24 같은 책, p233.

25 K Marx, *Capital*, Vol 1, 위의 책, p233.

26 같은 책, p257.

27 F Engels, *Anti-Dühring*, 위의 책, p115[국역: 《반듀링론》].

28 S Edwards, ed, *The Communards of Paris*, 1871, London, 1973, p108.

29 D Gluckstein, *The Paris Commune: A Revolution in Democracy*, London, 2006, p32에서 재인용.

30 같은 책, p32.

31 같은 책, P187.

32 http://briandeer.com/social/thatcher-society.htm.

33 F Engels, *Anti-Dühring*, 위의 책, p248[국역: 《반듀링론》].

34 F Engels, *The Origin of the Family, Private Property and the State*, in K Marx and F Engels, *Selected works*, Vol2, 위의 책, p241[국역: 《가족, 사유재산, 국가의 기원》].

35 K Marx, *The First International and After*, 위의 책, p347.

36 같은 책, p348.

12장

1 G Lukács, *History and Class Consciousness*, London, 1971, pp208-209[국역: 《역사와 계급의식》].

2 G Lukács, *Lenin: A Study in the Unity of his Thought*, London, 1970, p31[국역: 《레닌》, 녹두, 1985].

3 G Lukács, *History and Class Consciousness*, 위의 책, p83[국역: 《역사와 계급의식》].

4 K Marx, *Capital*, Vol 1, 위의 책, p77.

5 G Lukács, *History and Class Consciousness*, 위의 책, pp86-87.

6 같은 책 P197.

7 같은 책, p196.

8 같은 책, p70.

9   같은 책, p51.

10 G Lukács, *Lenin*, 위의 책, p27.

11 G Lukács, *History and Class Consciousness*, 위의 책, p326[국역: 《역사와 계급의식》].

12 같은 책, p316.

13 같은 책, p335.

14 V I Lenin, *Collected Works*, Vol 26, Moscow, 1972, pp74-85 참조.

15 G Lukács, *History and Class Consciousness*, 위의 책, p1[국역: 《역사와 계급의식》].

16 G Lukács, *Tailism and the Dialectic*, London, 2000, p102.

17 A Gramsci, *Selections from the Prison Notebooks*, London, 1982, p238[국역: 《그람시의 옥중수고》].

18 같은 책, p235.

19 같은 책, p57.

20 같은 책, pp169-170.

21 A Gramsci, *The Modern Prince and other writings*, New York, 1970의 "남부문제" 참조.

22 같은 책, pp50-51.

23 A Gramsci, *Selections from the Prison Notebooks*, 위의 책, p5[국역: 《그람시의 옥중수고》].

24 같은 책, p340.

25 같은 책, p336.

26 같은 책, p438.

27 같은 책, p465.

28 같은 책, p333.

29 같은 책, pp198-199.

30 같은 책, p196.

31   같은 책, p199.
32   같은 책, p198.
33   C Harman, "Gramsci, the Prison Notebooks and Philosophy", *International Socialism* 114 (spring 2007), p106에서 재인용.
34   P D Thomas, *The Gramscian Moment*, Leiden, 2009, p57fn.
35   A Gramsci, *Selections from the Prison Notebooks*, 위의 책, p441[국역: 《그람시의 옥중수고》].
36   C Harman, "Gramsci, the Prison Notebooks and Philosophy", 위의 책, p 119.
37   L Althusser, 1975, G Elliott, *Althusser: the Detour of Theory*, London, 1987, p15에서 재인용[국역: 《알튀세르: 이론의 우회》, 새길아카데미, 2012].
38   P Anderson, *Arguments within English Marxism*, London, 1980, p107.
39   L Althusser, *For Marx*, London, 1971, p229[국역: 《맑스를 위하여》, 백의, 1997].
40   L Althusser, *For Marx*, 위의 책, p227.
41   K Marx, *Capital*, Vol 1, 위의 책, P29.
42   L Althusser, *For Marx*, 위의 책, p91.
43   L Althusser, *For Marx*, 위의 책, pp94-128의 "모순과 중층결정" 참조.
44   K Marx and F Engels, *Selected Works*, Vol 2, 위의 책, p488.
45   L Althusser, *Essays in Self-Criticism*, London, 1976, p46.
46   같은 책, p99.
47   L Althusser, *Reading Capital*, London, 1970, p180[국역: 《자본론을 읽는다》, 두레, 1991].
48   L Althusser, *For Marx*, 위의 책, pp13-14.
49   같은 책, p252.
50   같은 책, p231.
51   같은 책, p259.
52   같은 책, p232.
53   L Althusser, "Ideology and Ideological State Apparatuses", in *Lenin and*

Philosophy and Other Essays, London, 1971, p136[국역: "이데올로기와 이데올로기적 국가기구", 《레닌과 철학》, 백의, 1991].

54　L Althusser, Essays in Self-Criticism, 위의 책, p119.

55　C Harman, "The Emperor has no Clothes", International Socialism 125 (winter 2009) 참조.

56　K Marx, Capital, Vol 1, 위의 책, p582.

57　같은 책, p604.

58　I Mézáros, Marx's Theory of Alienation, London, 1975, p224.

59　K Marx, Capital, Vol 1, 위의 책, p29.

60　http://www.marxists.org/archive/marx/works/1845/german-ideology/ch01a.htm#a2[국역: 《독일 이데올로기》].

61　N Harris, The Mandate of Heaven: Marx and Mao in Modern China, London, 1978 참조.

13장

1　K Marx and F Engels, The Holy Family[국역: 《신성가족》], in Marx, Engels, Lenin, On Communist Society, Moscow, 1978.

2　K Marx, Afterword to the second German edition, Capital, Vol 1, 위의 책, p29.

3　K Marx and F Engels, The German Ideology, in D McLellan, ed, 위의 책, p179[국역: 《독일 이데올로기》].

4　G Lukács, History and Class Consciousness, 위의 책, p295[국역: 《역사와 계급의식》].

5　L Trotsky, The Struggle Against Fascism in Germany, New York, 1971, p137 [국역: 《트로츠키의 반파시즘투쟁》, 풀무질, 2001].

6　L Trotsky, "The Lessons of October", in The Challenge of the Left Opposition (1923-25), New York, 1975, p256. 독일의 재앙을 자세히 알고 싶으면 C Harman, The Lost Revolution: Germany 1918-23, London, 1982 참조[국역: 《패배한 혁명》, 풀무질, 2007].

부록

1. M Hardt and A Negri, *Empire*, Cambridge MA, 2000, p62[국역:《제국》, 이학사, 2001].

2. M Hardt and A Negri, *Multitude*, London, 2004, pxiv[국역:《다중》, 세종서적, 2008].

3. 같은 책, ppxiv-xv.

4. 같은 책, pxv.

5. 같은 책, pxi과 도처.

6. http://www.policynetwork.net/pno_detail.aspx?ID=4004&title=+The+Precariat+%E2%80%93+The+new+dangerous+class

7. 예컨대, K Doogan, *New Capitalism? The Transformation of Work*, London, 2009 참조.

8. Slavoj Žižek, "The Revolt of the Salaried Bourgeoisie", *London Review of Books*, 26 January 2012.

9. S Žižek, "The Revolt of the Salaried Bourgeoisie", 위의 책, p10.

더 읽을거리

마르크스주의 철학을 다루는 책은 매우 많다. 이 주제를 더 탐구하려면 다음과 같은 책을 읽어 보기 바란다. 마르크스주의 철학의 거의 모든 측면은 논쟁적이고, 아래 책은 마르크스주의 철학을 이해하는 데 중요하거나 유용하다고 판단해(일부 주장에는 동의하지 않지만) 선정했다.

마르크스주의 일반

Chris Harman, *How Marxism Works* (Bookmarks, 1997), http://marxists.org/archive/Harman/1979/marxism/ [국역: 《쉽게 읽는 마르크스주의》, 북막스, 2000]

Alex Callinicos, *The Revolutionary Ideas of Karl Marx* (Bookmarks, 2010). [국역: 《칼 맑스의 혁명적 사상》, 책갈피, 2007]

Kieran Allen, *Marx and the Alternative to Capitalism* (Pluto, 2011).

John Molyneux, *What is the Real Marxist Tradition?* (Haymarket, 2003), http://www.marxisme.dk/arkiv/molyneux/realmarx/index.htm [국역: 《고전 마르크스주의 전통은 무엇인가?》, 책갈피, 2005]

마르크스와 엥겔스 저작

마르크스, 엥겔스와 주요 마르크스주의자의 글은 마르크시스트 아카이브

(www.marxists.org)에서 볼 수 있다. 아래 참고 자료는 아카이브에서 가져왔지만 책으로 발간된 것도 많으므로 책을 참고할 수 있다.

Karl Marx, *Economic and Philosophic Manuscripts of 1844*, http://www.marxists.org/archive/marx/works/1844/manuscripts/preface.htm [국역:《경제학-철학 수고》, 이론과실천, 2006]

Karl Marx and Frederick Engels, *The German Ideology*, http://www.marxists.org/archive/marx/works/1845/german-ideology/ [국역:《독일 이데올로기》, 청년사, 2007]

Karl Marx and Frederick Engels, *The Communist Manifesto*, http://www.marxists.org/ archive/ marx/works/1848/communist -manifesto/

Karl Marx, Preface to *A Contribution to the Critique of Political Economy*, http://www.marxists.org/archive/marx/works/1859/critique-pol-economy/preface.htm [국역:《정치경제학 비판을 위하여》, 중원문화, 2012]

Frederick Engels, *Anti-Dühring*, http://www.marxists.org/archive/marx/works/1877/anti-Duhring/index.htm [국역:《반듀링론》, 새길아카데미, 2012]

Frederick Engels, *Ludwig Feuerbach and the End of Classical German Philosophy*, http://www.marxists.org/archive/marx/works/1886/ludwig -feuerbach/index.htm [국역:《루트비히 포이어바흐와 독일 고전 철학의 종말》, 이론과실천, 2008]

Karl Marx, "Theses on Feuerbach", http://www.marxists.org/archive/marx/works/1845/theses/theses.htm

Frederick Engels, *The Dialectics of Nature*, http://www.marxists.org/archive/marx/works/1883/don/index.htm [국역:《자연변증법》, 새길아카데미, 2012]

고전 마르크스주의

V I Lenin, *Collected Works*, Vol 38: Philosophical Notebooks, http://www.marxists.org/archive/lenin/works/cw/volume38.htm

Leon Trotsky, *In Defence of Marxism*, http://www.marxists.org/archive/trotsky/idom/dm/index.htm

Trotsky's Notebooks, 1933-35: Writings on Lenin, Dialectics and Evolutionism (Columbia University Press, 1986).

Georg Lukács, *History and Class Consciousness*, http://www.marxists.org/archive/Lukács/works/history/index.htm [국역: 《역사와 계급의식》, 거름, 1999]

Antonio Gramsci, *Prison Notebooks: Selections* (Lawrence and Wishart, 1998). [국역: 《그람시의 옥중수고》, 거름, 2006]

마르크스주의 철학 일반

John Rees, *The Algebra of Revolution* (Routledge, 1998).

Raya Dunayevskaya, *Marxism and Freedom* (Humanity Books, 2000).

Herbert Marcuse, *Reason and Revolution* (Routledge & Keegan Paul, 1968), http://www.marxists.org/reference/archive/marcuse/works/reason/index.htm (incomplete). [국역: 《이성과 혁명》, 중원문화, 2011]

Helena Sheehan, *Marxism and the Philosophy of Science* (Humanities Press International, 1993).

소외

Dan Swain, *Alienation: An Introduction to Marx's Theory* (Bookmarks, 2012).

István Mészáros, *Marx's Theory of Alienation* (Merlin, 1975) [일부 국역:

《마르크스주의 소외론 연구》, 청아, 1986]

Bertell Ollman, *Alienation: Marx's Conception of Man in Capitalist Society* (Cambridge University Press, 1971). [일부 국역: 《마르크스주의 소외론 연구》, 청아, 1986]

역사유물론

Chris Harman, "Base and Superstructure", *Marxism and History* (Bookmarks, 1998)[국역: 《현대 프랑스 철학의 성격 논쟁》, 갈무리, 1995] and "From Feudalism to Capitalism".

Paul Blackledge, *Reflections on the Marxist Theory of History* (Manchester University Press, 2006).

Alex Callinicos, *Making History* (Polity Press, 1989). [국역: 《역사와 행위》, 사회비평사, 1997]

Chris Harman, *A People's History of the World* (Verso. 2008). [국역: 《민중의 세계사》, 책갈피, 2004]

인간본성

John Molyneux, *Is Human Nature a Barrier to Socialism?* (Socialist Worker, 1993).

Norman Geras, *Marx and Human Nature: Refutation of a Legend* (Verso, 1983). [국역: 《맑스와 인간본성》, 백의, 1995]

경제결정론

John Molyneux, "Is Marxism deterministic?", *International Socialism* 68 (autumn 1995), http://www.marxists.org/history/etol/writers/molyneux/1995/xx/determin.htm

종교

Karl Marx, *Introduction to A Critique of Hegel's Philosophy of Right*, http://www.marxists.org/archive/marx/works/1843/critique-hpr/intro.htm [국역: "헤겔 법철학 비판 서문", 《헤겔 법철학 비판》, 이론과 실천, 2011]

Karl Marx and Frederick Engels, *On Religion*, http://www.marxists.org/archive/marx/works/subject/religion/index.htm

John Molyneux, "More than Opium: Marxism and Religion", *International Socialism* 119 (summer 2008), http://www.isj.org.uk/index.php4?id=456&issue=119

Paul N Siegel, *The Meek and the Militant* (Zed Books, 1989).

Chris Harman, "The Prophet and the Proletariat", *International Socialism* 64 (autumn 1994), http://www.marxists.org/archive/harman/1994/xx/islam.htm [국역: 《이슬람주의, 계급, 혁명》, 책갈피, 2011]

도덕과 정의

Leon Trotsky, *Their Morals and Ours*, http://www.marxists.org/archive/Trotsky/1938/morals/morals.htm

Alex Callinicos, *The Resources of Critique* (Polity Press, 2006).

Paul Blackledge, "Marxism and Ethics", *International Socialism* 120 (autumn 2008), http://www.isj.org.uk/index.php4?id=486&issue=120

Norman Geras, "The Controversy about Marx and Justice", *New Left Review* I/150 (March-April 1985).

Steven Lukes, *Marxism and Morality* (Oxford University Press, 1987). [국역: 《마르크스주의와 도덕》, 서광사, 1995]

엥겔스

Lindsey German, Chris Harman, Paul McGarr, John Rees, "The Revolutionary Ideas of Frederick Engels", *International Socialism* 65 (special issue, 1994), http://www.marxists.de/theory/engels/index.htm

알튀세르와 그람시

Gregory Elliott, *Althusser: the Detour of Theory* (Haymarket, 2009). [국역: 《알튀세르: 이론의 우회》, 새길, 2010]

Chris Harman, "Philosophy and Revolution", *International Socialism* 21 (autumn 1983), http://www.marxists.org/archive/Harman/1983/xx/phil-rev.html

Chris Harman, "The Emperor has no Clothes", *International Socialism* 125 (winter 2010), http://www.marxists.org/archive/harman/2010/xx/emperor.htm

Peter D Thomas, *The Gramscian Moment* (Haymarket, 2011).

Chris Harman, "Gramsci, the Prison Notebooks and Philosophy", *International Socialism* 114 (spring 2007), http:// www.marxists.org/archive/Harman/2007/xx/prisnbooks.htm

토니 네그리

Alex Callinicos, "Toni Negri in perspective", *International Socialism* 92 (autumn 2001). [국역: "토니 네그리, 맥락 속에서 보기", 《아나키즘: 마르크스주의적 비판》, 책갈피, 2013]